精品南谯

——滁州市南谯区优秀教学论文、优秀课题选

贾鸿彬　主编

中国社会科学出版社

图书在版编目（CIP）数据

精品南谯：滁州市南谯区优秀教学论文、优秀课题选 / 贾鸿彬主编.
—北京：中国社会科学出版社，2014.10
ISBN 978-7-5161-4926-3

Ⅰ．①精… Ⅱ．①贾… Ⅲ．①区（城市）—中小学—教育模式—
研究—滁州市 Ⅳ．①G632.0

中国版本图书馆CIP数据核字(2014)第228902号

出 版 人	赵剑英
责任编辑	黄　山
责任校对	张文池
责任印制	李寡寡

出　　版	中国社会科学出版社
社　　址	北京鼓楼西大街甲158号（邮编 100720）
网　　址	http://www.csspw.cn
	中文域名：中国社科网　　010-64070619
发 行 部	010-84083685
门 市 部	010-84029450
经　　销	新华书店及其他书店

印刷装订	北京君升印刷有限公司
版　　次	2014 年 10 月第 1 版
印　　次	2014 年 10 月第 1 次印刷

开　　本	710×1000　1／16
印　　张	25.5
插　　页	2
字　　数	415千字
定　　价	49.00元

凡购买中国社会科学出版社图书，如有质量问题请与本社联系调换
电话：010-64009791

《精品南谯》编委会

主　编：贾鸿彬

副主编：关永焰

编委会成员：严礽斌　陈　炜　董雪芹　何家斌
　　　　　　张文生　方保军

推动力或唤醒力
（代序）

杨德义

雅斯贝尔斯说："教育的本质意味着：一棵树摇动另一棵树，一朵云推动另一朵云，一个灵魂唤醒另一个灵魂。"

蔡元培说："教育是帮助被教育的人给他能够发展自己的能力，完成他的人格，于人类文化上能尽一分子的责任，不是把被教育的人造成一种特别器具。"

上述两位先哲虽然一中一外，但他们都告诉我们，教育的本质是推动、是唤醒。作为中小学老师，要去推动、唤醒，必须要有推动力，或者说唤醒力。

这几年来，滁州市南谯区为提升全区老师的推动力、唤醒力进行了多方面的努力，老师们自己在繁忙的工作中也紧密结合自己的教学实践，进行思考、探索、总结，本书选编的教科研论文、教育随笔及两项省级立项课题的开题及结题报告，就是具体的展示。这一次，我们结集出版她们，对于南谯教育教学水平的提升、教育教学规律的探索、教育研究和教学改革的深入，对于义务教育均衡发展，有着引领的意义；对于南谯教师职业技能的提升、对教师个人推动力或者说唤醒力的培养，有着极大的推助意义。

首先，这些文章展示了全区中小学教师提高自身业务水平的途径和方法。在教科研论文撰写的过程中，教师通过课题研究，结合教育学、心理学和各种新的教育科学理论，联系自己实际工作中的问题，寻找解决的办法和良策，如《浅谈初中语文开放式教学》、《文言文教学内容的确定》、《声情并茂地读，恰如其分地评》等。《问题式探究学习核心何在》、《善待后进生》、《转化数学"学困生"的几点做法》等在因材施教、因人施教方面做出了很好的探索。

其次，这些文章能够推动全区教科研活动自身不断完善。教科研活动是个探索未知领域的活动，并无既定模式和途径可循，在一定意义上可以讲，教科研活动均属创造性活动。为了保证教科研活动越发卓有成效，为了给进一步开展教科研活动提供可靠依据，在每一科研活动终端都撰写报告或论文是十分必要的。《感悟语文教学中的心理导向》、《长江中下游湖泊环境历史演变及发展趋势》、《浅议如何在数学课堂教学中做到有效提问》、《皖东地区农业资源利用及其机制转换分析》、《学校标准化建设后发展策略探索》等，这些文章和课题，充分展现了我区教科研活动的卓越成效。

第三是这些文章的撰写，便于别人学习和参考，能促进区内和区外学术交流，有利于教学成果的推广应用。全区教科研过程，是我区教师获得直接经验的过程。这种经过精心设计、精心探索而获得的直接经验不仅对直接参加者来说是十分宝贵的，而且对于所有教育工作者，对于人类整体认识的提高和发展都是十分宝贵的。本书的所有的文章，都具有这样的意义，就不再枚举了。

路易斯·康说："学校源于一个人坐在树下，与另外几个人谈论自己的想法。谈的人不知道自己是老师，听的人也不知道自己是学生。学生们听得入神，不禁惊讶万分，要是这个人能留下来多好啊，于是他们就在那个所在地划出一个地方，世界上就诞生了第一所学校。学校的诞生是不可避免的，因为它代表了人类欲求的一部分。"——坐在树下的人，他的想法让学生们听得入神，惊讶万分，这无疑就是拥有推动力或唤醒力的人，南谯教育需要这样的人，义务教育均衡发展需要这样的人，我们的任务是提供平台，让更多这样的人脱颖而出！

2014年9月23日晨

（作者系中共滁州市南谯区委书记）

目 录

第一部分　文科及综合

第二部分 理科及综合

第三部分　课题材料

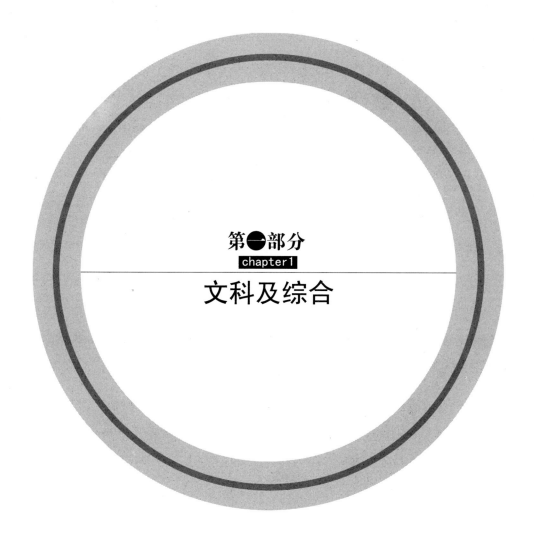

第一部分
chapter1
文科及综合

声情并茂地读，恰如其分地评

——浅议小学语文朗读教学的评价

滁州市湖心路小学　林莉 *

　　"课改"后，我们的课堂生动了许多，灵动了许多。尤其是朗读教学过程中，教师对孩子的评价，也丰富了起来。评价是朗读训练的重要环节。朗读训练中的评价在讲究实用性的同时，更应追求艺术性。具有艺术性的评价，才能最大限度地发挥评价效能，促进整个训练向纵深发展。

一　科学客观地评价

　　进行朗读评价，无论是指导思想、评价内容，还是评价标准、操作方法等都必须合乎科学，不能犯科学性错误。只有这样，才能如实地反映学生的朗读水平，才能使评价的结论成为指导和改进学生朗读的客观依据。

　　朗读评价要具有科学性。首先，评价者必须把握正确、客观的评价标准。《语文课程标准（实验稿）》提出："能用普通话正确、流利、有感情地朗读课文"，这既是对朗读教学的总要求，同时也是我们进行朗读评价的标准。

　　"正确、流利、有感情"三者要求逐步上升，我们在朗读训练的各个阶段要把握不同的评价标准，分层评价，做到"下要保底，上不封顶"。一方面，就"面"上而言，可"根据阶段目标，在各学段有所侧重"。比如在低

　　* 林莉，湖心路小学校长，滁州市首届"名教师"、"学科带头人"，滁州市"骨干教师"，继教专家库成员。安徽省骨干教师、"安徽省模范教师"、安徽省教育系统"巾帼建功"标兵。

年级段，侧重于评价学生是否把书读正确、流利，而在高年级段，则侧重评价是否达到 "美读"的标准；另一方面，从"点"上来看，教学一篇文章，我们可以按"初读——正确、流利"、"精读——正确、流利、有感情"的标准进行评价。

评价是对前一阶段训练的再认识、再学习的过程，它既是前期活动的终结，又是新的活动的开端，起到一个承上启下的作用，因此，评价要体现指导性。一方面，通过评价对前期活动存在的问题提出改进和完善的意见，让学生不仅知道"怎样改进和完善"，而且知道为什么这样改进和完善；另一方面，让学生通过评价，了解自己朗读中的缺点，知道今后在朗读中应该发扬什么，克服什么，今后怎么办。例如，某学生读得不行，我们就不能在评价后简单了事，结束该生本次朗读训练，而让其他学生继续读。这种结构模式（ "朗读——评价"）的评价，只能是形式主义，走过场，不能体现评价应有的功能和意义。正确的做法应该是通过评价对该生的朗读提出改进的措施和方法，然后让他加以运用，再次朗读，直到达到要求为止。这样，形成 "评价——指导——练习——提高"、"再评价——再指导——再练习——再提高"良性循环，有效地促进了学生朗读水平的提高。

二 多元互动地评价

朗读评价是对学生通过训练所形成朗读能力的综合性测评，因而评价的内容是多方面的，内涵也是极其丰富的。《语文课程标准（实验稿）》对此进行了具体阐述："评价学生的朗读，可以从语音、语调和情感等方面进行综合考查，还应注意考查对内容的理解和文体的把握。"之所以要进行多元化、综合性的评定，一是由于朗读技能的复杂性和任务的多面性决定的，过于强调朗读技能的某一方面，所做出的评价必然是片面的；另一方面，进行综合性评价，也利于学生发挥多方面的潜能，帮助学生悦纳自己，拥有自信，迈向成功。

进行朗读评价，应强调评价主体的双向选择、沟通和协商，改变单一评价主体的现状。注意教师评价、学生自我评价与学生间相互评价相结合，使评价成为教师、学生等多方面共同参与的交互活动。首先，教师要通过示范，使学生学会评价。其次，教师要引导学生进行自我评价："你觉得自己读得怎么样？"同时，鼓励学生读后主动征求别人意见："大家觉得我读得怎样？"最后，教师要注意调动其他学生的积极性，引导、组织他们参与评价，发表意见。在评价中帮助别人，完善自我。

三　教育激励地评价

"良言一句三冬暖，恶语六月伤人寒。"学生在前进的路上遇到的成功或失败，既可能成为沉重的负担，也可能成为新的动力，评价在这里起着至关重要的作用。因此，我们在对学生进行朗读评价时就要充分认识到这一点，尽可能多地运用表扬"武器"，做到"好话多说，坏话好说"，突出激励性。帮助学生维持良好的情绪体验，树立再创佳绩的信念。著名特级教师于永正在这方面有着许多成功的经验，这里，我们不妨欣赏他的一个精彩教例，领略一下激励性评价的魅力。

于老师在执教《新型玻璃》一文，指名读第一段课文时，有位学生把"一个划破玻璃企图盗窃展品的罪犯被抓住了"这句话读破了。于老师耐心地说："这句话比较长，难读，请你再读一遍。"谁知这位学生第二遍又读错了。接着读第三遍、第四遍……一连读了七遍，学生还没读对。读第八遍前，于老师抚摸着她的肩，鼓励说："你深吸一口气，放松放松，然后一字一字地把这句话默读一遍，第八次准能把漏掉的字读出来。"果然，她成功了，于老师又和同学们一起鼓掌祝贺，并送上一句耐人寻味的话："记住，爱心献给别人，信心留给自己。"这一教例中，于老师运用自己的爱心和耐心，不断激励这位学生，点燃了她的希望之火，扶植了她的自信之树，让她体验到了成功的喜悦。倘若教师在学生第一遍读错时就当头棒喝："你坐下，别浪费时间了。"那将会给这位学生造成多大的心灵创伤，也许这孩子一辈子也不敢当众发言了。

朗读评价突出激励性，还要注意以下几点：一是激励要以事实为依据，评价要中肯，而不能无根据地胡夸，学生每次读完都是"读得不错"、"鼓掌祝贺"，把激励廉价化、庸俗化。二是不能为激励而激励，以贬低一个来褒扬另一个。应该杜绝"你比××好多了"之类的评价。三是正面鼓励并不排斥指出错误。我们在突出学生优点的同时，还应让学生看到自己在朗读中存在的不足，并在老师的指导下力求改正。

语文教学，对学生进行"双基"训练，使学生正确理解和运用祖国语言文字，具有听、说、读、写能力，当然是义不容辞的责任。然而，与此同时，必须高度重视培养学生的思想素质、道德情操和文化素养。诚如加里宁指出的那样，教师在任何时候都不能忘记，自己不单单是一个传授知识的教师，而应是一个教育家，是人类心灵的工程师。教师应树立鲜明的"育人"目标，把"教书"纳入"育人"这个大目标。就朗读评价环节而言，我们同样应高擎"教书育人"的大旗，发挥评价的育人功能，注意其教育性。例如在互评过程中，学生站起来，往往是指出别人的缺点，这儿不好，那儿不行。诸如"声音不够响亮"、"缺少表情"、"我觉得他读得不好"……有的学生简直就是挑剔，把别人说得一无是处。这时，教师就要引导大家主要要看到别人的长处、优点（即使该生读得不到位，但能当众发言，本身就是件值得肯定的事），其次才是不足。同时，教育学生在指出对方不足时，语言要委婉得体。多说"我觉得他在××地方再加上点感情就更好了"、"××读得很好，不过，我对他还有个小建议……"之类的话。这样做不仅能培养学生对事物一分为二的观点，而且也能教育学生善于发现别人长处，取长补短，不断进步。

当然，读也罢，评也好，都是为了孩子的发展，所以朗读评价更应尊重学生独特的情感体验。阅读是学生的个性化行为，每个学生对于文本都有着不同的感受、体验和理解，而表情朗读作为学生对文章情感内省的一种外现形式，因而也就自然而然地带上了个性色彩。同样的一句"夜来风雨声，花落知多少"，有的人从中领略到盎然的春色，读起来是欢快明朗的；有的人则从中感悟到人生沉浮，沧海桑田，"坎坷知多少"，读起来是苍凉悲壮的。所以，我们在评价学生朗读时，就不能搞标准化，不能把感情朗读变性为"感情+朗读"，即统一要求学生带着什么感情或用什么语气去读课文。更不能搞"家长制"，把教师自己的意志、自己的理解强加于学生，那样做只能是把学生变成"人形鹦鹉"，对学生朗读水平的提高和个性的发展都是毫无裨益的。

其次，朗读评价要根据学生的年龄、心理、性格特点及学习基础因人而异，不能"千人一词，简单划一"，避免因评价而产生消极影响。例如，对一些语文基础较差、胆子小的学生，我们在评价时就要适当降低要求，只要是比以前有进步，就应该加以鼓励。又如对一些自尊心较强的学生，评价时则应更加讲究，如用"刚才这位同学读得很好，谁愿意和他比一比"之类的话，这样，既尊重了学生，又培养了学生的竞争意识。当然，在张扬学生个性的同时，我们还应倡导学生在评价中的合作，从小培养相互合作的精神。

总之，我们要切实抓好朗读训练的评价环节，不断提高学生的朗读水平。

发表于《安徽教育》

深入进去，曼妙无限

滁州市湖心路小学　林莉

　　"一词一世界，一文一中心。"每一篇课文都有自己的核心价值观，以词为介，抓住文中有表现力的关键词句，引领学生驻足、感悟，既能提领而顿，又能品出文章曼妙之处。

　　以苏教版三年级《军神》一课为例：文章题眼"神"字可谓神来之笔。课始，可让学生谈谈对军人的认识（军人很精神、很帅气，保家卫国……）在学生建立感性直观印象后，教师巧妙地擦去"人"字，板书"神"字，自然发问：怎样的军人才能被称为军中之神呢？围绕主线，抓住"神"字，学生探究品析，步步丰满对主人公刘伯承坚强不屈的伟大品质的认识。这样的字、这样的词怎么可以不品析？

　　《厄运打不垮的信念》是苏教版五年级的课文。文章写了明末清初史学家谈迁在"厄运"中前后两次撰写明史《国榷》的感人故事。文章从家境贫困、体弱多病、文稿被盗等方面揭示课题"厄运"，进而表现谈迁在"厄运"面前所表现出来的坚不可摧、坚忍不拔的意志和毅力。课题"厄运"值得揣度：可让学生以换词方式，联系生活情境与"厄运"作比较，找到文章中的"厄运"，回应课文，反复品读，再回扣课题，让学生在反复品析悟读中体会到：文中谈迁的"厄运"要远比自己可感可触的"恶运"程度深，打击大，在深刻感悟的基础上体会作者遣词造句之曼妙！

　　"读书也像开矿一样，沙里淘金。"聚焦关键性字词能融识字、学文、思想教育于一体，不可谓不妙。五年级《彭德怀和他的大黑骡子》文尾有这样一句话："它融进了北上的滚滚铁流，融进了宣传鼓动员的竹板声里……"其中"融"是本课一生字。在教学中教师引领学生关注此字，随文识字，针对"融"字右下方学生容易把一横错写成两横的实际情况，随机加以点拨：同学们切记"融"字下方是一点、一撇、一横、一竖相融合，千万不可"自作多情"哟！本文又指什么"融进"了竹板歌词里呢……这样的"别有用心"，学生不但在书写时提醒自己：不能多写一横；且人文教育的有机相融更是深入生心，可谓"识字学文两不误，言意相生自入心"。

发表于《四川教育》

试论小学生的口语交际训练

滁州市会峰小学　卢天标*

摘要：对小学生的口语交际训练要遵循小学生的认知规律，依据小学生语言学习的心理特征，针对口语交际的特点进行训练。因此口语交际训练不仅要进行专项训练，还需要语文教师课堂上要有训练的意识，融口语交际训练于阅读课教学中；立足课堂，搭建口语交际的宽阔"平台"；且不仅要立足课堂，还要向生活拓展，引导学生积极进行自我锻炼。

关键词：小学生　　口语交际训练

口语交际是人们运用口头语言进行交谈、演讲、辩论等的一种言语交际活动，具备直接、简便、迅速的特点，使用最多最广，是最基本的语言信息交流手段。通过教材中的专题训练，使学生比较系统、快捷地掌握口语交际的有关知识，提高相关技能。在我校课题研究交流课上，教师展示的也都是教材中的专题训练。但是我认为口语交际决不能局限于教材中的专题训练，新《大纲》提出了口语交际训练的三个途径：利用语文教学的各个环节有意识地培养学生的口语交际能力；创设交际的情境，让学生在老师创设的情境中无拘无束地进行口语交流；在日常生活中，让孩子们积极主动地锻炼自己的口语交际能力。

---

* 卢天标，滁州市优秀班主任、滁州市中青年骨干教师，论文多次在省级及以上刊物上刊登。

一 依托教材，发掘口语交际的素材

教材中所选用的课文无论从内容到形式，还是从思想含义到语言表达都蕴含着丰富的口语交际因素。所以，只要我们认真钻研教材，就能挖掘到许多有效的训练点，为学生提供训练的机会。

1.辩论有争议问题

即抓住课文中有争议的问题让学生进行辩论。如《骆驼和羊》叙述骆驼认为高好，羊认为矮好，它们俩为这争论起来，各自不肯认输的事。究竟是"高好"还是"矮好"？讲完第三自然段时，可把学生分成持高好观点和持矮好观点的两方，举行辩论赛。又如《落花生》教学之后，可围绕究竟做"花生"式的人还是做"苹果"式的人开个小小辩论会。这样，不但能使学生创造性地理解课文含义，而且能很好地训练学生的口才。

2.续补结尾

续补文章结尾是培养学生想象力、编说能力的好办法，教学中我们可通过续补以对话为特点的文章结尾来训练学生口语交际。如古诗《回乡偶书》可续补诗人回家后与家人见面那种激动、热烈交谈的场面。寓言《坐井观天》可续补青蛙跳出井口看到外界时与小鸟对话的情景。讲《穷人》一文时，可让学生续补桑娜一家收养两个孤儿以后的生活。通过对话，加深对人物的理解。

3.转换语言

即变转述语言为具体的引叙语言。有的课文为了表达简练的需要，对人物语言的描写以转述方式进行。我们可以把这些转述的语言变为具体的引叙语言，训练学生口语交际。如第三册《诚实的孩子》第四段用转述方式写列宁把在姑妈家发生的事告诉妈妈。上课时可把这段改为引叙形式，让学生分别饰演列宁和妈妈，分角色进行具体对话。"列宁"通过回忆，一五一十地把打碎花瓶的事告诉"妈妈"，"妈妈"耐心细致地教育他。这样可以培养学生的叙事能力，判断是非的能力，教诲他人能力。

4.填补空白

作者写文章，为突出中心，在进行详略安排上，有意留下一些艺术空白。在教学中，教师可引导学生口头填补属于语言描写的空白，达到口语交际训练的目的。如《将相和》一文中负荆请罪一段，叙述廉颇光脊负荆上门向蔺相如请罪，蔺相如见了赶忙出来迎接。廉颇怎样道歉，蔺相如又如何回答，作者没有写。可引导学生联系上下文作合理想象，然后让学生扮演角色对话，进行口语交际训练，深入领会廉颇勇于认错的精神和蔺相如胸怀宽广的品质。

5.扮演导游

写景的文章可以让学生扮演导游的形式训练学生口语交际。如《富饶的西沙群岛》、《美丽的小兴安岭》、《桂林山水》都可让学生扮演导游或游客。这样，一方面学生创造性地复述了课文，另一方面，进行了"导游"和"游客"间的口语交际。

二 立足课堂，搭建口语交际的"平台"

课堂教学就是师生交往、生生交往的多维互动过程，每一堂课都为学生口语能力的发展提供了用武之地。语文教师在课堂上要有训练意识，融口语交际训练于整个教学过程之中。

1.师生互动

在质疑、解疑中进行口语交际训练，这是教师与学生之间进行口语交际的重要交流与沟通方式。课堂提问的双向互动指教师提问学生回答及学生提问共同探讨。提问要清楚明白，答题要准确、有条理，因此这个环节不仅能培养学生发现问题、分析问题、解决问题的能力，而且在提出问题、解答问题过程中提高了学生的口头表达能力。如在教《草原》一课时，教师提问："天底下辽阔无边的草原，为什么给人以'并不茫茫'的感觉呢？"然后引导学生多方面思考，有条理地说上一段。教师在互动过程中要注意建立民主平等的关系，只有这样，学生的思维方式才不会是教师思维方式的迁移，学生才能真正地自主思维，有了自主思维才能有自主的言语活动。

2.生生互动

生生互动主要有竞争与合作。学生从合作的经验中获得自尊和尊重他人、社交和自我调整的能力。没有课堂上的合作，学生很难形成社会所要求的合作性。口语交际课上，教师可以组织同桌之间、前后座位之间、小组同学之间，用说、问、评、议、比、演等方法，进行讨论、交流，互相促进，共同提高。生生互动间的口语交际是不经意的，容易消除紧张的气氛，长此以往，收效较大。

3.群体互动

在小组合作中，加强口语交际训练。小组合作学习，学生间思维碰撞，引发灵感，同时也锻炼了口语交际能力。如在小组中交流学习情况，在小组间展开讨论、交流，互相评议等活动。这样扩大了口语交际的训练面，增加了学生口语交际的练习时间，扩展了以学生个体活动为基础的群体的口语训练形式。如在教学《船长》一文时教师提问："课文中写船上共61人，由于船长哈尔威镇定自若，井然有序地组织抢险营救，除船长以外的60人全部脱险，而船长却牺牲了。难道船长自救的时间一点也没有？恰好这么巧吗？"这一问题书上没有现成答案，可以从不同角度去思考解决，给学生自由发挥的空间。可先组织学生以小组为单位自由讨论，各抒己见。然后各组派代表发言，评一评谁说得流畅、有条理、合情理。教师在此时可不是一个简单的旁观者，而是一位出色的导演。此外，精心组织的各种以竞赛为主的活动，更应使学生间的口语交际高频率地互动起来。如《看谁背得好》这一课，可用"打擂台"的方式，看哪个小组背得多、背得好、听得认真，对别的组的同学有礼貌。这时，为了小组这个群体的荣誉，学生就会对自己和他人提出更高的要求，并积极参与活动，渴望依靠大家的智慧和行动赢得胜利。

三 创设交际情境，进行口语交际训练

"儿童置身于语言环境是儿童习得语言的必要条件。"要教活口语交际课，就要有一种良好的交际情境和氛围。口语交际强调双向互动，创设情境是进行口语交际训练的有效方法之一。交际情境的创设须以小学生的生活实际为背景，唯有如此，才能有效唤起学生的情感体验，引起共鸣，激发起浓厚的参与兴趣。布鲁纳说：学生最好的刺激乃是对学习材料的兴趣。学生只有对学习材料感兴趣了，才会激起情感，情感又会触发语言动机，提高语言技巧，使学生有话可说，有话要说。

（一）语言描绘情境

教师用富有感染性的语言为学生创设情感画面，使他们积极主动地融入角色，找到情感共鸣点，并在言之有物、言之有序的基础上做到言之有情。

1.配乐描述

如教《找春天》（语文课本第一册）一课，上课开始，播放歌曲《春天在哪里》，教师随着配乐曲，通过语言形象生动地描述，把学生引入流水潺潺、绿草如茵、花红柳绿、百鸟欢歌的春天景中，激发对春天的喜爱之情，引发口语交际的欲望。

2.讲述故事

如教《皮球掉进池塘了》（语文课本第二册）这课，教师可抓住儿童特别喜欢故事的特点，先形象地讲述《捞月亮》的故事，打动学生的心弦；然后导入新课，比一比谁能用最好、最妙的办法；把"捞皮球"这幅图画出来，唤起学生踊跃欲试的情趣。

（二）实物创设情境

小学生智能发展尚处于低级阶段，他们观察事物往往比较粗略，正像克鲁普斯卡娅曾经说的："在大多数情况下，学生完全不会观察，可以这样认为，他们的眼睛不用来看，耳朵不用来听。教师的任务就是教他们学会看、听、感觉。"因此，在教低年级小学生说话时，要教他们学会观察。直观形象的实物展示，能很快吸引学生的注意力，易于学生观察。如第二册语文课本中有"说说自己喜欢的小动物的样子"的要求，教师把一只真正的活泼可爱的小白兔呈现于学生面前，学生个个眼前一亮，随着老师的点拨，纷纷举手发言，气氛非常热烈。

（三）角色模拟情境

1.生活舞台

让学生扮演生活中的角色。苏教版教材中编排的口语交际训练的内容，富有浓厚的生活气息，我们可根据教材提供的内容创设情境，巧妙地把学生带入特定的情境之中，让学生感到是现实的交际，不但容易激趣，而且能让学生全身心地融入角色体验中去，令人感到亲切、逼真。如教《做客》时，教师可启发学生想象这样一个生活场景：某同学到你家来，你如何接待？假若你有一亲戚同时在场，你如何给他们作介绍呢？通过情境的创设，学生面前出现了假想的交流对象，势必产生说话的愿望。

2.道德法庭

创设法庭场景，按程序对品德不良行为进行审判，评其美丑，论其善恶。有时可结合身边的事例组织一些辩论活动。如以"过生日请同学吃饭好不好？"为题展开辩论。首先创设类似"大学生辩论会"那样的情境，正、反双方对面而坐，学生自愿组合，然后各抒己见，摆事实、讲道理，展开辩论。这样每位学生都积极主动地参与了讨论，不仅明白了事理，而且锻炼了听、说等方面的能力。

3.商品洽谈会

模拟交涉、谈判、广告宣传等商业场景，采用迂回婉转的语言，介绍商品性能、用途，为确保自己的合法利益据理力争。教师可布置题为"逛商场"的家庭作业，让学生在商场里了解各类商品的种类、样子、颜色、用途等，并让学生有意识地与售货员进行交流，听一听售货员是怎样推销自己的商品。课上，让学生带来一些生活用品，有的扮"小顾客"，有的扮"售货员"，进行表演、交际。

生动、逼真的情境创设，能够调动学生内在真实的情感体验，激发他们强烈的表达欲望。在这样的情境中，发言者畅所欲言，听说者聚精会神，课堂气氛活跃，训练效果良好。

四　走出校园，汇入口语交际的生活海洋

口语交际训练，课堂教学是主渠道。但还需要通过大量的课外实践，在实践中学习，在实践中提高。因此我们要积极开展各种社会交际活动，如组织学生参观、调查、慰问、联欢等活动，引导、组织学生在社会交往中实践，让学生自觉地在实践中锻炼自己的口语交际能力。在活动中教师也要强化训练意识，利用各种机会对学生的口语交际进行指导，如在旅游中教师可让学生面对美景，有顺序地观察一番，然后说上一段等。平时学生的交往，教师也要留意，并及时提醒学生注意身份、环境、听话对象等。

另外利用孩子的父母培养学生的口语交际能力。一是提醒家长重视对孩子进行早期口语交际训练，要求家长忙里偷闲做孩子的忠实听众，可以让孩

子讲述自己一天的所见所闻。二是设计一些口语家庭作业，让学生在家庭中进行口语交际训练。例如家庭作业"打电话"（模拟）：让孩子和妈妈"打电话"，爸爸做评委，然后再变换角色。

总之，小学生口语交际训练一定要避免抽象乏味的概念式教学方法。依托教材，立足课堂，创设情景，循序渐进，内外结合，加强实践，才是有效提高小学生口语交际能力的重要方法。

参考文献

1.秦敏：《巧用课程资源，优化口语教学》，《小学语文教学》2003年第2期。

2.周必玲：《口语交际训练"二部曲"》，《小学教学参考》2001年第1期。

3.李江英：《强化口语交际训练》，《小学语文教育》2001年第4期。

4.刘仁增：《试谈口语交际的训练策略》，《小学语文教师》2001年第5期。

5.谈永康：《教活口语教学法》，《小学语文教师》2001年第1、2期合刊。

6.谢雄龙：《口语交际训练的基本原则》，《小学语文教师》2001年第5期。

我教"衷"、"哀"、"衰"

滁州市会峰小学　王芳[*]

　　"衷"、"哀"、"衰"这一组形近字，不要说小学生容易读错，就连少数初中生也会弄不清、辨不明、写不准。

　　教学中，我发现班里总有少数学生将这三个字读混写错。比如：把"衷心"写成"哀心"，把"哀伤"写成"衷伤"，把"衰老"读成"哀老"，把"衷心"读成"衰心"等。在一次"随堂测验"中，全班45人中竟有10人（占全班人数的22%）出现错误。检测结束后，我既忙集体订正，又忙个别指导，经过一番努力后我想：这回该不会出错了吧？于是我又围绕这三个字的读与写设计了几道"迁移练习"题，哪知道仍有5人（占全班人数的11%）出错。我百思不得其解，为什么我这么纠正仍达不到预期效果呢？问题到底出在哪里？

　　《全日制义务教育语文课程标准》告诉我们："评价识字要考查学生认清字形、读准字音、掌握汉字基本意义的情况，以及在具体语言环境中运用汉字的能力；借助字典、词典等工具书识字的能力。"因此，识字教学的精髓是把汉字的音、形、义紧密结合起来，注重的是读准字音、辨清字形、析明字义，不仅要教会学生知写法，还要教会他们悟规律。而我在教学中把这三个字的音、形、义割裂开了，抓"标"放"本"，违背规律，焉能不错？知错就改，我和学生一起从读准字音、辨清字形、析明字义入手。

---

　　[*]　王芳，在滁州市会峰小学任教。潜心研究教学，多篇论文在省市级评比中获奖。

一　读准字音

为了让学生读准这三个字音，我把"衷zhōng"、"哀āi"、"衰shuāi"连同音节用白粉笔大大地写在黑板上，让他们反复认读，特别是让那些在"随堂测验"和"迁移练习"中反复出错的学生读准读熟，认准记牢，做到读准字音不出错。

二　辨清字形

小学生知觉的重要特征是笼统不精确、空间方位知觉能力差，他们往往只注意一些孤立的现象，看不清事物的本质特征。为了让学生辨清这三个字的字形，抓住它们的特征，找出它们的差别，我把"衷"中间的"中"、"哀"中间的"口"、"衰"中间的"中"分别用红、黄、蓝色粉笔标出，以示提醒。看到学生聚精会神的样子，我顺势提出了问题："看谁能找出这三个字的异同？"大家七嘴八舌："这三个字都是把'衣'字拉开，在'衣'字中间分别放上'口'、'中'、'中'。""'衷'和'衰'像一对孪生兄弟，'衣'字里面都有一个'中'字，只是'中'字的姿态不一样：'衷'字里的'中'字是直立的，而'衰'字里的'中'字是歪倒的……"在七嘴八舌中学生找出了异同，悟出了规律，抓住了特征。

苏霍姆林斯基说过："在人的心灵深处，都有一种根深蒂固的需要，这就是希望自己是一个发现者、研究者、探索者。而在孩子的精神世界中，这种需要则特别强烈……我认为有一项十分重要的教育任务，这就是不断地扶持和巩固学生想要成为发现者的愿望。"因此，在识字教学中我们应该千方百计地引导、鼓励学生去发现、掌握识字的规律和方法，让他们真正成为学习的主人，培养他们的创造力，释放他们的想象力，激活他们的内驱力。让他们在教学实践中成为一名发现者、研究者、探索者。

三　析明字义

有了"读准字音"和"辨清字形"做铺垫，接下来我和学生一起动手借助工具书析明字义："衷zhōng"，从衣，中声。衣部，共10画，除去部首4画。本义是：贴身内衣，引申为"内心"、"中正不偏"、"中心、中央"等义，如"由衷"、"苦衷"、"无动于衷"等。"哀āi"，从口，衣声。口部，共9画，除去部首6画。本义是：悲痛、哀伤。引申为"悼念"、"同情"、"慰问"等义，如"悲哀"、"哀悼"、"哀求"、"哀乐"等。"衰shuāi"，象形字，从衣。本义是事物发展走向微弱，如"衰败"、"衰亡"、"衰减"等。

经过以上努力，学生读准了字音，辨清了字形，析明了字义。为了巩固成果，强化记忆，我编了一首儿歌：

小朋友们快快来，

我们来学衷（zhōng）、哀（āi）、衰(shuāi)。

"口"中有竖读作"衷zhōng"，

"口"中有横读作"衰shuāi"，

"口"中什么都没有，

就把此字读作"哀āi"。

这首儿歌还真管用，它押韵上口，适合吟诵，便于记忆。学生边吟诵边比画，纠正了以往的老错误。在随后的检测中，全班无一人出错。

识字教学是小学语文教学中极其重要的组成部分，是"奠基石"。怎样才能把这块"奠基石"摆正、放牢？还是《全日制义务教育语文课程标准》说得精妙："识字教学要将儿童熟识的语言因素作为主要材料，同时充分利用儿童的生活经验，注重教给识字方法，力求识用结合。运用多种形象直观的教学手段，创设丰富多彩的教学情境。"识字教学只有如此，才算抓住了关键点，才会收到事半功倍的效果。

农村小学英语教学

滁州市南谯区龙蟠小学　刘媛媛 *

摘要：小学英语课从无到有是新世纪社会发展的需要，也是知识经济时代为了更好与国际发展接轨的必然要求。在农村学校有限的条件下以激发学生的学习兴趣为前提，通过听、说、唱、玩、演等方式，着重发展学生的学习主动性、积极性，使之获得语言知识技能，形成初级语感、语音、语调，培养其简单英语语言交际的能力，任重道远。

关键词：农村小学　英语教学　语言实践　创新归纳

小学英语作为一门比较新的课程在农村教学中一直都没能被重视起来，原因之一是农村英语师资相对紧缺，之二是英语教学缺乏语言环境。自新课程实施以来，大家一直在研究怎样上好英语课。大中城市有的是全封闭英语教学，孩子们在一个特定的语言环境中由外国人全英语教学，生活全用英语；有的是在多媒体上播放英语故事、对话让学生通过多媒体等方式来提高自己的听力和模仿能力；再不济的城区学校也能满足像配备专职老师和安排比较科学的课时量等客观条件，但相对于城市和城区的农村学校来说，这些都是难以实现的。虽然近年来，国家加大了对农村学校的投入，实现了"班班通"，配备了"点读机"，但由于缺乏专职老师以及学校和家长的不够重视等因素，使农村的英语教学困难重重。在这样的现实情况下想让农村的孩

---

* 刘媛媛，2012年获南谯区小学英语"教坛新星"称号，并在教育教学科研中多次获奖。

子们把英语学好，我们老师们就不得不更加用心。经过这几年的工作经验并借鉴其他课程教学理论，结合英语学科特点，我渐渐摸索和总结出几种适合农村小学英语教学的方法：

一　教学内容贴近生活，能激发出小学生的学习兴趣

教学材料和教学活动尽量能反映小学生的日常生活，所学的内容能应用到他们所熟悉的生活中去。如：book，pencil，rubber等学习用品是他们平常学习中最常用到的，而像apple，pear，orange等水果或My family，My mother，My father等又都是如实地反映他们的周围环境和社会生活的，学生在学过这些英语以后可以在自己的生活中使用出来，这在一定程度上刺激了他们的学习兴趣同时也加强了理解。

二　在趣味情境中学口语，增强记忆力，加强口语训练

小学生的注意和记忆的指向往往受兴趣影响，因此英语课堂教学必须增强口语训练的趣味性，在趣味学习与训练中增强记忆力。比如我们可以根据课文对话内容设计有趣的呈现情境，激发学生急于学习、模仿的积极性，然后引导学生仿读、跟读甚至表演，使学生在想学、爱学的心理状态下学口语。在多形式操练中，巩固英语口语，增强记忆力。之后还可以进行一些内容相近的大量口头训练，促使学生提高听说能力。

三　重视语言实践在英语教学中的作用

《英语课程标准（实验稿）》在"前言"部分就明确指出"此次英语改革的重点就是要改变英语课程过分重视语法和词汇知识的讲解与传授，忽视对学生实际语言运用能力的培养的倾向，强调课程从学生的学习兴趣、生活经验和认识水平出发，倡导体验、实践、参与、合作与交流的学习方式和任务型的教学途径，发展学生的综合语言运用能力，使语言学习的过程成为学生形成积极的情感态度、主动思维和大胆实践、提高跨文化意识和形成自主

学习能力的过程"。归结起来就是"能力"和"实践"，能力来自实践。教学中，我们可以组织学生进行广泛的语言实践活动，通过多种手段激发学生实践的热情，让学生变兴趣为参与实践的动力，并在漫长的教学过程中始终保持这种兴趣，为语言实践活动提供源源不断的动力。在教学中我们可以采用师生对话，生生对话，戴头饰分角色表演，小组练习等，教学方法多样，让学生在运用中增长兴趣，提高学生学习的有效性。

四　创造和归纳，拓展学习渠道

由于农村孩子受经济条件和地域条件的约束，孩子们没有太多的钱来支付更多的参考资料，所以他们对于教师这个知识来源更加依赖。这就需要老师善于把知识进行加工、总结，把大量的知识浓缩成精华让孩子们更容易接受容易记忆。例如教单词，免不了涉及音标，复杂的发音让孩子容易混淆记不牢固。对有一些英语基础的学生来说，我们可以用比较的方法，根据汉语声母排序来记英语辅音的音标。此外，我们可以利用多年来前辈们积累下来的顺口溜来帮助孩子们记忆，这对于一些难掌握的知识点很奏效。如be动词的用法，就可以这样记忆：我用am，你用 are，is用于他她它，复数全用are。

总之，在条件欠缺的情况下只有我们老师们开动脑筋，才能让孩子们的英语课充满欢笑和活力，也才能让孩子们感受到学习知识的快乐，从而努力完善自我，使自己成为具有创新精神和创新能力的研究型教师。除了以上所述的方法外，还需要在以后的教学中运用老师们共同的努力和共同的智慧，把农村英语教育事业推向更广阔的天地。

润物细无声

——用爱谱写的诗篇

滁州市会峰小学　刘伟[*]

班主任是什么？老师们会说班主任是班级的组织者和管理者。而我要说，班主任就是"管家婆"。一个家庭的兴衰，事关"管家婆"，一个班级的好坏事关班主任，班主任不是"管家婆"是什么？身为班主任，每天面对的，是几十双渴求知识的眼睛；接触的，是几十颗等待滋润的心灵。如何让这一双双眼睛散发出智慧的光芒？怎样使这一颗颗心灵健康地成长？这不仅需要班主任具备一定的组织管理能力，还需要班主任具有强烈的事业心和责任感，更需要班主任具有一份对孩子炽热的爱。

2010年9月，我是背着同事和朋友们诸多的不解从滁州二小回到会峰小学接任六（2）班的班主任的。当时，根本没有老师愿意与我搭班，因为他们都深知这个班的"厉害"。一提到班级的某些同学，老师们都有畏难情绪，还有老师私下里和我说："刘老师，你换个班吧，这个班的学生打架、闹事、找老师麻烦是常有的事……"这位老师的话，句句是忠言，字字似千钧，让我深知当好这个班的班主任，难啊！但是俗话说得好，"眼是孬种，手是好汉"，自己不亲自试一试，怎知水的深浅？

功夫不负有心人，一段时间以后，老师们对这个班的观点改变了。一提到六（2）班，无论是谁，都会竖起大拇指"这个班的变化真大啊！"因为如今的六（2）班已是一个温馨、和谐的大家庭，已是一个积极向上的优秀班

---

[*] 刘伟，对学生的热爱使他兢兢业业，在三尺讲台上心甘情愿地奉献自己的青春。

集体了。无论是早读课时同学们的全身心投入，还是早操、路队时的井然有序……一切的一切都让老师们不敢相信这是真的。我不是孙悟空，没有三头六臂，有的只是对孩子们的信任和真心付出。现将我的点滴心得与大家分享。

一　亲近学生，树其自信

师爱是老师最美的灵魂，它可以开启每个学生的心灵。高尔基说过："谁不爱孩子，孩子就不爱他，只有爱孩子的人，才能教育孩子。"所以我和孩子做了一个只赚不赔的"买卖"——老师付出的是一人之爱，得到的是全班孩子的爱戴，这是多么划算的"买卖"。在平日的工作中，我把信任和期待的目光洒向每个孩子，把关爱倾注于整个教育教学过程之中，弯下腰去倾听每个学生的意见和呼声，争取和学生在思想和情感上产生共鸣。

第一次站在六（2）班的讲台，看到台下那一双双有些玩世不恭的眼睛，我定了定神，说道："早就听说你们很可爱，很有个性，我最喜欢有个性的孩子。所以我强烈要求当你们的班主任，希望在小学的最后一年，我能给你们带来快乐！你们是最棒的，愿意和我交朋友的请上台和我握个手吧！"此言一出，同学们面面相觑，半天才反应过来，随之而来的是一只只小手涌了过来。许多天以后有几个调皮鬼很感动地对我说："刘老师，你是第一个说我们是最棒的老师，我们好高兴……刘老师我们听您的……"多么朴实的话语，这让我想起了那句"鼓励是最好的老师"。日常的工作中，我经常带着放大镜去寻找孩子们的优点，一旦发现，就适时恰当地给予鼓励，孩子们在不断的鼓励中找到了自我，树立起了信心。

二　关爱学生，不喊口号

关爱学生不能只是口号，要有实际行动，要经常俯下身去和他们进行亲密的思想交流，让他们真切感受到老师对他的关怀，这是班主任顺利开展一切工作的基础。我班学生主要来自周边开发区，他们大多是农家子弟，家庭经济状况普遍不太好，有的孩子的父母为了养家糊口，都双双到外地打工去了，所以导致我班有相当一部分学生成了留守儿童。表面看起来，这些孩子跟别人没什么区别，但在他们的眉宇间总能看到一份难以言喻的孤寂。为了给这些孩子一个快乐的童年，我总是想方设法地从各个方面去关心他们，爱护他们。

学习上有困难，我就在班里成立帮扶小组，进行一对一甚至一个小组对一的指导。像我们班的谢×，他是一个聪明但学习自觉性不高的孩子。他的爸爸妈妈都在上海打工，家里只有他和爷爷两人。爷爷年岁已高，能让他三餐吃饱，每日穿暖就已经不错了，至于作业，那绝对不在爷爷的管辖范围之内，所以他不是今天忘了写，就是明天忘了带，反正就是交不了作业，成绩也只能在五六十分徘徊。于是我就在班里找了几个成绩较好的而且离他家又近的学生组成帮扶小组，让他们每天放学都一起到谢×家写作业，写完作业，互相检查完再各自回家。经过一段时间的努力，他不仅能按时完成作业，而且还经常会提一些值得思考的问题，每次考试竟都能保持在八十分左右。

生活上有困难，我会毫不犹豫地倾力相助。记得有一次，我们班的郭××同学因为调皮，在家玩的时候一不小心把腿摔成了骨折，医生给他打上了硬硬的石膏并且叮嘱他一个月都不许走路，可是六年级的课程不能因为他而停滞一个月，所以每天他的家人用车子把他推到学校以后，喝水、上厕所的工作就全部由我负责，有的时候我一天要背他进进出出不下十次。付出总是有回报的，一个月后，不仅孩子的腿彻底好了，成绩也没受影响。后来孩子在作文中写道："刘老师就像爸爸一样爱我，我一定要好好学习，回报老师对我的爱，做一个让刘老师自豪的学生。"

像这样生活上有困难的学生我们班还有很多，班长陈×就是其中之一。陈×的爸爸精神有问题，家里的主要经济来源就是靠妈妈的一份微薄的工资，还有外公的资助。可不幸的是，他母亲却在一次上山砍柴时发生了意外，永远地离他而去。这对于一个刚升入六年级的孩子来说，打击是可想而知的。于是我就尽最大的可能在学习上和生活上给予陈×更多的关爱。儿童节到了，我精心挑选一支钢笔作为礼物送给陈×；学校要组织春游了，我会提前给他准备一些吃的和喝的；平时我还经常通过别的老师来了解他的学习状况，发现有波动，我会及时地与他沟通，并给予及时的辅导。功夫不负有心人，陈×终于平稳地升入了初中，现在，他经常给我打来问候的电话，还不忘向我汇报最近的学习状况。能看到他如此的健康和向上，我真的是倍感欣慰。

三　教书育人，因人而异

在我的班级中有一个学生叫江×，他可以说是一个不折不扣的"刺儿头"，学生中的"小霸王"，身边还有一群"哥儿们"。他骂人是轻的，打人是常事。低年级的学生躲着他，高年级的学生让着他，但我却发现他身上有许多优点：在学生中间有威信，他的记忆力特别好等。于是我用其所长，让他担任劳动委员。在他的带领下，室内、室外被打扫得干干净净，根本不需要我去监督。于是我抓住这一点，在班级里表扬了他。渐渐地江×变成了一个爱劳动、善管理的班干，也成了我的得力助手！由于江×记忆力好，再加上我的积极引导，成绩也由原先的六十几分提高到现在的八十几分。在今年"六·一"表彰优秀少先队员和优秀班干中，江×被全班学生一致评选为"优秀班干"！在"六·一"大会上，校长还亲自为其颁发了奖状。看到江×的巨大变化，我的内心不禁涌起一股自豪感和一股成就感！

我们班上还有个叫田×的孩子。他以前的基础很差，老师不重视，家长不问，成绩只是三四十分。我接手以后，发现这孩子品质优秀，有潜力，而且他最大的特点就是乒乓球打得好。于是，我就抓住时机，经常找他打乒乓球，并成了名副其实的球友和无话不谈的朋友。他真诚的话语让我的心久久不能平静。"刘老师，我也想有个好成绩，但就是不知该如何学习，以前的老师只会批评我，爸爸妈妈只会责怪我……"孩子的话语让我心酸，因为不被理解和信任，他落伍了。我鼓励他说："你乒乓球打得那么好，说明你是个聪明的孩子，把这份聪明用在学习上，相信你一定会很棒的。"课后，我又多次找他家长谈话，让他们在家多亲近孩子，鼓励孩子。经过一个学期的努力，成绩由原来的三四十分，变成了七八十分，期末考试得了九十二分，他的那份高兴劲儿没法用语言去形容。他在日记中写道："我要为我的好朋友——刘老师学习，用优异的成绩回报老师对我的信任。"看到孩子惊人的转变，我的心里比蜜还甜。家长对我也是万分感激。每每此时，我会从内心深处觉得：当孩子王真好！

四 营造"家"的氛围，以家为乐，以家为荣

班集体，是学生健康成长的一方沃土，如何培养孩子们的集体荣誉感，让他们为班级多多着想，是多少年来，老师们积极探索的问题。在这里，我粗浅地认为家和万事兴，以"家"的氛围来熏陶、感染学生是一条不错的捷径——无论老师，还是学生，都是这个家庭中的一员。要想家庭兴旺，必须大家努力。为了优化班级管理，营造一个温馨、和谐的家庭，我的第一节课就是以"美丽的六（2），我的家"为主题的班会。班会上同学们踊跃发言，积极出点子，就这样一些切实可行的办法出来了，因为是同学们自己的主意，所以一种无形的力量在号召着同学们主动地去做，人人都成了班级的主人。特别是那些细心的女生，她们利用自己的特长，把班级做了精心的布置，有的还从家里带来了盆景。一个温馨、和谐的"家"就诞生了。在这个共同的"家"里，谁都不愿给自己的"家"抹黑，即便是有个别孩子控制力较差，但久而久之也被改变了过来。"信赖能创造出美好的世界。"这就是信赖的力量。

五 民主选举班干部，锻炼其综合能力

民主选拔一部分责任心强，有工作能力的同学担任班干部是班主任工作中最重要的部分。十多年来，我非常重视班干部的选举和任用，这里民主选举最为关键。因为民主选举出来的是孩子们信任的同学，平日的工作，他们会很好地配合。选举以后，为师的要对他们进行引导，明确责任，分工到人。例如我班的崔××同学，具有强烈的责任心和集体荣誉感，在班级同学中极具影响力，理所当然地被选为我们班的班长。他每天到校后的第一件事就是主动帮助、监督当天的值日生，而且在他的管理下，班级各个方面都井然有序。在同学们的心目中，他就是"副班主任"。同样优秀的班干部还有许多，这些好班干部，既减轻了我的工作负担，又锻炼了自己的能力。

六　开展丰富多彩的活动，促其全面发展

在抓好班级管理的同时，我还不断开展寓教于乐、丰富多彩的文体活动，使学生的才华得到展示，集体自豪感得以增强。新学期我们成功举办了以"我爱我家"为主题的系列活动。演讲比赛中孩子们激情澎湃，从不同的角度表达了对我们这个"家"的一片真情。绘画比赛中同学们用手中的笔描绘了各种各样的"家"。作文比赛中，孩子们用真情抒怀，表达了对"家"的美好祝愿。民主化的管理和家庭化的情境，使每个学生都能感受到集体的自豪和家庭的温馨，这使我们的班集体拥有了和谐、团结、积极、向上的正气。就这样，在我和同学们的共同努力下，在各项活动中，我们班均取得优异的成绩。2011年5月我们六（2）班还很荣幸地被评为"区优秀班集体"，我本人也获得"校优秀班主任"的称号。

老师们，在希望的田野上我们用爱心种植着希望，收获着快乐。同时，我们更应该明白"没有水的池塘养育不了鱼虾，同样，没有爱的教育培育不了英才"。在这个物欲横飞的年代，愿我们每一位班主任都能甘于清贫，守住那份"本真"。"捧着一颗心来，不带半根草去"，相信，真诚的爱心定能谱写出动人的诗篇。

精读多练 培养能力

——谈初中语文课堂教学改革

滁州市沙河中学 胡安军*

多年来，中学语文教学改革出现了百花齐放、百家争鸣的开放局面，这对改革课堂教学，提高教育教学质量有着功不可没的贡献。但是我认为，不管哪一种方法，哪一种招式，都离不开课堂教学中的"精讲多练"。可以说课堂教学改革的实施，就是教师要"精讲"，学生要"多练"。

什么是精讲呢？精讲，就是教师在教学过程中讲的要精：

第一，教师讲授的内容要精，即教学的目的性要强，即抓住重点。正如一位教师讲的那样：教学的秘诀就是要抓住"大"的问题，攻破"硬"的问题。他讲的"大"问题就是指课文的重点，"硬"问题就是指课文的难点。只有教师教得目的明确，学生才能学得知识深刻。

第二，教师讲授的语言要精，即精练生动。教师语言的精练生动，富于文采，除了来自他平时的文学素养，口头表达能力之外，还来自他对教材的深刻透彻，只有这样，语言才能做到深入浅出，言简意赅，鲜明形象，句句中的，打动学生。

第三，教师讲授知识点的数量要"精"，不必面面俱到，要把有代表性的题型讲透，学生就可以举一反三，教师少讲，留下大量的时间和空间让学生自己探讨，反对"满堂灌"。

什么是多练呢？多练就是学生在学习过程中进行实践训练：

---

* 胡安军，男，1970.6生，滁州市沙河中学副校长。

第一，要多练基础知识，万丈高楼平地起，基础不牢固，学生能力的培养就会受到制约。因此，从字、词、句、篇到语言、修辞、逻辑、文采都应加强训练，操作过关。

第二，要多练智力，随着教学观念的改变，以培养学生能力，发展学生智力为中心的教学方法，愈来愈受到推崇。反对"灌输"式、"填鸭"式、提倡启发式，培养学生化知识为能力，知道怎么学。

第三，要多练课外知识。有人把知识喻为浩瀚的大海，博览群书是中华民族教育人的一条永恒真理。重视课外阅读，可以开拓学生视野，拓宽学生的知识面，增强学生的能力，现在的教育很重视素质，考试题目将必然更多地从课外书籍中挑选。

既然这样，那么如何才能做到"精讲多练"呢？我认为，首先，教师要更新教学观念，改革教学方法，跟上时代的步伐，用与时俱进的思想武装自己，采用启发式教学，大胆改革，不要让旧观念羁绊了自己的手脚。其次，教师要认真备课，吃透教材，明确教学目的，把握教学方法，弄清哪些是必讲的内容，哪些是可练的内容，做到因材施教，也要做到因人施教。再次，教师要加强自身素质，不断提高自己的专业知识和业务水平，做到勤学、多才、多能。要给学生一杯水，自己就得有一桶水。只要拥有渊博的知识，讲起课来就能做到旁征博引，左右逢源，得心应手。

"精讲多练"的教学方法，符合教学改革的发展趋势，深化教学改革，提高素质教育，培养适应社会的人才，是每一位语文教师义不容辞的责任。

感动童言

滁州市湖心路小学　林莉

　　那天，如往日，我正在批改学生的作文。

　　这是篇老题材，写老师的。为了让学生们写出童真、童趣，写出新意，我大胆放手，让他们想写谁就写谁，想怎么写就怎么写。

　　习作交上来了，很多学生是写我的，且满是溢美之词：什么上课灵活、语言幽默、关心学生……我长长地舒了口气，看来，心血没有白费：生活上，我对他们嘘寒问暖，关怀备至；学习上我对学生一视同仁，尤其是基础差、成绩弱的孩子，我从不吝啬自己的关爱，与他们打成一片，试着走进他们的心灵；课堂上，我努力实践民主治班原则，让孩子们畅所欲言，回归真我……看来我成功了！读着一篇篇"歌功颂德"的文章，我不禁陶陶然了。

　　继续改着，又是一篇写我的，作者：李×。读着读着，感觉有些不对劲了……整篇文章可以说是在"批斗"我：上课喜欢走题，耽误时间；年龄不大，嘴却很啰唆……写完还像煞有介事地打一括号注明：老师请不要生气。不生气，怎能不气？不但生气，更是满腹委屈，我是这样的吗？

　　找来李×。"你认为老师上课补充课外知识不好吗？"他小嘴一咧，"好啊，可好多时候我们听不懂呀……"我一怔！唉，多可悲！我总是绞尽脑汁、挖空心思地丰富教材，拓展延伸，恨不得把肚中的货一股脑儿全交给学生。很多时候，我常沉浸在自己洋洋洒洒的讲解中，为学生爱自己的语文课而沾沾自喜，忽略了学生间的差异，忘记了思索，我的"高瞻远瞩"适合所有的学生吗？苏霍姆林斯基说过："教学和教育的技巧和艺术在于，可使每一个儿童的力量和可能性发挥出来，使他们享受到脑力劳动中的成功的乐趣。这就是说，在学习中，无论就脑力劳动的内容，还是所需的时间来说，都应当采取个别对待的态度。"这样看来，我的课堂确实存在盲区。

嘴啰唆更是名副其实了！不管是布置作业、讲解课文，还是分析试卷，我总是不断提醒、反复督促，很多时候学生静静思索的时候，我也"不甘寂寞"，生怕孩子们该记的不记，该背的不背。

……

扪心自问，我有些不敢直面自己了。

感谢我可爱的学生给我提个醒，让我学会关注每一个学生，使我明白教师该闭嘴时要闭嘴！

发表于《江苏教育》

挖马齿苋

滁州市南谯区教育局教研室　董雪芹*

母亲从老家回来，带回一包晒干的马齿苋，黑黑的叶片蜷缩在一起，就像弄乱的头发。母亲把马齿苋用水泡开，剁碎并配上鲜肉做成了马齿苋肉包子，真是好吃。听她老人家说这时候正是马齿苋生长的旺季，何不自己到野地里挖些回来呢。

今天闲来无事，我骑上摩托车带着我的女儿和朋友家的女儿一起去郊外找马齿苋。摩托车在乡间小路上奔驰，稀疏的阳光透过树隙洒在我们身上，一切都显得那么静谧美好。沿着有着六百多年悠久历史的明代老城墙往前走，我们不知不觉已经来到了城外。听一位老者介绍，这附近的菜地里到处都是马齿苋，我们忙停好车下了地。"哪儿有马齿苋呢？杂草到是不少。"女儿根本就不认识哪种草是马齿苋，她拿着一把小铲子一边咕噜着一边不停地翻着杂草。"过来看哪！我找到一棵马齿苋！""哪儿？哪儿？""看，这就是！"顺着我手指的方向她们终于找到了马齿苋，俩孩子拿着小铲子小心翼翼地把马齿苋挖了出来。孩子们好兴奋，于是先前的怨天尤人早已抛到了九霄云外，我们铆足了劲继续往菜地深处找去。

"天哪！快来看，这真是奇迹！"朋友家的女儿发现了更多的马齿苋。只见在一片长势不太茂盛的玉米地里藏着那么多的马齿苋，它们一棵挨着一

＊　董雪芹，南谯区小语教研员。安徽省教坛新星，滁州市学科带头人，滁州市骨干教师，华东六省一市现场课教学比赛特等奖。20余篇论文在国家、省、市级评比中获奖，多篇论文在国家级刊物发表。

棵，深红的茎脉上长着很多分叉，每一个分叉上又顶着无数片马齿形的厚厚叶片，这些叶片仿佛像无数颗明亮的小眼睛在望着我们，又好像在说，我藏得够隐蔽吧！孩子们简直看呆了，兴奋得直嚷嚷，此时用铲子细细地挖已经满足不了她们急切的心。俩孩子丢掉小铲子用手拔去，一棵又一棵，连泥带草，不一会儿她们就把袋子装得满满的，她们累得满头大汗，还是不愿停下来，看着孩子们那笨拙的姿势，那份满足，那份幸福，我好开心。

不知不觉，夕阳已西下，抬头望去，这菜地不远处几幢高楼拔地而起，哦，那远处不正是正在建设中的新城区吗？

不知明年马齿苋旺盛的季节，是否还会有挖马齿苋的地方……

发表于《作文与考试》

落实"十分钟写字时间"之我见

滁州市南谯区教育局教研室　董雪芹

摘要："要在每天的语文课中安排10分钟，在教师指导下随堂练习，做到天天练。"怎样才能落到实处呢？结合具体课例，总结课始练字、精读课文中随文写字、课尾留足时间指导写字，只要我们语文教师心中有写字、堂堂有练字，巧妙设法、激趣引导，并持之以恒地坚持下去，"十分钟写字时间"自会落到实处，学生的写字水平自然会上升到一个新的台阶。

关键词：落实　写字时间　写字水平

汉字是中华民族的象征，汉字承载的不仅是民族文化的精神符号，更有民族审美意识和发自内心的民族自豪感。作为中国人，更应该学好汉字，写好汉字，传承祖国的优秀文化。

基于写好汉字的重要性，《义务教育语文课程标准（2011年版）》对识字写字的学习目标做了较多的调整，而对写好汉字达到了前所未有的关注程度："认真写好汉字是教学的基本要求，每个学段都要指导学生写好汉字。第一、第二、第三学段，要在每天的语文课中安排10分钟，在教师指导下随堂练习，做到天天练。"

"要在每天的语文课中安排10分钟，在教师指导下随堂练习，做到天天练。"怎样才能落到实处呢？结合具体的教学实例谈谈自己一些粗浅的想法。

一 精简导入，板题即是练字时

（一）《苏教版一年级下册：20.蚂蚁和蝈蝈》课例

师：同学们，今天老师从动物王国里请来两个小动物，猜猜它们是谁？猜谜：个子不大，力气不小，会搬粮食，能打地道。

生：蚂蚁。（指导读准字音）

师：这是老师请来的第一个动物朋友，还有一个动物朋友，看图片，知道它叫什么名字吗？

生：蝈蝈。（指导读准字音）

师：请小朋友们仔细观察，这两个词语有什么共同点呢？

生：都是虫字旁，说明它们都和昆虫有关。生：都是左右结构，右边是这个字的读音。生：它们都是形声字……

师：同学们观察得可真仔细（多媒体出示蚂蚁、蝈蝈在田字格中），再用心观察田字格中的这两个词，怎样才能把这几个字写漂亮呢？

生：它们都是左右结构的字，要注意左窄右宽。生：要互相谦让……生：在书写时，不能把格子写得太满。

师：同学们已经能运用自己已有的写字经验来指导写字了，真的很了不起。请伸出你的小手跟老师写课题：蚂蚁和蝈蝈。

师：请拿出你的写字本，把课题描一遍，写一遍。同桌互相看看，谁写得更漂亮。

这位老师在上课伊始，利用导入新课、板书课题这一契机，积极指导学生把汉字写正确、写美观。时间短、任务明确，巧妙地做到了板题即是练字时，悄然间落实了写字时间。

（二）《苏教版五年级下册：25.望月》课例

师：同学们今天我们继续学习第25课《望月》。拿出你的听写本，我们听写文中的两个句子：

1.月亮出来了，安详地吐洒着它的清辉。

2.月光为它们镀上了一层银色的花边……

要求把字写正确、写工整，做到行款整齐。生书写。

师用大屏幕出示正确的句子。

师：同学们请自己对照屏幕上的句子，看看是否正确、美观。有错误，请改正。如果自己觉得自己写得不错请给自己加一颗星，如果你能做到行款整齐、正确美观，请给自己加两颗星。（学生自己评价）

教师评价反馈：把书写规范的作业在投影上展示，让学生集体评价，并说出好在哪里，鼓励同学们向这位同学学习。

这样的一个教学片断，给我们一个很大的启示，教师在进行第二课时教学时（尤其是第三学段），没有拖泥带水，而是直接以复习、听写句子的形式，检查指导学生写字情况，落实了《新课标》对第三学段的写字要求，在教师指导下的10分钟写字练习落在实处。

二　精读课文，随文写字了然无痕

《苏教版三年级下册：20.恐龙》课例：

…………

师：同学们，文中向我们介绍了哪些恐龙？指名说。

学生以开火车的形式朗读描写雷龙、梁龙、剑龙的句子。

指名朗读描写三角龙的片段："三角龙的脸上有三只大角，一只长在鼻子上方，另外两只长在眼睛上方，每只角都有一米长——这样的脸型，让任何动物都望而生畏。"

师：怎样记住脸型的"型"呢？（学生记字的方法五花八门）

指导学生书写，同桌同学就是黄金搭档，你们互相提醒，怎样把这个字写漂亮。学生书写，教师及时指导。

师："望而生畏"，哪个词是害怕的意思？

生：畏。

学习"畏"。

教师出示古汉字"畏"，原意是戴鬼面具，又出示"畏"字，请学生书写，并在练字本上书写两遍。教师评价反馈。

在精读课文时，教师利用随文写字的方式，简洁明了地指导学生理解"型、畏"的意思，并借机指导学生书空、书写，并及时评价反馈，这无疑是落实10分钟写字时间的好案例。

三　预留10分钟，指导写字扎实有效

（一）《苏教版二年级下册：识字8》课例

师：同学们，我们刚才用各种方法识记生字，如果要想把这些字记在咱们的心里，咱们还要会写它们。请你仔细观察这两个字，怎样才能把它们写得正确又美观呢？教师出示田字格中的"腿"、"胸"，学生仔细观察。

生：这两个字都是左右结构，而且左窄右宽。

师引导学生观察电脑中写字笔画，并书写。

师：（一边范写，一边说）"腿"字笔画要紧凑，点要收，捺要放；

"胸"字笔顺要记牢，最后一竖不能少；请同学们对照写字姿势，坐正身体，先描两个，再写两个，做到"一笔描成，笔笔到位"。

生：描红写字（教师巡视，及时纠正写字姿势）。

教师展示学生作品，师生共同评价。

（二）《五年级下册：黄鹤楼送别》课例

师：同学们，刚才咱们看到了"暮"字的演变过程，并理解了它在不同词语中表示的意思，那怎样写好这个字呢？谁知道写好字的关键是什么？（生说出各种自己的想法，教师予以肯定）

师：写好字，关键要有三步，第一步：读帖，一读字形、二读字的结构、三读字的笔画是怎样书写的。请同学们认认真真读帖。

生："暮"字上下结构，上面"莫"字中的日要写扁一些，下面"日"字底要写得竖长些。

师：读帖就好比读书，看得清才能记得牢。第二步：描红，描红一定要一笔到位；第三步：临帖，要做到一看二写三对照，一遍要比一遍好。

生：描红、临帖。（教师巡视、指导）

以上两个写字教学案例，都是在课程结束前10分钟指导写字的，老师给学生留足写字的时间，不仅教学生写字，更教给学生写字的方法，正真是"受之以鱼，不如授之以渔也"。

"要在每天的语文课中安排10分钟，在教师指导下随堂练习，做到天天

练。"要想落实这一课程标准的要求，以上教学案例，无疑给一线的语文老师们提供一个参考。课始练字、精读课文中随文写字、课尾留足时间指导写字，只要我们语文教师心中有写字、堂堂有练字，巧妙设法、激趣引导，并持之以恒地坚持下去，"十分钟写字时间"自会落到实处，学生的写字水平自然会上升到一个新的台阶。

发表于《小学教学研究》

参考文献

1.《义务教育语文课程标准（2011年版）》，北京师范大学出版社2012年1月。

2.《张德银写字教学"四不"现象的思考与对策》，《小学语文》2013年第10期。

问题式探究学习核心何在

滁州市南谯区教育局教研室　董雪芹

美国教育家布鲁巴克说："最精湛的教育艺术，遵循的最高准则就是学生自己提出问题。"这一观点很契合新课改的理念。新课改要求教师转变角色，变为学习材料的提供者、学习过程的调控者、学习气氛的营造者及学习探究的协作者，让学生真正成为学习的主体。具体而言，教师应鼓励学生大胆质疑，自主发现问题、提出问题并解决问题，积极倡导"问题式探究学习"。

一　"问题式探究学习"价值何在

培养学生的自我意识要使每一个学生有效地进行探究学习，能够不断地发现问题并解决问题，教师就应让学生逐渐明白：任何人都无法给他们提供绝对的真相，所谓"真相"是建立在他们已有知识的基础之上，然后经过自我知识的构建而形成的。在"真相"的构建过程中，充满着师生之间、生生之间、学生与文本之间的多元化平等对话，为学生构建知识的个人意义奠定了基础。

鼓励学生有所创新，有了问题才会有探究，有了探究才会有创新。因此，教师应鼓励学生敢于向教材或权威"发难"。例如，有位名师上完《黄河象》一课后，让学生发表自己的见解及感受，其中有一位学生提出疑问：老象一失足滑进泥坑时，周围有很多小象，其中肯定有它的儿女或亲朋，但它们为什么没有去营救，反而四散奔逃呢？这位名师当即肯定该问题提得好，而后学生们经探究尝试着解答：有的说大象没想到好的营救方法，有的说大象怕死。有一个学生则说："我在书里看过，大象的脑容量非常少。也就是说，大象很笨，是真正的头脑简单、四肢发达的动物，根本没有救老象的意识。"这位学生的精彩回答，再次让同伴们在解决问题时获取了新知。

二　"问题式探究学习"如何落实

探究过程应是一个连续的动态生成过程，然而，有些教师流程式的教学却将其割裂为一个个孤立的环节。因此，在发现问题阶段，教师可设计一些语言实践练习，使学生的思维始终保持积极状态，进而不断发现、探究与解决问题。而且，在这样的学习过程中，学生能够学会知识迁移，运用所学知识去创造性地解决问题。

在提出问题阶段，若能有教师的积极引导，学生就能分享到别人所提的问题，并明白每一个问题的价值，进而为自行提出问题做好准备。例如，教学《狐假虎威》一课时，我结合《狐狸与乌鸦》一课的学习，对教材进行了整合，设计了如下问题：有一天，在茂密的森林里，《狐假虎威》里的狐狸和《狐狸与乌鸦》里的狐狸相遇了，请想象一下它们会说什么话。此问题一提出，学生的思维异常活跃，不但语言丰富、有趣，而且激发出很多富有创造性的问题。

当然，仅能提出问题并非"问题式探究学习"的目的，教师应引导学生去追求对问题的深入认识。

综上所述，"问题式探究学习"的核心是，培养学生的"问题意识"：以"问题"为纽带，让学生带着"旧问题"来，再带着"新问题"去，始终保有一份探究的精神与毅力，在"问题"中得到发展，在探究中得到提高。

发表于《人民教师》

浅谈思想政治课教学中创新能力的培养

滁州市乌衣中学　王子秀*

摘要：创新是一个民族进步的灵魂，思想政治课教学更是培养学生创新能力的舞台，我们应脚踏实地，大胆改革，与时俱进，为祖国培养出一大批具有创新精神和实践能力的优秀人才。

关键词：思想政治课　教学创新　能力培养

江泽民同志在全国技术创新大会上曾强调指出："创新是一个民族进步的灵魂，是国家兴旺发达的不竭动力。""一个没有创新能力的民族难以屹立于世界民族之林。"在当今经济全球化的社会，我们要提高国家在国际上的地位，就必须依赖大批具有创新能力的人才，而人才的培养是通过教育实现的。教师在教育、教学实践中，必须着眼于培养学生的创新能力，提高他们的创新素质。下面就思想政治课教学中如何培养学生的创新能力，谈谈自己的认识。

1.充分发挥课堂教学中学生主体作用，激发学生创新热情

传统的师生关系是一种倡导师道尊严的不平等的关系，教师在教学活动中是主动者、是支配者。学生在教学活动中只能是消极、被动的学习者和服从者。而新课改基于对课堂与教学一体化的认识，提出新课程需要相应的新的教学观，强调师生的互动关系，倡导主动的多样的学习方式，师生之间是一种平等的关系，塑造师生之间多种多样、多层面、多维度的沟通情景和沟

---

* 王子秀，曾参与市级课题和国家级课题的研究，有多篇论文获省市级奖励。

通关系。学生的思想、意志、情感和行为方式应该得到同样的尊重，应给予学生足够的展示自己才华、表达自己思想和情感的机会。在教学中，学生是积极、主动的求知者。这样，学生的创新能力也就在解决问题的过程中得到培养，才能激发学生的创新热情、开拓学生思维，把课堂变成实现以创新精神和实践能力为重心的素质教育的主阵地。

2.积极引导学生探索问题，培养学生的创新意识

教学过程是一个设疑、质疑、解疑的过程。教师在课前要认真研究教材，精心设计问题，才能在课堂上提出学生感兴趣的问题来，所提问题应能与生活实践相联系，令人深思，给人启迪，能调动学生参与的积极性，激发学生的创造性思维。因而，教师在教学中要巧妙设计疑问，让学生讨论，激励学生质疑。在讨论过程中，教师还要善于捕捉学生创造的火花，及时鼓励，及时引导。如：在教"商品的含义"时，教师可采用多角度、多层次的迂回式提问：①提到商品，同学们很快就想到了商店的食品、衣服、家电等。那么，这些商品是怎样来的呢？它们又到哪里去呢？②大自然中的阳光、空气是不是商品？为什么？③医院给病人输的氧气是不是商品？为什么？④你送给同学的生日礼物是不是商品？⑤劳动产品是不是商品？关键看什么？这种迂回式提问，能使学生的思维由浅到深、由窄到宽、由形象到抽象，使学生创造思维的敏捷性、发散性、聚合性、发现性和创新性等要素都得到了有效训练。

3.鼓励学生自主、合作、探究学习，培养学生的创新能力

传统的学习方式过分突出和强调接受和掌握，冷落和贬低发现和探究，从而在实践中导致了对学生认识过程的极端处理，把学生学习书本知识变成仅仅是直接传授书本知识，学生学习成了纯粹被动接受、记忆的过程。转变学习方式就是要改变这种方式，把学习过程之中的发现、探索、研究等认识活动突出出来，注重培养学生的批评意识和怀疑意识，鼓励学生对书本的质疑和对教师的超越，赞赏学生独特化与个性化的理解和表达。这就要求充分发挥学生的主动性，对学生的好奇和求异加以引导和鼓励。使学习过程更多地成为学生发现问题、提出问题、分析问题、解决问题的过程。要敢于质疑，鼓励学生大胆发表自己的见解，提出自己的设想，从而培养他们的创新能力。例如：在教学"内外因辩证关系"时，我引用"近朱者赤，近

墨者黑"的成语,并结合"孟母三迁"的故事来加以论证,我把这说成"真理"。很快,学生中就有人提出了"近朱者不一定红,近墨者不一定黑"的观点,并说出了自己的理由,我对此给予了充分的肯定和鼓励。

4.关注、体验社会,是培养创新能力的有效途径

我们教学的目的不能停留在对知识的掌握上,而要用所学知识去观察、认识、分析、思考、解决现实生活社会中存在的问题,也就是说理论来源于生活实际,而理论又要反过来指导生活实际。创新来源于实践,所以要强调理论联系时政、联系生活、联系实际,引导学生学以致用,才能培养学生的实践能力。师生在教学过程中,必须关心时事、关心生活、从实践中获得新知识、新信息。特别是要思考所学知识与当今国内外重大时事热点问题是否相结合。例如,讲到清除封建残留思想时,就要联系到生活中存在的迷信思想,以及邪教"法轮功"的危害等;在讲"消费者合法权益受法律保护"时,可拿出一些商品让学生当场鉴别真伪,如仿冒的"两面针"牙膏、仿冒的"金嗓子喉宝"、仿冒的"双星"运动鞋等,这样学生非常感兴趣,不仅学到了法律知识,而且增长了生活常识与经验。教师再进一步引申到其他侵害消费者权益的事,让同学们谈买到假冒伪劣商品时的感受,最后引导回答提出解决办法等。只有学以致用,才能发展学生的创新思维,培养学生的创新能力。

找准训练点　学生易"接招"

——观摩第八届阅读教学大赛有感

滁州市湖心路小学　林莉

语文教学是一门综合实践性很强的学科，回归语文本源，注重扎实读写是语文教学返璞归真之道。如著名学者周国平在其《假如我是语文老师》中所言：假如我是语文老师，我只让学生做两件事。其一，大量阅读；其二，写日记。多读多写是语文最基本也最核心的目标，更是提高学生语文素养、打造精神底色最有效的"制胜法宝"。

有幸参加"全国第八届青年教师阅读教学"大赛。最深的感受如李明清校长而言：所有的做课老师都增强了读写意识，可谓"读写结合深入人心"。

找准训练点，读写方能有效，学生也易"接招"；否则，必将误入歧途、走过场，流于形式，为写而写。

片段一：教师教授《草原》一课在总结出第一自然段写法之后（由上到下，由远至近）自然落到读写结合上："同学们，你们爱你们的家乡吗？那就把你们对家乡的爱，对西部的爱，化成文字，写出来，让我们感受到你家乡的美，让我们感受到你爱你的家乡……"

片段二：教师教授完新课后，要求学生学习文本中"场面描写"（四年级）。教师言：场面描写中，要抓住动作、神态、语言等细节进行描写。要求学生描写看到过的一些人齐心协力做一件事情的方法。

以上两个片段都是针对课文进行读写结合训练。训练本无错，只是读写结合训练点过于宽泛笼统，让学生无法"接招"，无从下笔：家乡那么大，美景那么多，从哪里入笔？场面描写既要抓动作，又要兼顾人物神态、语言及心理活动，这对于四年级的学生而言，连何谓"场面描写"还是懵懂糊涂的，又怎能弄明白：形象生动的场面描述是将众多细节描写有机地融为一体，并根据场景需要从众多细节中选择有用的细节，自然地重组叙述，生发出细腻感人的片段。

选择着眼点小易于动笔的结合点，学生方能自然"接招"。

一 选择文本空白之处进行练笔

许多文本在语文表述中给人以充分的想象空间，这样的空间恰是学生很好的练笔之时。人教版教科书四年级下册《中彩那天》："可以看出，那K字用橡皮擦过，留有淡淡的痕迹。"从这一"擦"字，我们感受到了父亲左右为难的矛盾心理。做课教师要求学生反过来想一想，在擦去K字的时候，父亲会是一种什么样的动机呢？心里想些什么呢？并要求学生试着写一写。

这样的练笔之机，激发了孩子的想象力，使学生不吐不快。

二 选择深有感触之处进行练笔

文字是无声的语言。清新隽永、规范优美而意蕴颇深的文字，总能触动学生心弦。人教版六年级下册《匆匆》寄兴于燕去燕来、草木枯荣这些再自然不过的现象，引发出作者、读者对时间流逝的思考、对生命价值的求索。文章情景交融，表达生动。做课教师以课文第五自然段为例，"在默默地算着，八千多日子已经从我手中溜去；像针尖上一滴水滴在大海里……""早上我起床的时候……于是——洗手的时候，日子从水盆里过去……"引导学生抓住关键词句，体会作者如何通过生活中的小事说明时间在不经意间匆匆而去；鼓励学生联系自己的生活经验，选择自己感受最深或特别喜欢的句子，仿照课文的写法，写下自己的感受。

《落花生》一课教学，执教教师练笔着眼点放在课尾。让学生将自己从身边事物受到的启发用一两段话写下来。

这样的读写，学生有话可写；这样的高度，学生跳一跳都能摘到"果实"。

三　选择细节之处进行练笔

细微之处见真情！"细节是引起心灵触动的细微的言行举止。"好的文章最打动人心的往往就是值得人揣摩玩味的细节描写。

人教版六年级《最后一头战象》作者通过对嘎羧神态、动作、叫声的细致描写，把动物丰富细腻的情感真实再现读者面前。做课教师在进行写法指导上，以嘎羧行为为线索，抓住战象细节描写，聚焦有表现力的语句，有层次、有重点地依次呈现"重披象鞍"、"再回战场"、"光荣归去"画面，引领学生关注生活并从生活中捕捉细节。让学生及听课教师深深感受到嘎羧就是一位骁勇无敌的战士，其感染力非常强。在进入文章情境之后，学生依照文章这种细节表述方式，结合生活经验，在教师指导下从众多细节中选择有用的细节，并积极把这些细节刻画得细腻传神，写出了颇有质量的描写片段。

四　选择表达顺序进行练笔

文体不同，表达顺序自然不同。表达方式鲜明的文本，教师应"顺文而练"，给学生创设有效的练笔之机。"展开想象"是人教版教科书六年级上册《蒙娜丽莎之约》一文最显著的表达方法。做课教师抓住关键词句，引导学生充分想象，体会栩栩画面。

"那微笑，有时让人觉得舒畅温柔……是那样耐人寻味，难以捉摸。"蒙娜丽莎神秘的微笑，到底饱含着怎样耐人寻味的含义，如此引人遐想，令人神往？教师与学生欣赏画面，沉醉文字其间，一起品味着，揣测着，甚至争辩着。学生情趣高昂，想象新奇："有时候让你觉得温文尔雅令人陶醉；有时嘴角微微上扬，一副傲视一切的样子；有时又仿佛满目哀愁略显凄楚。那微笑有优雅，那微笑有讽刺；那微笑有沉静，那微笑有思想浮动……"

《石榴》一课记述条理清晰，精当的比喻和拟人方法的运用使文章读来饶有趣味，也是学生学习语言和习作的范例。教师妥帖合适地引导，自然由课文内容的教学转向教会学习、以策略为导向的学习。

崔峦老师曾言："在我们的语文教学中，一方面要加强阅读教学，另一方面要加强读写练习，做到读写渗透，读写联系。"文本蕴藏着丰富的读写资源，需要教师用心去开掘；找准读写结合的训练点，更需要教师潜心研读文本，研读学生。只有这样，学生方能写出真纯率性、可读耐读的锦绣好文！

发表于《小学语文》

老师，您放下架子了吗？

滁州市湖心路小学　林莉

一天，一月，一年，年年似水……

又新接了一个班级……

那是一堂自由阅读课。照例，我做好表率，边读边摘记，写写心得体会。突然，手机响了，我走出教室，接听了电话。很快，又回到教室，继续看我的书。不知过了多久，听到一阵窃笑，这笑声，在安静的教室里显得格外刺耳。寻声望去，只见姚××和同桌朱××捧着书作遮掩正交头接耳，不知谈论着什么，惹得后座两位内秀的女生不禁失笑。我有些动怒，揶揄道："什么重大新闻，说来一起分享？"

胆小些的朱××不好意思了，赶紧站起来说道："没说什么。"

"那你们笑什么？"我怒火未消。

看我真的有些动怒了，他紧张地说道："姚××说你……说你……"

牵涉到我了，我更是刨根问底："说出来！"我命令道。

"他说……他说你边看书边接手机，装模作样！"

……

刹那，教室里死一般寂静。旁边有人低声指责姚×× "你怎么能这样要求老师呢？"

"这有什么，老师和学生是平等的！学生不能提老师的意见吗？"

"你可以做我的老师了，对我要求挺严格吗？"我脱口而出，虽没有大吼大叫，但语气生硬。

再看他的脸唰得红了，头一下子低下去了……

事后，冷静下来，我静心反思：我做得对吗？

回想过去的日子，我一直努力做好学生表率，让学生从内心真正喜欢我，努力实践着民主、和谐的治班理念。生活上，对他们嘘寒问暖；学习上，从不歧视任何一个学生，尤其对后进生我给予更多的关爱；课堂上，还孩子们自由，让他们畅所欲言，回归真我；课下，与他们打成一片。我成功了，但我也失败了！当孩子大胆提出我早已存在的缺点时，我竟然如此动怒！板起了面孔，端起了架子，放不下师者之尊。其实在我的潜意识里并没有真正的平等，也许很多时候我口口声声的平等只是虚情假意！

意识到错误，我赶紧向学生道歉。

这事已过去一段日子了，也许孩子们早把这事忘了，但我总会不时想起。每次想来心里总是沉甸甸的。记住陶行知先生的话：为师者，一定要放下架子！让师生成为朋友，校园成为乐园！

发表于《教育文汇》

优化积累　广开习作之源

滁州市湖心路小学　林莉

　　"课改"至今，占语文教学半壁江山的作文教学得到前所未有的关注，呈健康态势发展。但学生望文生畏，觉得"无话可说"、"无从下手"也是常有之事。本该充满童趣的作文本上时常出现令人担忧的一幕幕：说假话，写假事；内容空洞，不实在；千人一面，毫无个性，几乎是从一个模式里走出来的。究其原因，除教师教学理念、教学指导有失偏颇外，学生阅读总量和语言实践严重不足是其主要方面。日常教学中教师能关注积累的重要性，但对积累的内容、方法和途径等方面仍缺乏必要的探究。

一　教会方法，广为积累

　　1.抓好习惯，渗透方法

　　良好的读书习惯对学生无疑是至关重要的。告诉孩子"不动笔墨不读书"，读书一定要做读书笔记，只读书而不做笔记就像畅游后空手而归。读书笔记可以记以下一些内容：文章的出处、题目和作者；总结文章的主要内容，也可以将文中自己感兴趣的内容摘录下来；将文中的人物、事件、结论等进行概述；将自己的感受记录下来，鼓励孩子结合自己的生活实际写感受。

　　2.细处入手，引导积累

　　激发兴趣，主动而读。兴趣是最好的老师。要想让学生对阅读产生兴趣，应该按儿童成长规律指导他们由浅入深。一般来说，低年级学生对故事比较感兴趣，老师就可以常常用故事引发他们的阅读欲望，促使他们对故事中的人、事、物产生兴趣，他们的阅读热情会空前高涨，常常会沉浸在书的世界里，读完后会兴奋得滔滔不绝地向家人和同学讲述书的内容。而中高年级的学生由于对语言文字有了一定的辨析与鉴赏能力，老师则可以通过课堂训练学生声情并茂，入情入境地朗读，引导学生读中品味（如对中心思想的感悟，对词句的理解，对写法的体会，包括体会涵咏，自悟自得，揣摩玩味，联想想象等），从而在读中提升积累的兴趣。

3.师生共写，共同成长

学校对学生写话和写日记的数量基本要求为一、二年级每周一二篇，三至六年级每周三至五篇。我们大胆探索，改变传统的日记批改方式，在日记批阅中，和学生进行心灵对话，改变师生交往方式。学生日记除语文老师批改外，其他学科老师也可以参与进来。对学生日记课题组每周抽查一次，每月交流展览一次。与此同时，教师们也行动起来，和孩子们同写共生。通过教育日记、教育叙事、教育案例分析等形式，记录、反思教师的日常教育和学习生活，促进教师的专业化发展和学生的自主成长，并将教师的学习笔记整理提炼，编辑"教师随笔录"。

4.生活入手，分项积累

《语文课程标准》明确指出："写作教学应贴近学生实际，让学生易于动笔，乐于表达，应引导学生关注现实，热爱生活，表达真情实感。"可从生活的积累、语言的积累、情感积累等方面入手。

以上积累，在实际训练中"你中有我，我中有你"，难以绝对分开的。学生读的文章多了，词汇积累、情感理解、生活哲理积累也自然丰富起来，在一定的情境中就会意到笔随，左右逢源，文思流于笔端，激发了写作兴趣，也能有效提高写作水平。

二　适时运用，优化积累

如果说积累是在磨刀，那么运用就是真正在砍树了。积累是运用的前提，运用是积累的升华。积累与运用二者缺一不可，只积累而不能运用，积累就犹如仓库中堆积无用的物品。

1.要鼓励学生口头多交流

学生在头脑中的积累多了，但并不代表学生在实际中就能很好地运用。因此，教师必须鼓励学生在实际中大胆运用积累的知识进行交流。口头交流是一种省时省力，参与面广，收效快的形式，每天早读前组长可以抽出一定的时间组织小组交流（也可以说是组内检测）：或背优美的语段或背广为传诵的名人名言、格言警句，或朗读优美篇章，或交流摘抄笔记，或谈对摘抄的评析（即妙在何处，好在哪里），有哪些地方值得学习或借鉴，更重要的是让学生在积累语言的过程中，不仅要知其然，更要知其所以然，这样才能达到积累语言的目的，提高运用语言的效果。引导学生经常对课文中一些耐人寻味的词句咬文嚼字，并能对妙词、佳句、好段进行恰如其分的评析，学生不仅积累了语言而且也培养和提高了他们的分析能力，真是一举两得，经常这样的训练，学生口语表达、作文自然上一台阶。

2.鼓励学生多写，尤其是片段、日记

语文课本的一篇篇范文，文体多样，形式规范，语言优美，不仅是学生朗读的语言材料，更是学生练笔的范本。因此，根据不同体裁及学生的情感需要可安排续写、仿写、扩写、补白等，写时鼓励学生多运用上积累的好词佳句，比如成语，每个星期可让学生选择日常积累的一些成语，并用这些成语写一篇文章。大多数学生在一开始，还是很勉强把成语塞在文章里，可以说毫无美感。但在一段时间以后，孩子们就能将成语巧妙地糅合在文章当中，甚至有的可以说是点睛之笔，写得很棒。学生通过读写结合，不但对语言文字进行了实践运用，而且有助于对课文内容和表达方法的进一步领悟。

3.鼓励学生在作文中大胆运用积累的语言。运用需要多看书，多写，多练，这样就可以在练习中找到感觉，所谓"熟能生巧"。只有懂得将积累的知识运用在实际的写作和生活当中才有意义。对学生作文中的好词好句，在修改文章时，用红笔标出并加以好的评价，但学生在作文中运用积累的语言时，常常出现堆砌辞藻的现象，对学生作文中堆砌的词句，哪些可保留，哪些要删除，哪些应替换，教师予以悉心指导。这样，学生在指导下慢慢体会到正确运用积累语言的方法。

总之，要牢树"时时是学习语文之机，处处是学习语文之所"的生活化大语文观念，我们需要语文，需要积累，我们的生活更离不开它，让孩子多多积累，多多运用，即使用得不妥，随着年龄的增长，知识的丰厚，自能知道何时该用，该用何词，该造何句，使我们的语文教学沿着健康的轨道发展！

发表于《安徽教育论坛》

这样教"杏花" 孩子喜欢它

——苏教版第八册第一单元《第一朵杏花》
教学设计一探

滁州市湖心路小学 林莉

一 教学内容

苏教版四年级下册第一单元第2课。

二 设计理念

《新课程标准》指出:"全面提高学生的语文素养。""努力建设开放而有活力的语文课程。"这些课程理念昭示我们的课堂要把学生的发展作为有效教学首要衡量标准。本课设计中看似矛盾问题的激发、细节描写的品析以及竺可桢爷爷爱观察、勤思考、严谨务实的科学态度都能于无形中影响着孩子语文素养的提升。

三 教学目的要求

1.正确读写并能结合上下文体会词语在文中表情达意的作用。

2.能正确、流利、有感情地读好、读懂课文。理解课文中含义深刻的句子。

3.学习竺可桢在科学研究中一丝不苟的态度,懂得只有通过精确地观察，才能掌握事物变化的规律。

四 教学重点

抓住"矛盾点"（题目是写景，内容是借物写人）展开学文；领悟竺可桢在科学研究中严谨务实的态度，并能内化为自我品格。

五 教学难点

引导学生抓住文中细节描写，明理悟情。

六 教学过程

（一）妙引课题，感受杏花之美。

1.（板书课题：杏花）杏花，熟悉吗？（学生畅所欲言从杏花颜色、样子、生长特点等方面进行述说。）

2.这是你们眼中的杏花。文中杏花又是怎样的呢？读读课文，好好体会。（学生快速通读课文，初步感受杏花及春天之美。）

3.感受到杏花之美，那么第一朵杏花何时开放又具有怎样的特点呢？（教师相机板书"第一朵"）带着这样的疑问再来认真地读读课文。（学生仔细自读课文。）

【评析：好的开课，事半功倍！以孩子熟知的杏花自然揭题，不造作，不生硬，巧妙地把课题一分为二又"二分合一"；快速通读、仔细再读两遍实实在在的文本接触，学生对课文自然有了整体感知，也为后文理解课文、品析人物内心情感打下坚实的基础。】

（二）抛出疑点，激发探究之趣。

1.从课题来看，这篇文章是写景。是这样吗？（生质疑：表面在写杏花，其实不全然，借杏花表现竺可桢爷爷对待科学严谨认真的态度。）

2.一景一人，这二者如何联系起来的？（师于课题前板书"竺可桢"，并打个"？"）学生回顾课文，并概括出课文主要内容。

3.教师随文教会学生概括课文主要内容的方法。

【评析：带着问题去读书、去思考，才能提高教学实效性。自主学习，多层次、有所为地读书、看似矛盾问题的激发，不知不觉间，学生与文本已进行了多次的深入对话。引得好，书读得好，自能轻松理解文本主要内容，主要内容把握住了，后文对人物情感的深化才能体会到位。】

（三）巧学对话，体会人物情感

1.学习杏树下的第一次对话。

（1）抓住"弯下腰"、"习惯地问"等词，体会竺可桢爷爷平淡亲和、和蔼可亲的性格以及凡事喜观察、爱思考、好探究的生活习惯。

（2）出示竺可桢爷爷对我说的话："我是问第一朵是哪天开的。""我有用处，明年你可要留心点。"读中体会，理解出竺可桢看似无意，其实用心良苦、对少年儿童谆谆期盼的情怀及孩子天真烂漫的本性。

（3）自由读到分角色读。

2.学习杏树下的第二次对话。

（1）默读：一年前后，面对两次杏花开放，竺可桢爷爷表现有何不同？原因何在？（为孩子的执着而欣慰；为看见第一朵杏花开放而兴奋。）

（2）细读第15自然段，抓住"顷刻间"、"立刻"、"兴冲冲"、"郑重"等词体味出竺可桢爷爷喜悦、激动、兴奋的心情以及严肃认真的科学态度。

3.补白对话，深化理解。

（1）（出示两人对话）这是他们俩的一段对话，两人当时是怎样的心情呢？请同学认真思考，试着在两人话语前加上适当的表情、语气等。

（2）小组分角色展示对话。

（3）加入提示语朗读，走进人物内心。

【评析：以两次对话为线索，层层展开，想象补白人物神情、语气，读中体悟，进入人物内心情境，使学生对词语形成较为完善的认知结构，辅以人物动作等细节描写，步步推进，把竺可桢爷爷对科学的挚爱、孩子因完成竺爷爷嘱咐的任务内心的喜悦表现得鲜明到位，入木三分。】

（四）景物穿插，景美情更浓。

1.出示句子："阳光下的杏树，捧出了第一朵盛开的杏花，多么美丽的杏花啊！'' "时间像飞箭，转眼又是一年。春风吹绿了柳梢，吹青了小草，吹皱了河水，吹鼓了杏树的花苞。"

2.自由读，交流读后体会。

3.指名读，突出"绿"、"青"、"皱"、"鼓"体会出孩子内心的期盼。

（五）适时延伸，画龙点睛悟理。

1.景美人更美！就是这样的精确观察、严谨踏实才成就今日的竺可桢爷爷（相机出示竺可桢成就简介），如竺可桢爷爷自己所说（随机出示课文最后一段）。

2.学生齐读，结合全文、结合自己谈感受。

3.抓住"大概"、"也许"、"精确"这些矛盾词体会品析，进一步感受竺可桢爷爷踏实严谨的科学态度，说明只有通过精确细致的观察，才能掌握事物变化的规律。

4.回归课题，探究以景为题意义所在，自然结课。

5.补充阅读《勤奋的竺可桢》。

【评析：上文步步落实，学生理解到位，水到渠成，自然过渡到悟理，升华人物品性，内化为自我品格。相信这样的学习，每个孩子都懂得研究科学也罢，日常学习也好，都需严谨踏实、一丝不苟的态度；语文素养的提升来自丰厚的阅读积累，实施延伸的课外阅读——《勤奋的竺可桢》更是加深了孩子们对竺可桢爷爷的了解，使人物形象高大、丰满。】

发表于《中小学教学设计》

浅谈多媒体技术在历史教学中的应用

滁州市乌衣中学　张世民*

多媒体计算机技术就是把传统的电视图像技术与计算机的交互性相结合而产生的一种全新信息交流方式，它通过利用计算机处理文字、声音、图形、动画和压缩的视频信号等多种媒体信息的功能。将教学中需要展示的内容以多种媒体信息的方式制作成交互式的软件，储藏在计算机里，教师根据需要可通过其交互式功能，灵活地调用信息，由于它具有图形、图像、声音乃至三维立体动画的特点，因而能提供最理想的教学环境与手段，这一技术的运用必将推动传统教学模式、教学方法甚至教育理论发生重大变革。

第一，运用多媒体，有利于激活学生学习兴趣，改变传统的灌输式教学。多媒体技术采用了图形、图像、声音、文本、动画等多种媒体信息刺激学生多种感官，以调动学生的学习热情，使学生大脑处于兴奋激昂的状态，激发学生潜在的求知欲，形成学习历史的内在驱动力。改变了传统教学中沿用"一支笔、一本书"的灌输式教学模式。如讲述第二次世界大战时，可先在计算机屏幕上显示出"二战"时欧洲形势图，然后用蓝色箭头表示德军进攻方向，在讲述过程中，根据需要调用资料，如讲述德国突袭波兰时可以放一段当时袭击波兰的闪电战场景片段，使学生有身临其境之感，对"闪电战"的战术有一种鲜活的印象，同时随着蓝色箭头的移动，德军的循环战略即先中欧到东欧到北欧到西欧到东南欧再到苏联的直观形象清晰地表现出

*　张世民，滁州乌衣中学校长，滁州市学科带头人、安徽省基础教育课程改革先进个人，曾主持多项国家、省、市级课题。

来，学生在愉悦的气氛中接受了大量的知识信息。

第二，运用多媒体，有利于发挥学生的认知主体作用，体现素质教育的主体性原则。素质教育的主体原则要求我们在充分发挥教师主导作用的同时，广泛地让学生主动参与积极思考，亲自实践，使学生能充分发挥其自身的品德、能力、智力，发展其独立性、自主性和创造性，真正体现学生的认知主体作用，充分开发学生的智能，变被动的"要我学"为主动的"我要学"。

如《第一次世界大战的爆发》利用多媒体技术，可以设计成以下几个问题：

(1)第一次世界大战爆发的根本原因是什么？

通过多媒体展示英、法、美、德四国钢铁、煤产时及工业产值比重表，殖民地占有状况，让学生通过这些资料理解帝国主义的政治与经济发展不平衡的规律。

(2)在帝国主义各种矛盾中为什么说英德矛盾是帝国主义间的最主要矛盾？

利用多媒体展示德国首相俾斯麦和皮洛夫发表的讲话文件，以及英、德在中东、非洲地区争夺的三B、三C铁路，提供新史料，为学生进行抽象概括思维训练创造条件。

(3)依据教材指出两大军事集团扩军备战有哪些表现？

通过多媒体展示新式武器、军费开支、兵源扩充等图表，培养学生从材料中获取有效信息的能力。

(4)巴尔干地区为什么会成为帝国主义矛盾的焦点和欧洲的火药库？如何看待现在北约对南联盟的军事行动？

通过多媒体展示欧洲地图及巴尔干地区民族分布宗教状况。让学生理解巴尔干问题的成因及实质，同时让他们对当前的北约军事行动做出评价和讨论。培养他们分析问题的能力。

(5)第一次世界大战是一场什么性质的战争？

多媒体提供出几种对大战性质的不同看法，启发和鼓励学生在讨论中提出自己的见解判断依据，从而开阔学生思路，扩大学生视野，丰富其知识层次。通过多媒体的展示问题，对学生进行深刻思维、创新思维、辩证思维的培养，帮助学生确立和形成正确的唯物史观，并且把学生的学、教师的指导有机地结合起来，体现学生是教学主体的原则。

第三，运用多媒体，设置特定的教育情境，有利于学生形成强烈的爱国主义情感，强化历史教育的德育功能。实验心理学家彻瑞特拉做过一个关于记忆持久性保持的实验：人们一般能记住阅读内容的10%，记住听到内容的20%，记住看到内容的30%，能记住听到和看到内容的50%，传统教学很难达到这一目标，但多媒体技术则可以通过运用各种光、影、型等手段来极力渲染那些难以明示，无法言表的情境，从而达到以情感人、情景交融，增强爱国主义的感染力和渗透力。这种多媒体教学手段在情感方面的教育作用是其他教学手段无法相比的。

如：在讲述抗战中日军南京大屠杀事件时，利用音、影、型的手段制造出一种血腥悲壮的情境，揭露日本法西斯令人发指、惨绝人寰的兽行，给学生心灵以强烈的震撼，使他们从内心产生一股对侵略者的强烈仇恨和对自己民族命运的深切关注之情，激发他们的民族自尊心和使命感，实现爱国主义思想的深刻教育目标。多媒体的应用是教育发展史上的一次革新，但在应用多媒体手段时，一定要注意以下几个方面。

（1）多媒体的应用要符合学生实际，防止盲从教学是教师的教和学生的学共同组成的一种教育活动，如果不结合学生的特点，则会使多媒体的使用落入盲从境地，往往是学生看热闹，表面轰轰烈烈，结果一无所获，起不到应有的课堂教学效果。

（2）多媒体的应用要吃透教材，明确目标，精心组织在教学中应用多媒体，不是搞形式，走过场，而是要充分发挥电教媒体的优势，克服普遍教学手段的不足之处。在教学中只有吃透教材，才能在教学中挖掘最佳切入点，实现教学目标与效果的优化。

（3）多媒体的应用要渗透启发式教学原则。如果在教学中应用多媒体，仍采用注入式的方法，那么就会从原来的"人灌"变为"机灌"或是"人机灌"，不仅不能减轻学生负担，反而加重了学习压力。要充分发挥多媒体的作用，必须坚持启发式教学原则，这样才有助于激发学生学习情绪，提高他们分析问题和解决问题的能力。

英语教学中的跨文化教育

滁州市第六中学　方保军*

近年来，语言与文化的关系已成为英语教学的一个重要课题。学界越来越深地认识到语言有其丰富的文化内涵。英语教学不仅是语言知识的教授，而且更应包括文化知识的传播。因此，是否把跨文化教育纳入英语教学内容，是区别传统英语教学和现代英语教学的主要标志之一。

一　跨文化教育的必要性、可行性

众所周知，语言是文化的重要载体，文化是语言所承载的内容，两者关系十分密切。人类用语言创造了文化，文化反过来又促进人类社会的发展，同时也丰富了语言的表达方式。自古以来，人类社会积累下来的文化遗产给语言打下了深刻的烙印。语言是人类社会文化中的语言，与人类社会的文化息息相关。一个民族的语言必然承载了这个民族的文化和所有的社会生活经验，反映了该民族文化的重要特征。这里所说的文化是一个广义的概念，是指一个社会所具有的独特的政治经济制度、宗教信仰、风俗人情的总和。不了解一个民族的文化，就难以真正掌握一个民族的语言。

在国际交流中，不同文化背景的人往往缺乏对异质文化的了解，可能产生误会，进而妨碍正常交流。美国教育家温斯顿—布伦姆伯格说过："采取

＊　方保军,南谯区英语教研员.南谯区首届教坛新星,滁州市首届骨干教师,安徽省中小学外语教学专业委员会会员,出专著两本,在各类期刊发表和获奖论文十数篇。

只知语言而不懂文化的教法，是培养语言流利的大傻瓜的最好办法。"果真如此，我们培养的学生将难以适应新世纪的要求。随着改革开放的深入，中国综合国力增强，国际交往增多，国家所需要的是面向世界、对异国文化有深刻理解力的人才。这就要求我们在中学英语教学中重视跨文化教育，将之提高到应有的高度，使学生在实际交流中具备多元文化的包容性。

有人认为，学习英语只要掌握了语音、词汇、语法，便可以毫无障碍地阅读、交际了。这种认识是片面的。毫无疑问，语言基本功的掌握是非常必要的。但同时我们也应该明白：学习一门语言的目的毕竟不是记忆一些词汇、语法规则。语言是交际的工具，人们学习语言的主要目的是交际。所以，从某种程度上讲，交际能力的强弱便成了衡量英语水平高低的一种尺度。因而在日常教学活动中，应对学生交际能力的培养给予足够的重视，使学生对所学语言国家的文化有所了解，能根据话题、语境、文化背景恰当运用语言。这不仅是现今教材所实施的交际教学原则的要求，而且更是国际交流的迫切要求。

在现今的英语教学中，人们普遍忽视了跨文化教育。原因在于：其一，人们认为中学英语教学的主要目的是语言知识的传授；其二，认为跨文化教育太深奥、复杂，且不易操作。但实际上，跨文化教育是可以在语言教学的各个阶段、各个层次上进行的。现今中学英语教材是依据"结构——功能"理论编写的，并且涉及英、美、加、澳等国的英语及其变体，含有极其丰富的内容。其鲜明特点就是"文化渗透"，即在教材中逐步介绍中西方文化背景知识，有意识地让学生了解英语文化和汉语文化的差异，增强其跨文化意识。教师只要勤于思考、善于挖掘，就会发现跨文化教育并不是深不可测的，它存在于语言教学的各个环节之中。我们可以通过各种语言材料，如课文、情景对话、日常口语、听力训练，甚至在语法讲解中进行跨文化教育。我们应该相信，运用各种语言素材，采取多种方法对学生进行跨文化教育是可行的。

二　跨文化教育的一些做法

1.阅读课文中的跨文化教育

中学英语教材中有着丰富的阅读材料，其中也包含了许多跨文化因素，这为开展跨文化教育创造了条件。实际上，英语阅读也是一种跨文化交际。读者面对的读物是用外语写成的，而该语言又与他所不熟悉的文化紧密地联系着。要真正理解所读材料的内容，不仅要掌握足够的语言知识，还要了解一些说英语国家的风俗、文化、宗教等。这样才能在阅读中充分理解。如在 *American Country Music* 一课中，可以给学生介绍美国乡村音乐的大致发展历程，介绍发源地——田纳西州的纳什维尔；并播放几首经典的乡村歌曲，如：约翰·丹佛的*Country Road, Taking Me Home*，卡朋特的*Yesterday Once More*和"猫王"埃尔维斯·普莱斯利的*Love Me Tender*等，使学生对美国的乡村音乐有感性的认识。又如在*English on the air*一课中，可以给学生介绍英国广播公司、中国国际广播电台的一些情况以及播出的波段和时段，以便学生获得更多的相关知识。教师要鼓励水平突出的学生收听其中的一些节目，使他们能感知真实的语言，提高学习英语的兴趣。在教*Abraham Lincoln* 一课中，可以讲解有关美国内战的起因、背景以及林肯的一些生平逸事，让学生知道美国的历史以及林肯在历史上的影响和地位。再如，学习T·he Merchant of Venice一文时，不能只停留于表面的故事情节，而且还要引导学生欣赏英国戏剧大师莎士比亚的修辞艺术和表现手法，增强学生的艺术修养和文学水平。

2.口语训练中的跨文化教育

日常的口语交际，尽管语言形式比较简单，但其中也存在很多的跨文化因素。文化因素与语言形式的难易程度并不一定成正比，简单的语言形式并不意味着在使用中可以忽略其中的文化因素。对中学生而言，真正的困难不是如何正确地发音或拼写，而是在实际中如何恰当地运用。在实际教学中，教师要结合模拟情景，要有所针对地介绍其中所包含的文化因素，把语言放到具体的语用背景下进行教学。这样才能使语言"鲜活"起来，使学生获得真正的交际能力，避免出现交际中的语用错误。沃尔夫森指出："与外族人交谈时，本族人对于他们在语言和语法方面的错误是比较宽容的，与此相反，违反了说话规则却被认为是不够礼貌的。"虽然语法等错误会影响交际，但彼此的交流至少在规则上是清楚的，听话人会立即感觉到它的实际意思，而且一旦意识到对方在语言、语法方面较差，对其就会更加宽容。然而，缺乏文化背景知识的语用方面的错误一般是不可原谅的。尤其当一个非本族语者说话流利，听者不会把其明显的不礼貌或不友好的行为归因于语言知识的缺陷，而会认为是粗鲁和恶意伤害的自然流露。在此情况下，跨文化交流的失败是惨痛的。

3.词汇教学中的跨文化教育

事实上，在我们认为最平淡的词汇教学中，也有跨文化教育的空间。词汇中包含着极为丰富的各种文化信息，词汇本身的产生、消亡和新陈代谢，提供了有关文化发展的信息。同时，文化发展过程中不同的文化意识会影响词汇的意义。在人们给予各种事物不同名称时，选取符号是任意的，但因人们的生活环境、风俗习惯、历史背景、心理特征等综合起来的文化意识却使这些符号在不同的语言中有着不同的内涵。如英语的星期五是"Friday"，英美人很多都信仰基督教，而耶稣受难的日子正是星期五。因此就有了"Friday face"，意指"愁眉苦脸"；"Black Friday"，意指"灾难的一天"。而星期日"Sunday"，会使人想到耶稣复活、做礼拜、过节，常常有神圣、欢乐等含义。这样，人们就把最漂亮的衣服说成"Sunday"或"Sunday best"。没有这样文化背景的汉语词汇"星期五"或"星期日"则没有以上之意。又如欧美人十分喜欢养狗，认为狗是人类最忠实的朋友，不会背叛。在此文化背景下，英语中的"dog"用以指代忠实的伙伴，有褒义色彩。这样的词汇比比皆是，信手拈来都可引出一些典故。教师应充分利用丰富的资源进行有意识的跨文化教育。

4.语法学习中的跨文化教育

那么，在最为艰涩、最为我们所头疼的语法教学中，有没有进行跨文化教育的余地呢？答案是肯定的。

每一种语言都有其独特的语法体系，且差异颇大。我们不但要探究其逻辑形式与结构的不同，而且要探究其形成的内在因素，才会发现其中所包含丰富的文化因子。如汉语说"一块面包"，而英语说"a piece of bread"，尽管汉语中没有名词单复数的变化，但在概念上"面包"是一个可数名词。在西方，人们把面包当成主食之一，吃的时候把一块面包切成数片，有时还会在面包片上抹上奶油，再佐以煎鸡蛋或一杯牛奶。因而在英语中"bread"是一个不可数名词。再如这样一句："My knife and fork is made of silver"，这里的谓语动词怎么用单数形式呢？原来西方人用餐时的礼仪是左手拿刀，右手拿叉，双手齐下。在西方文化中，刀和叉是不可分的用餐工具，是一个整体。因而，句中的谓语动词要用单数形式。

综上所述，在英语庞大的语法体系中，有许多可以当成跨文化教育的素材。在日常语法教学中，如果恰当地引入跨文化教育，既能使学生获得西方文化知识，又能使枯燥的语法阐释变得鲜活，提高学生的学习兴趣。

5.其他形式的跨文化教育

跨文化教育不但可以在语言教学上进行，而且还可以利用其他行之有效的方法推广。例如，用电教设备播放一些原版并配有字幕的影碟。学生们一方面可以听到原汁原味的英语，另一方面也可以得到异国的生活习俗、风土人情等方面直观的感性认识。如有条件，可以请一些外籍朋友与学生们进行直接交流，或以讲座的形式向他们介绍域外的社会生活风貌。通过这些方法获得的文化背景知识更易为学生们记忆、领会和掌握。

总之，我们应该认识到英语教学中的跨文化教育不是空泛的，实施跨文化教育既是必要的，又是可行的。社会发展也必将使跨越不同文化的人类交流愈加频繁，外语教学的任务就是要培养高素质、有着较深厚文化修养的外语人才。在中学阶段，注重跨文化教育，能增强不同文化的认同感和包容性，从而更好地促进语言和文化的发展，以及不同语言、文化间的交流和沟通。

新课程下对历史课堂教学效率的管窥

滁州市乌衣中学　殷正兰*

摘要：新课程下课堂教学效率的提高主要来自教师的专业成长和对学生的全面解读，即教师备课除了要备教材，更要备好学生。

关键词：历史课堂教学效率　专业成长解读学生

所谓课堂教学效率，即课堂教学的"有效性"，是指教师在进行完一段教学时间之后，学生所获得的具体进步和发展，即学生有无进步或进步的大小，这是评价教学是否有效的唯一指标。教学有没有效益并不是指教师有没有完成教学内容，而是说学生有没有学到什么或学得好不好，学生如果不想学，或者学了没有什么收获，课堂上教师讲得再精彩，教得再辛苦，教学也是无效的。影响课堂教学有效性的因素是很多的，笔者总结自己十几年的历史教学经验教训，尤其是近几年常去外校听名师授课，感受颇多，下面仅从两个方面谈谈自己对如何提高历史课堂教学效率的认识。

一　高中新课程改变着教师的教育教学生活，历史教师必须在课程实施中实现自身发展

教师绝不是教书匠，而应该对教育活动有自己独立的见解和追求，应该

---

* 殷正兰，南谯区第四届"教坛新星"，第五批"滁州市中青年骨干教师"。有多篇论文在省市论文评选中获奖或发表。

使教育过程成为实现和提升生命价值的过程。在课堂教学中，教师起着主导作用，而学生主体地位的发挥则依赖于教师的引导，正确的导向对于课堂教学效率的提高和学生积极参与面都显得至关重要，这就给我们的课堂教学者提出了新的挑战，即教师要通过各种渠道实现自己的专业成长。

1.高屋建瓴，整体掌握考试大纲和课标

学以致用，我们教学的最终目的为提高学生的综合素质，培养学生的人文精神的历史看问题的思维方式，具体到现阶段的实际中，客观地讲还是为高考做准备。高中历史新课标提出"进一步提高阅读和通过多种途径获取历史信息的能力；通过对历史事实的分析、综合、比较、归纳、概括等认知活动，培养历史思维和解决问题的能力；对所学内容进行较为全面的比较、概括和阐释的能力"等，历史教师唯有对课标和大纲进行认真的解读方能把这一思想贯彻到具体的课堂教学中，从而提高课堂教学的有效性。新课程高考的命题应该以课标和考试大纲为依据，而不仅仅以教材为依据，这是新课程高考命题的基本趋势。这一命题思路对于教学的要求是："在教学使用的教材以外，老师可以把其他版本教材作为参考书，但是不能把其他教材的知识点完全教授给学生，那样只会加重学生的负担。"（高考命题专家、北京师范大学杨宁一教授语）因此，教师在授课前对考试大纲和课标的细读、研读程度，将直接影响学生学习的方向和态度，这是一个导向问题，作为课堂教学的主导者教师务必要重视。

2.更新观念，积极用好新教材中的"新"

梁启超说过，"变则通，通则久"。变革传统教材模式是为适应人才培养目标的需要。新教材是许多专家集体智慧的结晶，是新理念指导下的教材。高中历史新教材中有许多"新"的元素，如"资料回放"、"历史纵横"、"学习延伸"等，它们以传统教材所无法比拟的优势适应着新形势下教育改革的需要并体现着"新"字，以其独到性和科学性体现了新课标的要求，用好用活它们对提高课堂的有效性有着事半功倍的效果。这部分知识形式新颖、内容丰富、图文并茂，非常有利于培养学生的合作能力、探究能力和创新能力。因此，教师要与时俱进，积极用好新教材中的这些"新"知识，这是实现三维目标和提高课堂教学效率的一个重要前提。

3.搭建桥梁，重视专题史与通史知识结构的有效链接

所谓知识结构是指历史概念之间的内在联系及其结合方式，它是历史教学内容的基础，只有掌握历史科学知识体系，历史学科能力的培养和思想教育才有了基础和依托。新教材以板块的模式展示了不同历史时期政治、经济、文化等专题知识而淡化了通史知识的学习，这就给授课者提出了新的命题，即板块知识若没有了通史的辅助就会显得过于理论化而提不起学生学习的兴趣，那么教师在课堂教学中要把握好两类知识衔接的度，才能收到"一石二鸟"的效果——既完成了课堂教学任务，又提高了课堂教学的有效性。因此，历史教师不同于其他学科教师的地方在于：一个高一年级的历史教师只有完全掌握了高中全部教材的整体知识结构才能在当前的课堂教学中得心应手，对重、难点知识才能有恰如其分的讲解。也就是说历史教师要有大历史观，掌握宏观知识结构。在授课时，将有关内容按从属或并列关系联结起来，把一个个孤立的知识点纳入到历史发展的整体中，给学生以清晰深刻的印象，从而形成完整的知识结构体系，这对于学生深入理解和准确记忆历史事实，认清历史现象的本质和特征，掌握历史发展规律，吸取历史的经验和教训大有裨益，从而最大限度地提高课堂教学效率。

4.重视课堂语言的魅力

苏联教育家苏霍姆林斯基曾深刻地指出："教师的语言修养在极大的程度上决定着学生在课堂上脑力劳动的效率。"这说明语言就是教师"传道、授业、解惑"的秘密武器。即使是在多媒体手段大量运用于教学领域的今天，也没有根本削弱教学语言的作用；相反，对此要求更加严格、缜密。教师要保证课堂上说的每一句话都有价值，这确实是一件很不容易的事。作为教师我们会经常遇见这样的事例：同样的教材和学生，由不同的教师用不同的语言风格来教，教学效果截然不同。可见，除了教学方式方法外，语言的艺术魅力在教学中的地位凸显其重要。历史上很多政治家同时又是著名的演说家。美国《展示》杂志曾列举近百年来世界最具有说服力的演说家：美国的民权领袖马丁·路德–金、妇女运动领袖苏珊·安东尼、20世纪伟大的总统之一富兰克林·罗斯福、英国的丘吉尔、德国的希特勒、第一个社会主义国家的缔造者列宁、印度"不合作"运动的倡导者"圣雄"甘地等，都雄辩地证明了充满魅力的语言的感染力。由此可见，在历史课堂教学中，闪耀着智慧火花、字正腔圆的教学语言，是把语言家的用词准确、数学家的逻辑严密、演说家的论证雄辩、艺术家的情感丰富都集于一身而作综合表达，它能把模糊的事理讲清晰，能把枯燥的道理讲生动，能把静态的现象讲鲜活，启发学生去探索、追问，使学生的思维经常处于活跃的状态，从而大大提高学习效率。

二　新课程也改变着学生的学习方式并将影响其一生，需要全面解读学生

新课程教学的有效性受制于几个因素，有课堂教学内容本身的因素，也有学生不能接受的因素，甚至与教师的表达、展现历史的能力也有关系。但万变不离其宗：教是为学服务的，因此全面了解学生能保障课堂教学有效性的提高。

1.学生需要民主自尊

树立学生主体意识是增强学生自尊心的基础。学生的主体意识即在课堂中并不是畏畏缩缩，而是能自主地思考、参与课堂活动。这样学生就能以平等的姿态去面对教师、面对课堂教学中的一切活动，学生的自尊心自然而然地加强了。历史是过去事实的记载，需要用语言、画面来再现，这种学科的特殊性更有益于学生发挥其自主参与性。一些重大历史事件的再现完全可以由学生来表述，这最容易激发学生在课外竭尽所能地搜罗材料以达到其表达的完美性和准确性，从而获得老师和同学的认可，这种自豪感和尊严甚至会影响学生的一生。同是著名作家，同在学生时代，席慕容的自尊受到父亲的护佑一生充满了自信与爱心，三毛则因为自尊受到了数学老师的伤害而出现严重的心理障碍，一辈子没有走出内心的阴暗，成为她三十几年后自杀的原因之一。由此可见，给于学生自尊能影响其一生更何况是一堂课。尤其是当今我们面对的是"421"家庭的一代，自尊民主意识空前增强，这一问题不解决好势必会影响课堂教学的有效性，甚至是一代人的健康成长。

2.师生互动的课堂学生最容易接受

在新课程环境下，教学过程被看成师生双方积极互动、共同发展的过程。互动意味着人人参与，意味着平等地对话，意味着教师将由居高临下的权威转向"平等中的首席"，这就要求教师转变传统教学行为以适应课堂互

动的需要。在课堂上，变过去的"复制者"为现在的"构建者"、变"传授者"为"促进者"、变"控制者"为"引导者"、变"独白者"为"对话者"，这样的课堂教学形式无疑是最能调动学生的积极性，而今学生也是最容易接受的。

3."我喜欢能轻轻拍打我脑袋的老师。"一位学生这么说

教师的职责有两个：一为教书，一为育人。育人的方法很多但究其核心应该是张弛有度的爱心教育。2009年央视一套在长城脚下制作了一期特别节目《开学第一课》，以师生互动的形式向我们展示了"爱是分享、爱是力量、爱是承担、爱是荣耀"四个主题，我陪着我的孩子静静地、完整地看完了全过程，给了我很大的触动。作为教师，我深深体会到"爱"是教师实施有效课堂管理的源泉。教师的爱有如春风细雨，无声地滋润着学生的心田。一个鼓励宽容的眼神，一个理解的微笑，甚至是极其细微的轻轻拍打学生脑袋的动作，学生都能够从这些细节中读出老师的爱。这种爱能够化解孩子心中的冰川，更能够让我们的课堂管理严谨而不失生机，促进有效教学。

影响课堂教学有效性的因素很多，除了上面笔者的粗浅认识之外，还有很多专题有待与同人探讨，但总的目的是让历史课堂活起来。让学生真实地感受漫漫历史长河中的自豪与屈辱、兴衰与得失，从而走向智慧，走向成熟，促进学生全面、健康发展。

参考文献

1. 苏霍姆林斯基：《给教师的建议》，杜殿坤译，教育科学出版社，第129页。

2. 蒋敦杰、杨四耕主编，《高中历史新课程理念与实施》海南出版社，第156页。

新《课标》、新理念与教师角色的转换

滁州市乌衣中学　宋传明[*]

一　关于新《课标》、新理念的创新

1.教育理念：突出"以学生的发展为本"理念

教育部制定的《全日制义务教育化学课程标准》（以下简称新《课标》）已经颁布，新《课标》以促使学生发展为根本，以提高学生的科学素养为主旨立足于学生学习方式的转变，大力倡导科学探究，有针对性地培养学生的创新能力和实践能力，体现了科学精神与人文精神的渗透和融合。因而，认真学习新《课标》，把握新的教育理念，明确化学课课程目标，掌握内容标准是摆在广大教师面前的重要任务。

为了体现义务教育阶段的化学课程的启蒙性、基础性和发展性，使化学教育面向每一个学生，新的课程突出"以学生的发展为本"的教育理念，这一准确定位，凸现了以学生发展为本，结合学科特点，全方位地落实科学素养教育的新课程理念，有利于减轻学生课业负担和促使学生全面发展。

为了实现"以学生的发展为本"的理念，教学中必须实现以下转变：即由化学接受性学习转变为化学探究性学习；以仅限于化学内部纯知识理念的学习转变为更多联系自然、人类及社会等化学实践性的外部学习；强调获得知识为首的目标转变为关注人的情感、态度、价值观和一般能力的培养；面

---

　　* 宋传明 ，滁州市高中化学学科教学专业委员会成员，南谯区高中化学兼职教研员，南谯区中青年骨干教师；多篇论文获奖或发表。

向少数学生转变为面向全体学生。

2.课程目标：体现"过程性目标"与"情感目标"的实施

新《课标》首次从知识与技能、过程与方法、情感态度与价值观三个维度构建课程的总目标，更全面地体现了科学素养的要求，特别是后两个目标，对于弥补现行教学中"重知识内容和结论，轻学习过程和学习方法，重认知教学，轻情感、意志和价值观的培养"等倾向有很强的针对性，体现了化学课程目标在价值取向上的现代意识。因此，在教学中教师必须注意激发学生学习的兴趣，向学生充分提供化学活动的机会，营造和谐民主的化学氛围，创设让学生合作交流的环境。培养学生具有人格构建作用的崇尚科学，追求真理，一丝不苟的科学态度；尊重他人，善于合作，乐于交流的精神和具有创新意识和创新能力的化学品质。

3.课程内容：旨在"培养学生的科学素质"

长期以来，化学课程内容偏重于学科知识专业化，存在着"繁难偏旧"的弊病。新课程立足于21世纪公民科学素养的提升，对作为课程内容具体体现的化学教材提出了一系列的建议。首先教材应符合学生身心发展的特点，密切联系学生的生活体验和社会发展的现实，展示化学对推进社会文明所起的作用，才能扎根于学生的心灵深处；其次教材的内容安排体现科学探究的特点，注重学习方法的指导，教材内容的传递宜用文字陈述、图表、表格和各种醒目的栏目等多种途径，从而增添化学知识的魅力，让学生喜欢化学和主动学习化学；最后教材要富于开放性和弹性，给学生和教师留有个性化开发、选择的空间和创造的空间。

4.课程资源："加大了课程实施的力度"

新课程标准认为，课程是教师、学生、教材和环境四个因素的融合，并对开发和利用课程资源提出了建议：第一，继续将化学实验放在首位；第二，重视大量的校本资源；第三，利用网络资源和其他媒体、信息辅助学生的学习，促进学习方式的转变，提高效率。

5.课程评价：注重"全面辩证的评价"

《课标》最富有建设性方面之一，是将促进学生科学素养的全面发展作为化学教学评价的根本目的和宗旨，积极倡导多元化的评价。就评价而言，由唯认识性评价转向对科学素养的评价，由以甄别与选拔为主要目的转向以激励和促进学生发展为宗旨的评价；就评价难度而言，由单纯的知识与能力转向知识与技能、过程与方法、情感态度与价值观三个维度综合评价；就评价方法而言，由追求客观性和唯一标准答案评价转向重视个体认识和理解的相对性评价，强调过程评价与结果评价并重，特别强调活动表现评价；就评价主体而言，由只针对个体的评价转向对个体和小组评价相结合的评价，从单向的老师评价转向师评、生评和自评三者相结合，强调学生的自我评价，突出学生的主体地位。

二　新《课标》、新理念呼唤教师角色转化

教师是课程改革的参与者和推进者，化学课程理念的一系列重要创新，热切呼唤着教师角色相应做出深刻的转换，这种转换是内化课改理念的关键，是面向未来教育的发展性构建。

1.由课程知识体系的灌输者而成为教育学意义上的对话者

以往的化学教学中师生关系是一种不平等的关系，教师是化学知识的代言人，教学内容的传递者，知识生产线的操作工。现在新课标强调教学过程是师生交往。共同发展、平等对话的互动过程，教师是学生学习的组织者、引导者、合作者。因此教师应以"对话人"的身份尊重同样作为"对话人"的学生个体，尊重学生选择适合自己特点的学习方式，自觉放弃传统意义上的知识权威。这里化学教师要有两种意识：第一，民主意识。即以师生完全平等的心态积极地参与探究，创设融洽和谐的课堂氛围，保护学生的主体地位，教学方式服务于学生的学习方式，使教学真正成为师生富有个性化的创造过程。第二，人本意识。学生是学习和发展的主体，教师应把培养学生学习化学的兴趣和提高科学素养放在首位，帮助学生确立能够达成的目标，与学生分享自己的感情和想法，努力发现学生的特长，培养学生的自信心和团队精神，树立牢固的学生意识，一切为了学生的学习，一切为了学生的发展。

2.由教科书的被动使用者而成为新课程的塑造者

新课程认为，教师和学生是课程的创造者和主体，教学不只是忠实地实施计划和教案的过程，更是课程创新和发展的过程，这就需要教师创造性地将课程进行重塑。其一，对教科书做出适当的"裁剪"，要根据学生的具体

情况和教学需要收集、筛选素材，充实教学内容。其二，教师应突破课堂教学的封闭性，积极开发、利用多种多样的课程资源，主动构建化学与日常生活、社会实际的广泛联系，使化学课程面向生活，面向世界，面向未来。其三，教师应以科学探究为突破口，倡导自主学习、合作学习、探究学习等多种学习方式。根据现实生活社会生产的实际知识设置探究内容，不拘泥于教材所提供的素材和案例，精选富有典型性、代表性和趣味性的案例，给学生主动探究和提高学习效率提供足够的空间和时间保证。

3.由课程成绩的裁判者而成为课程学习和发展的激励者，随着新课程的运行，教师要调整自己的角色地位，改变传统教育方式

教师要由传统意义的知识的传授者和学生的管理者转变为学生发展的促进者和帮助者，学生学习的指导者和配合者。同时，应该重新定位师生关系，成为学生学习活动的组织者、参与者、帮助者、引导者、促进者、发现者，体现出人本思想，以学生为中心，帮助学生形成积极主动的学习态度，倡导学生主动参与，让学生成为课堂教学的主人。

总之，课程改革的设想，最终要靠教师在教学实践中去实现，去完善。新课程呼唤着教师角色的转换，这一转换是化学教师职能的一次历史性变革，是现代教育史上，教师专业化发展的一个新阶段。

农村寄宿制学校学生辍学心理的调查报告

滁州市南谯区黄泥初级中学　倪晓虎*

摘要：农村寄宿制学校中学生辍学现象较为严重，而学校管理中有容易将学生辍学归咎于学生不良习惯，忽视对学生辍学心理的分析，故而在解决学生辍学问题上措施不当，效果不佳。文章选取了滁州市黄泥初级中学2010年到2013年七年级到九年级的学生辍学情况为基本调查对象，对农村寄宿制学校学生辍学心理进行分析。

关键词：农村寄宿制学校　学生辍学心理　调查报告

中图分类号：G632.0

文献标识码：A

文章编号：1673-8497（2013）11-0046-01

我国是农业大国，农村基础教育将直接影响我国基础教育的发展，而长期以来，因农村基础教育师资队伍、硬件和软件等办学条件所限，农村基础教育教学质量一直不高。随着"留守儿童"的急剧增加，寄宿制学校学生辍学现象也较为明显，研究农村寄宿制学校学生辍学心理，对"保学控辍"、"提高教学质量"具有积极意义。

一　调查目的及意义

近年来，随着国家对农村基础教育加大投入，农村基础教育办学条件得到了较好改善。寄宿制学校新的宿舍、"两免一补"、"营养餐"等优惠政

※　倪晓虎，现任大柳中学校长，注重教学研究，撰写的《文言文教学内容的确定》、《农村寄宿制学校管理研究》在国家级期刊上发表。

策让农村学生得以在更好的环境中学习。但办学条件的改善并没有让寄宿制学校学生的辍学率得到好转，原因何在？

农村寄宿制学校的学生受农村传统文化和家庭背景的影响较为严重，其心理有着特殊性，农村寄宿制学校学生辍学率一直居高不下，这和农村初中学生的心理有着密切的联系。文章选取了具有典型性的农村寄宿制学校为研究对象，旨在通过对农村寄宿制学生辍学现象的研究，分析其内在心理机制，从而为控制学生辍学、提高农村教学效率奠定基础。

二　调查研究方法

1.抽样调查

本次调查从滁州市黄泥初级中学中选取了2010年入学后的七年级到九年级3个不同年级6个班级为调查对象，通过对3个年级学生中途辍学情况进行分析统计。

2.实地调查

本次调查以滁州市黄泥初级中学辍学学生中随机选取了10名同学进行实地调查，通过其父母、邻居、亲戚等进行调查，分析学生辍学的外部影响因素。

3.问卷调查

本次调查以滁州市黄泥初级中学为对象，选择2010年入学的七年级到九年级不同年级的316人进行了问卷，结合问卷数据对学生辍学心理进行分析。

三　调查数据及结果分析

（一）调查数据

滁州市黄泥初级中学学生辍学情况统计

年级（班级）	2010年秋入学人数	2011年春在校人数	辍学人数	辍学百分比（%）
七年级（1）	62	52	10	16.1
七年级（2）	52	43	9	17.3
八年级（1）	50	45	5	11.1
八年级（2）	51	44	7	13.7
九年级（1）	49	45	4	8.1
九年级（2）	52	47	5	9.6

（二）数据分析

首先，从数据中明显看出，七年级和八年级的辍学率明显高于九年级。其次，七年级到九年级学生的辍学率都高于8%，甚至达到17%以上。再次，九年级学生辍学率明显低于七年级和八年级。最后，七年级辍学率最高，九年级辍学率最低。为何农村寄宿制学校中学生的辍学率如此之高？在调查中发现，一些学生不愿到校读书，甚至是在《义务教育法》的规定范围内，学生也表现出强烈的排斥感，到底原因何在？

（三）农村寄宿制学校学生辍学心理原因分析

结合调查数据和实地调查情况分析，农村寄宿制学校学生辍学有着复杂的心理原因，其中不仅有因学习成绩差而导致的厌学心理、父母影响或其他同伴影响而导致的盲从心理，也有因学校教育和家庭教育不当而导致的逆反心理。

首先，七年级学生之所以辍学率最高，主要还是学生的厌学心理所致。在调查中发现，大多数七年级学生选择辍学，一方面是因为家校距离边远后，和父母的沟通少了，进入陌生环境，学习压力增大，无形中造成了学生的厌学心理。加之农村初级中学教育观念较为传统，以抓学习成绩为主，课外活动较少，诸如音乐、体育、美术等课程虽然没有出现挤占现象，但课堂教学中以中考内容训练为主，教师教学方式简单、学生感到极为枯燥。同时，因农村学生基础知识普遍较为薄弱，进入初中后，学科的增加，作业量也随之增加，很多学生一天埋头做作业，甚至一些成绩不好的学生还经常会遭到教师或班主任的批评，辍学也就再正常不过了。

其次，逆反心理成为影响学生辍学的一大因素。初中学生开始进入青春期，个性开始展现，而在寄宿制学校学习生活中，遇到事情后，自己希望独立地去处理，但往往处理结果又容易导致不必要的麻烦出现，与此同时，来自家长、教师的批评、教育让学生心理备受打击，甚至经常出现变相体罚、体罚等现象，这些都让学生的人格受到伤害。尤其是一些农村家长，知识文化低，教育方法简单，每每遇到学生违反纪律后，要么就是一顿毒打、要么就是置之不理，很难让学生信服。

最后，八年级经过一年时间的适应后，开始习惯寄宿制生活，辍学现象开始有所下降，到九年级基本稳定。但在调查中发现，一些九年级学生并非学习成绩不好而辍学，而是因家长或相邻的同伴怂恿而辍学。尤其是随着"打工热"和"网络热"的出现，很多学生认为"读书无用，不如早点打工"的错误思想，一些学生则因家长、教师的管理疏忽及自身控制力不够而沉迷于网络游戏，最终选择了辍学。

四　对农村寄宿制学校学生辍学现象的思考和建议

教育的目的是要促进学生获得全面发展，在农村寄宿制学校中，学校要摒弃"成绩唯一"的理念，转而以学生发展为方向，通过家校合作、心理辅导、教学模式改革等来提高学生的学习兴趣，提高学生的认知能力，让学生静下心来认真学习。

总之，农村寄宿制学校辍学现象已经成为影响农村基础教育发展的桎梏，在新课改实施的今天，无论是学校还是教师，都要立足学生实际，树立发展意识，从现象分析原因，在弄清学生辍学原因的基础上思考相应的对策，这样才能有效控制农村寄宿制学生辍学现象。

参考文献

1.陈振英、刘继红、李泽远，《农村义务教育阶段辍学问题研究报告》，《教育学文摘》2011年。

2.魏莉莉：《农村青少年辍学问题的发展态势及其应对》，《当代青年研究》2008年第6期。

3.郑蕾，《农村初中学生辍学问题研究》，《安徽农业科学》2006年第7期。

善待后进生

滁州市南谯区章广中学　高青海[*]

　　后进生是指学习上或道德及行为上或在学习和道德行为上都有问题的学生。这部分学生矛盾心理严重，在自信心不足的同时有很强的自尊心，在自卑的背景下又有较强的上进心，且有改好的强烈愿望。由于意志的薄弱，难于通过自身努力而摆脱困境，直接影响着集体的精神风貌，也影响到班主任能否行之有效地开展班级工作。基于此，笔者认为不能把后进生当成包袱，受到歧视，而应该善待他们。下面略谈三点做法和体会。

一　以"爱"相待——尊重、信任

　　"得不到爱的人更需要爱"，后进生比好学生更需要爱。尊重是爱的具体表现形式。从心理学角度看，越是后进的学生，越渴望得到人们的尊重。美国作家爱默生说："教育成功的秘诀在于尊重学生。"只要能尊重后进生的人格，就必然能激发他们自尊、自重的意识，促其主观能动性的发挥；也会缩短他们与班主任的心理距离，使他们敞开心扉，像禾苗接受雨露滋润一样，接受"耕耘者"的管理与教诲从而茁壮成长。反之，如不平等相待，或简单粗暴地将其赶出教室或令其回家，甚至体罚或变相体罚，如敲头、揪耳朵、打耳光、罚做劳动、罚长时间做作业等，置其人格尊严于不顾，使得他们失去了自信心和自尊心，最终导致其破罐子破摔。可见，作为班主任尊重

---

　　* 高青海，论文《浅谈中学作文批改》获省二等奖

后进生的人格是何等重要。

　　要教育好后进生，还要取得他们的信任；而要取得他们的信任，就应先信任他们。如果因为他们在某方面表现较差或犯过错误，就对他们抱怀疑态度，那不但会在感情上伤害他们，更会抑制他们的潜能。因为没有信任，他们会灰心失望。培根说过："灰心生失望，失望生动摇，动摇生失败。"如信任则会激发自信心，就会爆发积蓄已久的潜力。

二　以"诚"相待——理解、宽容

　　后进生是"人"，而且是特殊的人。他们的心理成熟度和道德观念完善度都处动荡的低水平线，其言行认识容易出现错误和过失，且易反复。因此，作为班主任应以诚心相待，理解他们，给以应有的宽容，在这个前提下，引导其进步。这里所说的理解宽容后进生是指要了解他们的思想状况，承认不同的性格、爱好，适度宽容并加以疏导教育；不能百般挑剔、指责，而应从情感上给予关怀和抚慰。当然，这种理解宽容绝不是简单的同情、怜悯，不是对他们的问题进行遮掩。对他们的不足不能视而不见，更不能简单地认同，而是要仔细分析、合理评价，帮助找出原因；对他们的情绪，能设身处地换位思考，以诚感化、以情疏导。如有的后进生在纪律上总是不能严格遵守，迟到早退、打架闹事等，其因在于他们不能认识纪律与自身成长的关系，轻看了纪律的作用，认为可有可无，甚至认为纪律是束缚他们的绳索，以藐视或违反纪律为自豪。对此，班主任应心平气和地采用宽容态度，帮助其认识行为背后的思想病源。如过于急躁和严厉，就容易造成逆反心理把事情弄僵弄复杂。再如，有的义气结帮，耍凶斗狠、吸烟饮酒、讲吃讲穿，这主要是受社会不良影响，而家庭、学校又没有及时地采取具有针对性的思想教育，造成其认识上的空当。对这些，班主任不要上纲上线，而应配合家庭、学校进行这种认识缺陷上的弥补，耐心提高其有关的认识，并允许有反复。

三　以"严"相待——适度、有方

　　善待后进生，不只是付诸爱心与诚心，还得辅以严格要求。当然，严格要求必须适度、有方。心理学研究表明，青少年学生的自控能力和心理承受能力都不及成人，后进生尤为如此。因此，班主任的批评教育，一定要针对这一心理特点，熟悉后进生的个性差异，掌握其思想变化的一般规律，用辩证的方法处理问题，用发展的眼光看待他们，尽量做到批评适度、有方，因势利导、灵活多变。所谓适度，即要考虑到后进生的年龄特征、原有道德水平，提出的要求应是学生经过努力可以达到的。对于一些"特殊"的学生，采取一些"特殊"的政策，让他们渐渐跟上班级前进的步伐。所谓有方，即班主任提出要求必须要注意方法、批评要注意时机与场合，使后进生从严格要求与批评中体会到班主任对其的关切与信赖，从而增强自信心和责任感。拿批评的时机和场合说，如批评的时机与场合不当，学生就会紧闭心扉，拒绝接受教育。如果学生当时正在气头上，班主任却不顾情面，仍然旁若无人地大声训斥，使学生，特别是"特爱面子的学生"顿时失去理智，甚至不顾一切地与老师对着干，置老师于难堪被动的境地。因此，要避免在不适当的时机、场合，对后进生进行不适当的批评。既要学会"冷处理"突发事件，又要学会等待、寻求、创造最佳教育时机；乃至体贴、谅解、谦诚，然后诱导学生承认自己的过错，进而开导启发、帮助教育。

现代语文教学与品德教育

滁州市乌衣中学　刘兆慧*

摘要：现代语文教学不仅需要知识的传授还需要对学生进行思想品德教育，这不仅是新课程大纲的要求，也是培养一代新人的需要。本文就如何在语文训练中深化思想品德教育简单阐述自己的一些观点。

思想品德教育是教育的核心内容，教师不仅要"传道、授业、解惑"还需要帮助学生形成自己的世界观、价值观和人生观。语文是我们的母语，所以在语文学科中渗透思想品德教育就显得尤为重要。在自己的教学过程中使用了一些方法，总结如下：

一　情感熏陶法

情感熏陶法是根据教学内容中蕴含的情感，创设一定的情境，渲染教学气氛，让学生置身于特定的情境之中，对学生进行潜移默化的感化和熏陶的教育方法。情感熏陶法在具体操作上注重感染诱发，大体可从以下三方面入手。

1.从介绍全文入手，渗透思想教育

在教学每篇课文之前，有时教师先通过总体介绍文章内容、文章写作背

＊　刘兆慧，多年担任班主任工作，辅导学生参加各级各类比赛多次获奖，多篇教育教学论文在各级各类评比中获奖。

景、文章中心人物等，向学生渗透思想教育。如讲《葫芦僧判断葫芦案》一文时，先总体上介绍《红楼梦》的思想内容，使学生大致了解《红楼梦》主要写了贾、王、史、薛四大家族的衰败和林黛玉、贾宝玉的爱情悲剧，使学生认识到封建社会官场的黑暗和腐败，从而激发学生憎恶旧社会，热爱新生活的思想感情。这样总体介绍，既便于学生理解课文，又使学生受到思想教育，可谓一举两得，两全其美。

2.从强化作文训练入手，渗透思想教育

学习了朱自清的散文名篇《背影》，就仿照写篇《我为父母做了些什么》，旨在引导学生从心灵深处热爱自己的父母，学习了《藤野先生》，就对应写一篇《师生情》，旨在引导学生尊师重教。总之，学生在写这些有针对性的题目时，通过分析、思考、辨别，自然会受到一次深刻的自我教育，达到自律、自尊、自重、自强的德育效果。

3.写日记渗透德育

写日记一般都劝自己上进向善，求真爱美，劝自己助人改过，在日记中针砭丑恶，赞扬美善。我让学生持之以恒写日记。通过写日记，不仅使学生写作能力逐步提高了，而且又是一次"道德长跑"，学生思想觉悟、道德认识越来越高。

二　艺术形象分析法

语文教材中具有众多鲜明的艺术形象。这些有血有肉的活生生的形象，具有很大的说服力和感染力。正如苏霍姆林斯基所说："世界是通过形象进入人的意识的。儿童年龄小，他们的生活经验越有限，那么生活中鲜明的形象对于他们思想的影响就越强烈。"语文教师要利用学科特点，抓住形象，以情育人，形象大于思想，达到德育之目的：如朱自清的《春》描绘了春回大地，生机勃发的景象，对文中"春草"、"春花"、"春雨"的描绘，以欣喜的感情把它表达出来，让整个形象感染学生，让学生在自然美景中陶冶成长，以致激发学生热爱祖国山河之情。

三　语言文字品评法

语言是思想的外壳。任何作家都是通过语言文字来反映现实、表达思想的。只有细致地分析了作品的语言，学生才能深刻地理解作品的思想。但作品的语言分析应该有选择，有重点，目的明确。一般而言，应该抓住下列语言，引导学生进行分析品评。

1.抓住富有褒贬感情色彩的语言

只有把握课文中所表示作者的喜爱和憎恨感情的词语才能正确地理解作品的思想。如《白杨礼赞》对白杨树外形的一段描写，满腔热情地赞扬了象征北方农民和我们民族在解放斗争中的坚强精神，表达了对它们无比挚爱崇敬的感情。

2.抓住意蕴丰富的语言

课文中有些语句的含义特别丰富，具有多方面的表现功能。这就需要我们引导学生去仔细赏析和反复领会，让学生领悟其中的言外之意、韵外之致。课文《祝福》中有这样一段文字：……但我们知道，这并非借题在骂我：因为他所骂的还是康有为。但是，谈话总是不投机的了，于是不多久，我便一个人剩在书房里。

这段话中的"剩"字就是非常富有表现力的、内涵深刻的词语。有一种说不出的孤寂无聊之感，仿佛被这个世界所遗弃，孑然地存在着了。而且连四叔何时离去，也都未觉察。可见四叔既不以"我"为意，"我"也对四叔并不挽留，确实是不投机的了。这里，不但解释了"剩"字的表面意思，而且进一步根据鲁迅小说全篇的立意，根据上下文的关系，把"剩"字在文中所包含的感觉、情感、意蕴等都全部透彻地作了解释。像这样去读作品、讲作品，不但可以引导学生读懂作品，而且可以帮助学生读"透"作品，从而受到教育。

3.抓住议论抒情的语言

一些文学性较强的文章，往往十分重视议论和抒情，作者通过议论和抒情，抒发自己的主观感受，对人物和事件做出评价，帮助读者加深对作品的理解和热爱。我们在语文教学中要关注课文中的议论和抒情，引导学生通过议论和抒情的语句去感受课文的思想感情。比如《包身工》的结尾，这段议论抒情，控诉了野蛮残酷的包身工制度，坚信黑暗终将过去，黎明定会到来。通过此次的分析，更加深了学生对课文主旨的理解。

四　多种媒体辅助法

在语文学科中进行德育，多种教学媒体的运用是一种有益的辅助教学手段。例如，教学《中国石拱桥》一课，借助投影仪打出赵州桥外形图，要求学生仔细观察赵州桥的外形图，看后用比喻的修辞手法描绘石拱桥的外形。这样做不但有效地进行了语文训练，也让学生深切感受到我国古代人民所创造的灿烂文明，从而激发起强烈的民族自豪感。

语文教学中德育渗透是一个很重要的研究课题，有待于进一步探求完善，以取得更好的德育效果。

谈谈初中语文教学中的情感教育

滁州市第六中学 陈祝荣*

情感教育是将语言能力的培养融入积极、愉悦的情感氛围中的一种语文教学艺术。现将初中语文教学中的情感教育浅析如下：

一 情感导入，激活思维，使学生迅速进入作品情境

语文教师在课堂导语设计上，善于利用描述性的语言再现情感所产生和存在的情境，争取让学生一上课就进入角色，进入到作品的情境中去，找到与作者情感交融的契合点，去体验作者所抒发的情感，从而使他们的灵魂得到净化，感情得到升华。教学《天净沙·秋思》可用音乐《橄榄树》为导入背景音乐，再这样设计导语："七百年来，人们说起'乡愁'，就会想到《天净沙·秋思》这部作品，它以极为出色的景物烘托的写法，将抒情主人公置于特定氛围中，使他的主观意识和客观环境达到了高度统一。整部抒情作品只用了28个字，就生动地表现出了一个长期漂泊异乡的游子的悲哀。"

二 整体感悟，寻找共鸣，陶冶学生情操

中学阶段的语文学习目标不能简单地定位在识字、阅读与分析课文上，而应将其逐步拓展到文学这个艺术领域，培养学生的审美情趣。

---

* 陈祝荣，滁州市中青年骨干教师。多篇论文在国家级刊物发表。

教材中选编的课文大多娴雅精致、脍炙人口，多角度地反映作者对自然、人生、社会的领略和感悟，往往集风景美、道德美、人情美于一体。阅读和学习这些文章，要注重引导学生进入情境，寻找与作者心灵的契合点。

三　科学引领，激发兴趣，优化教学效果

学习兴趣在学习中发挥着至关重要的作用，而教师在培养学生的这种健康的学习情感上起着不可忽视的作用。"学高为师，身正为范"，教师以其独特的人格魅力感召学生，会使学生受益匪浅，因为在传授知识的同时，教师的行为、活动已经潜移默化地达到了培养学生健全人格的目的。我们的语文教学内容更多地秉承着以儒家文化为主体的华夏民族数千年的文化结晶，这一文化体系本身就对知识分子的人格提出了较高的规范和要求。语文教师作为这种文化的直接传播者，更应该向这种规范和要求看齐，其"指点江山，激扬文字"的满腔热情，势必使学生产生共鸣，直接对其产生深远的教育意义。

四　合作探究，乐于碰撞，提高学习效率

传统的语文学习方法听、说、读、写自然不可或缺，而以自主为前提，相互合作、探究的学习方法，不失为语文学习的一种有效方式。

总之，情感教育是新课程改革下语文教学的一项重要内容，语文教师只有用真诚去诱导每颗求知的心灵，才能使其获得丰富的情感体验，从而增长知识、发展个性、健全人格，最大限度地提高语文教学效率。

浅谈初中语文开放式教学

滁州市第六中学　陈祝荣

在新课程实施过程中，教师不仅是课程的实践者、改革者，更应该是课程资源的开发、创造者。教师应像牧羊人一样，将"羊儿"带到水草肥美的地方让"羊儿"挑选自己感觉最可口的青草咀嚼、回味，让学生学得主动、开心。

在语文教学中如何实施开放式教学呢？

一　牧野放歌草盛羊肥

教师要做引路的头羊，睿智地引导学生自己发现问题，合作探究问题，尝试解决问题。

教师要做有爱心的羊妈妈，在"放牧中"及时了解、帮助、鼓励、赞美、点拨学生，让他们不仅能独自觅食，也能在合作的情境中，受到情感的熏陶，获得知识的启迪，品味成功的欢乐。

如《三峡》一课教学，先让学生自主地解决字、词、句、文学常识等问题，反复朗读。然后打破以往分析四季特点，理清文章结构，品析优美语言的模式，放手让学生通过品析本文精美的语言，由表象到本质，凭借自己的想象，用语言描绘三峡之美。

这样提高了学生发现美的能力、想象力、表达能力、品析鉴赏的能力。课堂回归"自然"提高学生自习古文的能力。

二 牧人扬鞭科学引领

各种文章条理分类，自习模式各有春秋。

1.说明文教学

（1）先让学生预习一遍，字、词基础的夯实要落到实处。

（2）然后让学生自列表格，自己填写。

（3）自主合作研究课后练习。

2.小说教学

（1）学生自主解决字、词、句的问题，了解文学知识、写作背景。

（2）学生自己列表填写表格。

（3）让学生在完成表格填写阅读的同时，采用旁批式边读边做批注，将个人体会认识批注在书旁。

（4）成果展示：引导学生大胆剖析人物，大胆地否定、批判或肯定、褒扬，自主分析人物性格、命运、成败、得失、功过，对学生做人、做事所能吸取的经验教训等。这样才能让学生在"天然的牧场"自由觅食达到"反刍"，从而消化吸收"变肥壮"。

议论文教学和散文教学也如此，须教师大胆放手，让学生自习。下面仅做列表体现"开放式"教学思想。

课件展示		原句填写	自我批注
字、词、句重难点		1、字＿＿＿＿＿	
		2、词＿＿＿＿＿	
		3、句＿＿＿＿＿	
三峡景物的特点			
山		1、奇险＿＿＿＿	
水	夏	2、急猛＿＿＿＿	
	春、冬	3、清幽＿＿＿＿	
	秋	4、凄凉＿＿＿＿	

探寻文章的美点	构思美 A先山后水＿＿＿＿＿	
	B动静结合＿＿＿＿＿	
	C过渡字句＿＿＿＿	
	写作手法 A对比映衬＿＿＿＿＿	
	B言辞照应＿＿＿＿＿	
	C主次分明＿＿＿＿	
	语言美 A含蓄＿＿＿＿＿	
	B清幽＿＿＿＿＿	
	C动态＿＿＿＿＿	
	D色彩＿＿＿＿＿	
	表达方式美 A叙述＿＿＿＿＿	
	B描写＿＿＿＿＿	
	C议论＿＿＿＿＿	

　　有时也可以引导学生把此类表格往下延伸，要求学生用最简洁的文字浓缩在表格中。既把知识条理化又增强了学生的学习兴趣，还锻炼了学生的分析概括能力。在搜集信息时采用边默读边做批注的方法，学生可从各个方面各个角度与文本对话，形成有个性的阅读，实现"一千个读者就有一千个哈姆雷特"的读书效应。在最后全班对话交流中，知识条理化，学生们可形成思想情感的交流、碰撞和共鸣。

景美	人美	情美
1、素湍绿潭，回清倒影	作者	
2、＿＿＿＿＿＿＿＿	游者	
3、＿＿＿＿＿＿＿＿	渔者	凄婉
4、＿＿＿＿＿＿＿＿	读者	陶醉

　　总之：语文开放式教学，其本质是对学生个性、选择、体验的尊重，它可以实现学生与文本、学生与学生、学生与教师自由平等地对话。它可以将读书与做人、做事、生活、人生、生命有机地联系起来融入课堂。

努力挖掘教材的思想情感教育内容
全面提高学生的语文素养

滁州市南谯区花山初级中学 谭玉会 *

学习语文的过程是学生知识积累、能力培养的过程，也是思想、情感受到教育、熏陶的过程。《从全日制义务教育语文课程标准》明确指出："语文课程应培育学生热爱祖国语文的思想感情，指导学生正确地理解和运用祖国语文，丰富语言的积累，培养语感，发展思维，使他们具有适应实际需要的识字写字能力、阅读能力、写作能力、口语交际能力。语文课程还应重视提高学生的品德修养和审美情趣，使他们逐步形成良好的个性和健全的人格，促进德、智、体、美的和谐发展。"可见，语文教育有很强的思想、情感教育的功能和要求，是工具性和人文性的统一，在传授知识、培养能力的同时，更应致力于学生完美人格的塑造。但是，历史的教训应记取：思想政治教育绝不能取代语文教育，否则将使气象万千的语文教育"褪色"、"变味"。那么，如何按学习语文的规律，体现思想、情感教育的"语文"特色呢？愚以为应做到三点。

第一，加强对教材中语言文字的分析，挖掘语言内涵，使学生对课文中的艺术形象、自然山水、风景人物等有深刻的理解，取得情感体验，产生喜怒哀乐之情，受到感化、熏陶、锻炼。千古名篇《岳阳楼记》，那"春和景明、波澜不惊"的美景，那"把酒临风、喜气洋洋"的欢悦，那"不以物喜，不以己悲"的博大胸襟，那"先天下之忧而忧，后天下之乐而乐"的远

---

* 谭玉会，曾在《滁州师专学报》、《教育学文摘》发表教育教学论文3篇。

大抱负，无不对学生产生深远的影响，留下不可磨灭的印象。不因外物的好坏和个人的得失而或喜或忧，这是多么健康而又高尚的人格！吃苦在前，享受在后的精神品质，以天下为己任的崇高志向，难道不值得我们学生乃至大家借鉴和学习吗？挖掘、表达到此，学生怎么会不浮想联翩、情不自禁地去思考生活、追求美好人生呢？

第二，要避免空洞无物的说教或政治术语的堆砌，要按照学生的年龄、阅历、思维、心理等特点，科学地施以影响。要利用美育、历史教育、艺术教育等多种学科对语文科的渗透作用，不断创新思想、情感教育的内容和形式。要加强书本与现实生活的联系，从小事入手，"见一叶而知秋"；从身边人、身边事入手，感受生活的丰富多彩，放眼先进与落后、美与丑的较量……激发学生爱祖国、爱人民、爱家乡的热情，勃发其创造民族光明未来的主体意识。

《枣核》作者萧乾的朋友的思乡情绝不是"作秀"，它真实自然、质朴动人；歌曲《我的中国心》中"洋装虽然穿在身，可是我心依然是中国心"曾广为传唱，且唱出了海外游子思念祖国的炽热感情；《歌唱祖国》也为许多学生咏唱。教学时，如果领着学生唱起来，一定会激起学生感情的波澜，营造良好的课堂气氛，使学生受到教育。学习著名作家鲁彦的《听潮》，可以充分领略大海那丰富而深刻的韵味。这诗一般的语言，画一般的场景，是力与美的颂歌，是作者追求美好人生、理想社会的永恒乐章。落潮时，海浪吻着岩石，像"朦胧的月光"和"玫瑰的晨雾"那样温柔，这是含情脉脉又包容力量的大海那静态美的极致；涨潮时的大海却是"战栗着"、"嗥叫着"、"怒吼着"，汹涌澎湃，气势磅礴，让读者陶醉于大海那雄奇奔放的壮美之中。学习此文，感知大海，可以唤起学生的审美愉悦感，激发起奋发向上的情感。

当今社会处于转型期，新的事物往往会在学生的心里激起"涟漪"，表现出欣喜或迷惘等情绪，如农村学校普遍存在的"读书无用论"、思想过于多元化的倾向。语文教师更应关心国家大事和身边小事，关注学生，提高自身的思想素质、分析能力，联系实际，给学生以思想的启迪和正确有力的引导。

第三，要遵循"潜移默化，熏陶渐染"的规律，"润物细无声"，持之以恒，努力工作，早日促成学生思想境界、情感层次的提升和成熟。当然，要重视科学性，不能操之过急。那种忽视人物性格的丰富多彩、历史环境的真实具体，一句话，背离生活真实，这样的语文教育无论从文学教育还是思想情感教育方面看，都必然是苍白、粗糙甚至荒谬的。只有知人论世、全面分析，才能使语文教育真实化、科学化，才能真正育好人。实践证明，只有克服口号式的简单生硬，语文教材中丰富的思想情感内容才能被挖掘出来，才能教出"语文"特色；也只有关注全体学生健康发展的思想情感教育，不断创新内容和形式，学生才能产生兴趣、引起共鸣，从而收到实效。

文言文教学内容的确定

滁州市南谯区黄泥初级中学 倪晓虎

文言文教学一直是语文教学的重点和难点，学生对文言文缺乏兴趣，教师对文言文教学难以把握的现状没有得到根本性改变。现以《岳阳楼记》的教学为例，谈谈怎样确定文言文的教学内容。

在教授《岳阳楼记》时，确定教学内容成了摆在笔者面前的首要问题。似乎解决的路径有五条：或把教学内容放在文言上，或把教学内容放在文章上，或把教学内容放在文学性上，或把教学内容放在文化上，或是面面俱到。问题是在这几个教学内容中，哪个价值是最大的？要解决这个问题，首先要把握什么是教学内容，《岳阳楼记》是什么样的文言文。

《岳阳楼记》的主要内容是岳阳楼之景以及由景生发出的情，它的主旨无非是表达作者"先天下之忧而忧，后天下之乐而乐"的思想。就不同体式的文本而言，教学内容的确定是不同的。对于一些故事情节比较强的记叙文，可以让学生通过把握文章的事件，探讨写作人物的方法，从而去评价人物。如《赤壁之战》、《崤之战》等文章，都是按照时间顺序，通过几个生动的故事将人物串联起来，刻画人物形象。对于阐述观点的论说文，可以让学生体会作者的论说思路，论点是如何提出的，又是靠什么来支撑论点的。如《劝学》、《察今》、《六国论》、《过秦论》等文章都有明确的论点，只是提出的方式不尽相同，支撑的论据的内容不同。对于"赋"体，要让学生体会"赋"体的特点。如《阿房宫赋》、《赤壁赋》大量采用铺陈的手法，讲述哲理，表达观点。对于"游记体"散文，章法比较自由，可叙议结合，可写景状物、抒发感情。如《游褒禅山记》、《石钟山记》、《登泰山记》，前两篇文章主要是叙议结合，后一篇是写景抒情。对于人物传记，要教给学生传记的一般写法，并理解人物性格。如《张衡传》、《屈原列传》，一般要介绍人物的生平及主要事迹，在事迹中展现人物的光辉。

一直以来，对于文言文，特别是经典的文言文，似乎遗忘了它的审美价值，习惯于从社会学的角度去解读文本，却忘记"社会学"只是解读文本的一个角度，甚至是次要的角度。可能记住了"知人论世"，可忘记了把作者还原为一个不是只有政治抱负也还有儿女情长的人，也忘记了人的心灵的复杂性和丰富性，更忽视了作者情感的独特性；记住了"披文入情"，可怎么通过"文"才能把握作者情感的独特性，又该怎样带领学生从"文"中体悟作者的感知过程，把作者的感知一一还原，让学生从作者的感觉逐渐走进作者的内心，以此来丰富学生的内心情感，让他们也能够发出这样的感叹：人的心灵原来是这么奇妙呀！让他们通过走进作者的心灵进而发现挖掘自己的心灵图景，想来，这才是新课标中提出的"审美情趣"。

"中学文言文教学价值才是我们认识中学文言文教学的基点"，所以笔者以为，感悟范仲淹忧国忧民的情怀为主要教学内容才具有最大的教学价值。

学习文言文，首要目标是滋养精神，传承文化，提高人文素养。什么是传承古代文化？就是指学会从历史发展的角度理解古代优秀作品的内容价值，体会其中蕴含的中华民族精神，从中汲取民族智慧；用现代观念审视作品，评价其积极意义与历史局限。读书尤其是读古代经典作品，有"谋生"和"谋心"之效，前者可以"学以致用"，后者能"心有所安"。学习的目的是熟知经典，而传承古代文化本身就是目的。朱自清也说过，经典训练的价值不在实用，而在文化。如《论语》的终极"传递的是一种态度，是一种朴素的、温暖的生活态度"，它是人们精神上的"根"，那学习的目的是以经典所传达的精神来诠释自己的生命，采用"六经注我"的学习方式。

再说道家所追求的人与自然和谐的哲学思想，法家所主张的"信赏必罚"的管理方略，墨家所宣扬的"兼爱交利"的精神等，这些理念能超越时空而亘古常青，这些就是应该教给学生的，让他们拾起传统经典文化，给他们以思想的熏陶和人文关怀，让他们做个文化人。如传统文化中励志诲人的、修身养性的、为人处世的、民族情感方面的、治理国家方面的、平等的师生关系的等精华，滋养着一代代后人。

由此以为，对于文言文教学内容的选择，首先要分辨出这篇文章是文学性的还是应用性的，或者主要是文学性的还是应用性的，不同的特性，教学内容的选择该是不同的。其次，尽管"中学文言文教学价值主要在于拓深学生的文化素养和文学素养，使学生的文化素养、文学素养更加深厚"，但在文言、文章、文学、文化的选择上，根据学生的理解和接受程度，还是应该分离出主要的教学内容。

参考文献

1.黄厚江：《文言文怎么教？》，《语文学习》2006年第5期。

2.王荣生：《新课标与"语文教学内容"》，广西教育出版社2004年版，第89页。

3.刘梅珍：《中学文言文教学价值浅论》，《语文学习》2006年第6期。

中学英语教学方法漫议

滁州市南谯区章广中学　吴有群*

　　许多学生觉得英语很难学，尤其是教材在不断变化，词汇量明显增加了，新的信息增加了，学生更觉得学英语无所适从。其实，这只是学生心理上的感觉，他们认为新教材难度大，连老师们都感觉新教材很难教，对学生们来说学起来自然也就更吃力了。学语言的目的本来就是运用，从来不用或很少运用的东西，我们要它何用？没有时代感，学生与其所学的语言之间都存在着代沟，他们能感兴趣吗？当然不。不鲜活、不入时、不风趣幽默的语言不是我们要学的语言。旧教材课文内容的设置已经显出了它的趣味性，但是内容毕竟陈旧，时代感不强。新教材的设置恰恰改变了这一点，其中节选的课文很有时代感，很多文章是以电子邮件的形式出现的，让学生们了解了这一新兴事物——电脑。这是他们感兴趣的，当然也就能精力集中地去学习。还有，新教材中有生动有趣的故事和任务以及学生们亲眼所见、亲耳所闻的人物和事件（电视或其他媒体上），如邓亚萍和她的乒乓球，学生们能看得见、摸得着，也就更加对英语感兴趣了。但即使是这样，还是有许多学生学不好英语，见到英语就头疼。

　　那么中学生学不好英语的原因究竟何在？一方面，是因为他们没有掌握学习英语的方法，只会被动地学。就词汇而言，单纯机械地背单词，当然不会真正提高英语水平。要养成背诵句子的习惯，因为句子中既包含了发音规则，又有语法内容，还能表明某个词在具体语言环境中的特定含义。句子记

---

　　*　吴有群，2005年评为中学英语一级教师。

住了，单词当然也就记住了，而且能记得很牢。熟能生巧，逐渐地学生会养成良好的学习英语的习惯，久而久之，你会发现不管是教师在教的过程中还是学生在学的过程中，都能收到事半功倍的效果，教学相长了。有些学生不敢开口，这是学英语的一个致命弱点。教师要鼓励学生大胆地开口讲，不要怕犯错误。学英语很重要的一点是用来和他人交流，不敢开口不等于学的是哑巴英语吗？不敢开口还有一个原因是怕语法有错。对于初学者来说，不要超前学习语法，如果超前学习语法，会丧失学习英语的乐趣和信心。有些学生经常考试不及格，感到学好英语毫无希望，也会丧失学英语的信心。另一方面，我们老师没有很好地对学生个体进行研究，不了解学生在这个年龄段的特点：爱说爱动，自我控制力不强。教学中如果忽视了这些特点，单纯沿用传统教学方法进行机械的讲解，单纯地传授知识，把他们纯粹当成知识的容器，填鸭式地向他们灌输，在学生眼中，冷冰冰的语法、词汇是枯燥乏味的，自然也就谈不上感兴趣了，更不必说调动其学习的积极性。目前中学英语教学质量不佳，恐怕这是一个主要原因——学生对学习英语缺乏兴趣。只有让学生对英语学习产生兴趣，并保持兴趣，才会使之成为他们学习上的推动力。这也是我们教师在课堂上进行生动有趣教学的出发点。

爱因斯坦说过："兴趣是最好的老师。"学生们若对英语感兴趣，老师就可以在课堂上轻轻松松地教英语，学生们课后也会轻轻松松地学英语，趣味教学是提高学生学英语的兴趣的关键，也是教学相长、达到事半功倍的效果的关键。趣味教学的核心问题是：建立一种和谐融洽的师生关系；创造一个轻松愉快的学习环境；采用灵活多变的教学方法。

首先，要建立一种和谐融洽的师生关系。教和学是一对矛盾，作为矛盾双方的代表——教师和学生如何和谐融洽关系，对完成教学目标至关重要。心理学告诉我们，初中阶段的学生"亲师性"较强，"亲其师，则信其道"，如果他们对某个老师有好感，他们便对这位老师授的课重视，肯下大力气、花深功夫学这门课。同时，这个阶段的学生逆反心理也强，如果他们不喜欢某个老师，他们也就不愿学或不努力学这位老师授的课。因此，教师应深入学生中间，与学生打成一片，了解学生的兴趣、爱好、喜怒哀乐、情绪的变化，时时处处关心学生，爱护学生，有的放矢地帮助学生，让你在学生眼中不仅是一位可敬的师长，更是他们可亲可近的亲密朋友。但是对他们的缺点也不是不可以批评，而是批评时要注意不伤害他们的自尊心，不侮辱他们的人格，使他们从内心感到老师的批评是诚挚的爱，是由衷的爱护和帮助。

其次，要创造一个轻松愉快的学习环境。

传统的教学模式和方法，总是教师"一言堂"，学生始终处于消极被动的状态，学习没什么轻松愉快可言，因而也就谈不上对英语感兴趣了。即使是那些认真学习的学生，也无非把自己当作知识的接受者不得已而为之。但就大多数学生而言，由于对英语不感兴趣，逐渐丧失了学英语的信心，逐渐放弃英语学习，从而导致"两极分化"。新教材更重视课堂环境。教师的责任在于为学生创造轻松愉快的学习环境的同时，还要以满腔的热情全心地投入课堂教学，仪表要洒脱，精神要饱满，表情要轻松愉快，目光要和谐，举止要大方文雅，谈吐要不俗，言语要简洁，语言要纯正、地道、流利，书写要规范、漂亮，版面设计要合理。

要想使课堂环境更加轻松愉快，课前应安排学生课后预习，遇到不懂的问题随手记下来，遇到不理解的地方用笔做个记号，在下一节课开始的时候，带着问题听课，他们就会专心听讲，就会对老师所讲的课感兴趣。尤其在新教材中，文中的人、事多与现代社会紧密相连，与日常生活紧密相连，因此我们可以就所要教的语言和学生所要学的语言设置真实情境。有了情境，学生才印象深刻，声、形、意融为一体，这样才有趣，掌握才准确。教师讲解忌烦琐、杂乱和重复，要精讲。要改变学生在教师讲解时只是一个旁观者而不是参与者的现象，使他们在学中用、用中学，学生在学会运用的基础上，才会感兴趣。要注意在实践中满足不同水平的学生，这样，每个学生都可品尝到成功的喜悦，从而学习热情大增。一堂课就是一个完整的艺术品，不仅要有一个好的开始和发展，也要有一个好的结尾，如根据学生的英语水平层次，或设置一个新的"悬念"，或留一个耐人寻味的问题，或放一遍课文的录音，让学生小结一下课堂的主要内容。

再次，教学方法要灵活多样，充满情趣。单一的教学方法是枯燥乏味的。即便是一个好的方法，一味地使用，也就失去了它的魅力。正如吃饭一样，再好吃的菜，让你天天吃，顿顿吃，你也会觉得没胃口。教学方法也是一样，天天用同样的方法、同样的顺序、同样的语调、语速讲解课文，日久天长，学生就会腻，别说听课，一看到老师就烦，哪里还有什么趣味可言。为了激发学生的学习兴趣，巩固学生的兴趣，教师应认真备课，钻研教材。教师要给学生一碗水，自己就要有一桶水，而且这一桶水还需经常添加、更换，否则这一桶水也会干涸、变味。根据教学内容的不同，如初学、巩固和复习，就不能用同一要求。教师要付出心血，不断地探索，不断地追求。

感悟语文教学中的心理导向

滁州市南谯区章广中学　王化珍*

在构建和谐社会中，从事教育的工作者，越来越重视教育学和心理学的联系。作为一名语文教师，有必要探索语文教学中学生的心理因素，采用机动灵活的更能适应学生心理需求的教学方法，促使学生心理结构潜移默化地趋向完美。笔者在多年的语文课教学中，就语文教学中心理导向进行了探索和尝试，收到了较好的效果。

一　了解学生的心理特征，把握学生的心理趋向

在语文教学中，学生既是被动的，又是主动的。被动在于学生欣赏课文的心理过程，总要顺从教师的引导，受制于课文的内容和形式；主动则在于学生定要停止无关的心理活动，排除内外干扰一心一意去欣赏、领会课文的精华。而无论被动和主动，学生上好一堂语文课的过程，总是一个形成到展开乃至强化的动态心理过程。因此，上课铃声和课前起立问候声必然引起学生对语文课注意的形成和无关心理活动的停止。可是由于学生上课前所处的心理状态不同，因而注意的形成也就表现为突发式的或渐进式的。

就学生的心理特征而言，有的学生课前心境平和，无明显的喜怒哀乐，或是自我控制力强，能有意识地控制心境，所以能顺利地进入语文课情境中。他们的主体心理活动在老师喊"上课"时即被调动起来，很快进入老师

---

* 王化珍，章光中学语文高级教师。

设计的教学氛围中。也有少数同学课前有大的情绪波动，或是自我控制力较差，上课时心不在焉，常因教室内外的偶发事件，导致无关心理的展开，而削弱了对课堂教学的注意。

为了使学生的心理从始至终有效地定格在语文教学上，老师就应该特别重视课文的入题。新奇有趣的入题能诱发学生最大的心理注意。比如：讲授高尔基的散文诗《海燕》时，可借抑扬顿挫的朗诵来入题，撼动学生的心灵；讲授小说时，可排演简短的课本剧入题来吸引学生的目光。即使讲授枯燥乏味的字词句，也可借助活泼生动的教学手段入题；讲授"句子的用途"时，可引用唐代王维的名诗《相思》，并在诗中加上不同的标点，即"红豆生南国，春来发几枝？愿君多采撷，此物最相思！"这样可让学生直观形象地得出陈述句、疑问句、祈使句、感叹句的区别。凡此种种，只要入题能顺应学生的心理需求，课堂教学也就达到了成功的一半。当然，学生的心理动力发动以后，还需要教师运用多种教学手段不断排除学生在学习过程中产生的心理杂念，不断强化学生学习的心理动力，以得到完美的教学效果。

第一，教师在讲析课文时，应能引导学生从课文的字、词、句、章中分析出课文的内涵所在，让学生完成心理上感性经验到理性经验的飞跃，从而形成一定的欣赏心理结构。比如：引导学生阅读朱自清的散文《背影》以后，文中车站送别的感人场面立刻会引起学生心理的综合活动。为了促使学生欣赏经验的积极投入，在学生欣赏理解课文的心理动态过程中，教师应引导学生从平凡的生活小事中去发掘永恒的父爱，让学生去感受字里行间渗透出来的父子之情。这样，局部的感性信息便在欣赏心理结构中得到进一步的分析综合和认定。同时，教师可借助这种真挚的亲子之情让学生忆起诸如夜间盖被子、雨中送伞等周围生活中可感的实例，从而使学生的欣赏心理结构再回到联想和想象阶段，使学生真正感受到人类的美的情感，促使自己的思想情操得到升华。这样，学生的心理结构就推向了本质的纵深处，学生对语文学习也就有了心理内驱力。

第二，在教学中，对学生潜在的心理态势，教师应该注意把握，去合理地设计教学进程。学生的心理总是对新奇有趣的事物充满注意，教师必须用悬想期待的教学手段来满足学生的好奇心理。而过去那种朗读课文，分析层次，归纳中心的老套路只能造成学生的厌烦情绪。如果要在教学过程中时时引起学生的关注和期待，就要针对不同文体课文的特点，设计恰到好处的提问，让学生在众多问题的解决过程中，逐渐得到课文的真谛。如学习茅盾的《白杨礼赞》，如果只是就题论义，而不理解文中的象征意义，是不能引起学生的心理注意的。教师可抽取文中的重点内容，即"白杨树实在不平凡"，生长环境的不平凡，外部形态的不平凡，内在气质的不平凡，这样由树及人，再由人到人的精神品质，直到揭示象征意义，依据逻辑推理，学生也就把握住了课文的思想内核，顺应了学生的心理趋动，增强了学生的心理愉悦，教学效果事半功倍。所以，教师在讲析课文时，设法促使学生积极主动，亲身探入，求得自己的学问。

师生情感的交流，心灵的融合，既可以引起学生的积极注意，又能够使学生从中得到效益。教师要用优美的语言、表情、动作作用于学生的心理，从而使课堂教学始终处于既和谐又生动的气氛和情景中，让学生在心理倍感愉悦的氛围中接受语文知识。作为主体的教师应在自己的心理行为中，尊重学生，具备完美的教学行为，满足学生的审美心理的需求。杜绝呵斥性、嘲讽性甚至辱骂性的语言，代之以既具有科学性、文明性的内核，又具有赏心悦耳的外壳的语言。千方百计消除引起学生反感的心理，代之以亲切可感而富有变化的表情，这样，就可最大限度地唤起学生对语文教学的注意，而将自己的身心完全融入语文教学的情境中。

二　注重教学反馈，不断完善学生的心理结构

语文学科有其特殊性，与其他学科相比，思想性明显。因而，科任教师必须明白语文学科对学生心理结构的作用也极大。教师一方面要揭示教材中蕴含的社会美和艺术美，使它作用于学生心理，以净化其心灵；另一方面要发现学生在教学反馈中所表现出来的心理动向，不断引导学生的心理向健康的方向发展。

语文教学过程中，最能使学生心理产生移情的是革命情操的教育，这将趋向心灵美的最高境界。教材中表现出的理想、道德、精神生活一旦被学生的心理接受，就能帮助学生树立起正确的人生观。比如《有的人》歌颂像鲁迅那样甘为人民做奉献的崇高思想品质的人，让学生树立崇高的人生价值

观；《白杨礼赞》赞美了一种坚强不屈，力争上进的伟大的民族精神；《谁是最可爱的人》表现了中国人民志愿军可歌可泣的英雄事迹和伟大胸怀。这些精神世界的闪光点，正是促使学生心理结构趋向完美的最有效的催化剂，教师应在讲析课文中引导学生从内心深处去感受情怀，从而形成正确的心理定式。

当然，平凡的社会生活内容在语文教材中更多地存在。它虽没有惊心动魄的事件震撼学生的心灵，但由于其反映出生活的真善美，同样具有完善学生心理结构的作用。教师有必要引导学生从平凡生活中去感知人类的真情。比如魏巍的《我的老师》流露出师生之间真挚而深沉的关怀爱戴之情；余秋雨的《信客》褒扬了信客任劳任怨、诚信无私、待人宽厚的难能可贵的品质，都是通过日常生活小事展现出来的。教师应调动学生自身的审美心理，让学生投入到自身生活的底层，以求得心灵的共鸣。不过，教学中，也会接触到反面的丑恶事物，教师应引导学生去识别并剖析它。对假丑恶的正确揭露，同样是使学生的思想行为逐渐趋向真善美的途径，同样能完善学生的心理结构。另外，语文教材中艺术美的内容，同样也能作用于学生的心理，使其日趋完美。教材中关于自然景物的描写，经作者的艺术处理，更能引起学生的欣赏心理。我们学习过的《春》描绘的是花草风雨；《海滨仲夏夜》描绘的是海滩月色；《听潮》描绘的是潮涨潮落时的大海景象；《云南的歌会》洋溢着浓厚的民间文化气息。这些美文美景唤起了学生的艺术想象，引领学生领略祖国山河的壮美，激发学生热爱祖国大好河山的美好感情，从而得到完善学生心理结构的目的。

总之，语文教学中心理导向是否正确，将关系到语文教学的成败。只要能时时把握住学生在语文学习过程中的心理趋向，并时时促成其向健康的方向发展，就能让学生在更好地接受语文知识的同时，塑造出完美的心理结构，而真正成为对祖国建设有用的人才。

初中语文古诗词教学之"月"意象浅析

滁州市南谯区黄泥初级中学　王德宝*

　　诗歌是侧重表现诗人思想感情的一种文学样式；我国的古诗词在表现形式上明显不同于西方诗歌，这是因为我们这个民族，是一个含蓄内敛的民族，艺术形式及审美情趣无不表现了民族特性，"含蓄"属中国传统文学艺术美的重要范畴，这种美最忌直露，主张将作者情感的表达包含在作品所创造的形象和意境之中，所以中国古诗词讲究比兴，讲究意象，讲究寓情于景、以景托情、情景交融的艺术处理技巧。

　　古诗词中一个又一个形象被赋予了特定的情感，如杨柳、长亭的送别之意，月亮、鸿雁的思乡之情，愁苦的梧桐、芭蕉，坚强的菊花、松柏，爱意缠绵的红豆和莲，冰清玉洁的梅，亭亭玉立的竹，楼兰表现的功业，东篱体现的闲适。中学语文教材中出现的"月"意象就是其中意蕴丰富的一个，古诗中的"月"含着以下几方面的特征：

一　抒发思乡思亲之情

　　月有阴晴圆缺是亘古不变的自然现象，盈亏圆缺，承载魂牵梦绕的思念情感，诗人们以月圆比喻人的团圆，以月缺比喻人的离别。"月亮"象征思念，包括思念亲人、思念故乡。如白居易《望月有感》"共看明月应垂

---

　　*　王德宝，男，34岁，发表了CN级论文2篇，市级获奖论文2篇。曾获区教学能手称号，教育教学及教研成绩屡受好评。

泪，一夜乡心五处同"。对兄弟的思念。杜甫《月夜》"今夜鄜州月，闺中只独看。"望月怀人，但是不写长安月夜，客中独看；却写妻子望月，焦心似焚。通过望月且是妻子的望月更深婉曲致地表达出了自己对家人妻子的思念之情。《月夜忆舍弟》"露从今夜白，月是故乡明"。明明是普天之下，共一轮明月，本无差别，偏要说故乡的月亮最明，而且那么肯定，不容置疑，极深刻地表现了作者对故乡的感怀。李白的"我寄愁心与明月，随君直到夜郎西"更是把对朋友的一腔深情化作奇思妙想，请明月代自己去夜郎探望慰问朋友，传达对老友的诚挚关切之情，堪称借咏月抒写友情的千古绝唱。苏轼的"料得年年肠断处，明月夜，短松岗"（《江城子》）借明月渲染了与自己阴阳两隔的妻子坟头凄凉的景象，表达了自己肝肠寸断的感情。"明月几时有，把酒问青天"，"但愿人长久，千里共婵娟"（《水调歌头》）更成为借月表达对亲人思念之情的不朽之作。

二　表现纯洁无瑕的感情、寄寓诗人高远的情怀

月亮具有皎洁、纯净、冰清玉洁的特点，诗人常借此象征人的高洁品质。比如王维《竹里馆》"深林人不知，明月来相照"。借月写人的清净淡泊的高远情怀和孤高出尘的高洁心灵。再如王维《山居秋暝》里的"明月松间照，清泉石上流"。在这里青松如盖，山泉清冽，充满幽清明净的自然美，这月下青松和石上清泉正是王维所追求的理想境界。李白《玉阶怨》的"玉阶生白露，夜久侵罗袜。却下水精帘，玲珑望秋月"。把月亮作为了最美好、最纯洁的象征。

三　抒发愁闷难遣，幽怨悲凉情怀

月色，清冷幽静，如果这样的月色照在那秋风瑟瑟，落木萧萧的驿馆，或照在广阔荒凉的茫茫沙漠，再或是寂寥的闺阁……就会顿添一种凄切悲凉之意了。如张继"月落乌啼霜满天，江枫渔火对愁眠"的凄清孤苦，孟浩然"风鸣两岸叶，月照一孤舟"的凄恻孤寂。杜甫的"星垂平野阔，月涌大江流"（《旅夜抒怀》），借辽阔的平野，浩荡的大江，灿烂的星月，渲染了一中雄浑阔大的景象，恰恰反衬出诗人暮年被迫离开成都后孤苦伶仃的形

象，颠沛流离的凄怆心情。李商隐《无题》里的"晓镜但愁云鬓改，夜吟应觉月光寒"。杜牧《泊秦淮》中的"烟笼寒水月笼沙，夜泊秦淮近酒家"。李煜《相见欢》中的"无言独上西楼，月如钩，寂寞梧桐深院锁清秋"。虽处境各不相同，但无不抒发了愁闷难遣，幽怨难言之情。李白《月下独酌》的"举杯邀明月，对影成三人。月既不解饮，影徒随我身。暂伴月将影，行乐须及春。我歌月徘徊，我舞影零乱。醒时同交欢，醉后各分散。永结无情游，相期邈云汉"。诗中更是把月当作知己，成为排解幽怨之情的倾诉对象了。

四　象征对人生理想的执着追求

古代诗人大多有济苍生、安社稷、忧黎民的远大政治抱负和人生理想。如李白《宣州谢朓楼饯别校书叔云》的"俱怀逸兴壮思飞，欲上青天揽明月"。飞动健举的形象就让我们感到诗人对高洁的理想境界的向往追求。是诗人远大抱负的生动写照。"人生得意须尽欢，莫使金樽空对月"则体现了一种洒脱、狂放的人生态度。

五　营造纯洁美好或壮阔雄浑的意境

月，高远、润洁、柔和、纯净，常被诗人拿来渲染美好的意境。即使是普通的山水有了月的出现，境界也会立刻变得与众不同起来。如李白《峨眉山月歌》中的"峨眉山月半轮秋，影入平羌江水流"。《渡荆门送别》中的"月下飞天镜，云生结海楼"所勾勒的壮阔雄浑的意境。辛弃疾《西江月》中的"明月别枝惊鹊，清风半夜鸣蝉"。刘方平中的《月夜》"更深月色半人家，北斗阑干南斗斜"营造的纯洁美好境界，让人沉浸在了一种既阔大而又祥和静谧的氛围之中。李白《梦游天姥吟留别》的"我欲因之梦吴越，一夜飞度镜湖月"诗中湖月交相辉映，湖映月影，月照清湖，构成了一幅清幽、澄净的梦幻景象：在这些图中，如果缺少了月的渲染，那么一切都变得黯然无光了。

以上只是笔者对中学语文教材的一点粗略概括，古诗词中月意象的内涵还有多种多样，只有在学习中反复诵读，走进作者、作品的情感世界，才能真正理解"月"意象在古代诗人心中的重要意义。

语文教学应加强素质教育

滁州市沙河中学　张道友*

素质教育是面向全体学生，全面提高学生的思想道德、文化科学、劳动技能和身体心理素质，促进学生生动活泼发展的基础教育。笔者在语文教学实践中努力作了些尝试。仅就以下几点谈些体会。

一　尊重学生个性

每个学生的性格不同，家庭的文化背景不同，对孩子的教法不同，致使学生的接受能力、学习成绩也不同。所以，我平时很注重教学方法，根据不同教学对象，因材施教。体现在认真编写教案，精心设计板书，尤其是在课堂教学以及对学生的辅导和作业的批改中，从不把着眼点放在几个优等生上，而是时刻关注程度不同的学生，使差生消除了自卑和消极情绪，促使向优等生方面转化，班级的优秀率由开学初的9%上升到25%。如我班的谭绍伟同学平时语文成绩不错，尤其爱好书法，可其他几科的成绩一直上不去，曾一度产生消极情绪，我发现后立即找他谈心，指出他在语文方面的优势和书法方面的特长，鼓励他突出优势，扬长避短，并让其参加了班级的板报小组，使他的学习热情很快提高，由原来的差生一跃成为优等生。

---

* 张道友，滁州市沙河中学总务主任兼工会主席。

二　培养学生自学能力

"授之以鱼，不如授之以渔"。自学能力是一种综合的能力，它包括自学态度、自学方法、自学习惯和理解能力等。我一贯注重对学生自学能力的培养，教会他们查字典、词典，查有关材料，摘录名言警句、优美词语，做课堂笔记和组织材料的方法并且每上一节课都让学生利用这些方法预习，还引导他们正确评价自己的优点和缺点。采用自我鼓励、自我暗示、自我命令、自我监督等方式，让学生讲表现，找差距，谈成绩，摆问题，有计划地实施教师的教育意图，让学生由原来的"要我学"变为"我要学"，收到了良好的效果。

三　激发学生的学习兴趣

在语文教学实践中我始终注意以情感人，激发学生的学习兴趣。例如我教《海燕》和《周总理，你在哪里》时，课前反复练习有感情的朗读。在课堂上通过老师范读，然后再让学生朗读，分男女读，分节读，齐读等，动之以情，并把作者之情，教师之情，自己之情紧密地融合在一起，贯穿整个教学活动中，从而加深对教材的理解，在理解中受到教育。

四　鼓励学生参与教学

培养学生的参与意识，是以学生为主体教育思想的组成部分，也是教学成败的关键，因此我很注重从语文教学活动诸方面去调动学生参与训练的积极性，激发学生参与意识，课外时常组织学生开展朗读比赛、演讲比赛和作文竞赛，使他们在实践中提高语文能力和学习语文的主动性。同时还注意课外阅读的指导，让学生从广泛的阅读中受到教育，由被动地接受教育变为主动地自我教育。如教《论雷峰塔的倒掉》一文时，学生通过预习，课前已初步了解了本文论证论点是边叙边议的写作特点，在此基础上，再引导他们去体会词句的感情色彩，就会使整个教学活动得心应手，学生学起来也轻松自如。

五　培养学生的创造精神

人们常说"教无定法"。语文课堂教学更应灵活多样，最忌千篇一律，一刀切。我在平时教学中按照不同文章不同体裁，采用不同的教学方法。如教《故乡》一课时，一改传统的读讲方法，引导同学使用不同的阅读方式，选择最适合自己的学习方法，有的学生一边阅读，一边思考，然后给课文划分段落概括段落大意；有的结合课后练习，一边阅读一边寻找答案；有的列出图表，把20年前后的闰土、杨二嫂和"我"的表现逐一对照，在对照中找出各自的变化，并分析发生这些变化的原因；有的以朗读为手段，在朗读中深入把握文章的深层含义。然后让学生分别讲出自己的感受，以培养他们的创造精神。

总之，在语文教学中，教师应始终把素质教育放在首位，只有把素质教育落实到每一个教学环节中才能全面提高学生的整体文化水平，为社会培养出高素质的建设人才。

小学语文背诵教学浅说

滁州市南谯区黄泥岗镇中心小学　汪丽萍*

《语文课程标准》中要求1—6年级学生背诵古今优秀诗文160篇（段），因此背诵教学是小学语文教学重要的教学环节之一。小学生正处于长身体、长知识时期，记忆力旺盛，是诵读的好时机。如果忽视了这一宝贵时期的背诵积累，有碍于学生语文能力的发展和语文素养的提高。因此在语文教学中加强大容量的诵、读、背方面的训练仍是非常必要的。

一　发展记忆力，加深理解课文

背诵可以说是多种能力的综合，但主要是一种记忆活动，是熟记教材的结果。学生通过反复地诵、读、背，不仅巩固了所学的课文内容，而且也领悟到了如何记忆的方法，这对他们学习各种课程都有好处。在语文教学中，教师与其喋喋不休、不厌其烦地讲析，还不如稍加点拨提示后，让学生在朗读、背诵中感受、体会、深化。古人云"读书百遍，其义自见"是有一定道理的。教师应当引导学生在朗读中沉思体味，领会精义，贯通脉络，感受文采。

二　提高表达力，培养语言美

毋庸置疑，学生的口头语言先于书面语言的发展，由于受方言土语和不

---

*　汪丽萍，南谯区优秀教育工作者，另有多篇论文和教学设计在市、区获奖。

良社会风气的影响，往往不规范、不精练，甚至出现脏话粗语、污言秽语。小学语文教材中的课文，有许多是文质兼美、脍炙人口的优秀名篇。学生通过诵、读、背，不断吸收、消化，久而久之，美的语言便会脱口而出。事实上，是有了语言才有语法，而不是有了语法才有语言的，背诵对语感的增强，对表达力的提高是显而易见的。

三　为思维和写作积累语言材料，提供"范式"

理解基础上的背诵是一种"储蓄式"的积累，虽然一时见小、见少，但会"一本万利"、"聚沙成塔"的。学生通过背诵，精练的词句蕴藏于心中，布局谋篇的章法储存于脑海，逐步地形成各种各样的优秀写作"范式"，一旦构思新作，就会意到笔随，奔驰放达，得心应手。口头作文便会"出口成章"，书面作文也能"笔底生花"了。

四　培养认真读书、勤奋学习的良好习惯

背诵要求无错字、漏字、添字、倒词等，学生就养成了仔仔细细地读书的习惯；背诵要朗朗上口，表情达意，熟背如流，学生就养成了说话响亮、流畅、不结结巴巴的习惯，课堂上的发言也会大大方方，声如洪钟，字正腔圆，有条不紊了；熟读背诵，文字多过目，加强了识记，错别字也就少写，甚至不写了，总之，好习惯是多方面的。

当然，提倡背诵，重视背诵，不等于篇篇课文都要背。新编小学语文教材中有一些要求背诵的练习，教师要不折不扣地布置完成。此外，教师应予以选择推荐，并通过擂台赛、诗歌朗诵会等各种形式进行定期检查。教师要求学生背诵的同时，还应指导学生背诵，为学生创造一些省时、趣浓、有效的背诵法，不仅增长其知识，而且还锻炼其能力。

如何引导农村小学生写作文

滁州市南谯区黄泥岗镇中心小学　周百凤*

兴趣是一个学生写作能力提高的关键，小学生刚刚接触作文，培养他们的兴趣，是引导他们写作文的关键，这里，笔者就自己教学实践中的摸索，谈一点自己的浅见。

一　热爱生活，激发学生的习作情趣

许多小学生觉得生活平淡，毫无新奇之处，那是因为他们没有把真情投入生活。兴趣是最好的老师，是学生学习的原动力，激发学生的学习兴趣，就要回归生活，唤起学生对生活的热爱。爱是生命的源泉，也是创作的源泉。只要心中有爱，学生才会有话想说，才能"我口说我心"、"我手写我心"。要做到这些，应从以下方面进行引导。

热爱周围环境。教学时，教师应注意引导。学生发现周边环境的美，发现家乡独特的韵味。如：青翠的群山、甘醇的泉水、清新的空气、飘香的茶园、憨厚的人群……慢慢地喜欢自己的家乡、自己的生活。学生在"爱家乡"、"家乡的变化"等习作题目中才能写出特色，写出内涵，表达自己的真实情感。

关爱身边的人。很多学生认为没有过过一次生日宴会，就感觉不到生

---

　　* 周百凤，自从教以来，教育教学成绩显著，多篇论文在南谯区中小学教师论文评选中获奖。

日的欢快；没有收到一张贺卡，就感觉不到节日的欢乐。教学时应注意引导学生放弃表象，放弃虚浮，从父母的一个眼神、一个爱抚、一声问候、一次守候中获取情感的慰藉，体验人间温情，农村孩子在写人记事中才能情动辞发。

留心周边的事。只有多留心身边的事多看多想，学生的习作才能常写常新，写出特色。只要留心观察学生的习作就能有所创新，不走老路。

二　感悟自然，培养学生的观察能力

对农村学生来说，农村的风景优美，乡土气息浓厚，教师利用这种优势，引导学生仔细观察，使他们"触景生情"把这种情景教育引进小学作文教学中，会收到事半功倍的效果。具体可从以下方面引导。

围绕目标，小处着眼。学生受观察兴趣和知识水平注意力的影响，往往在事物面前不知所措，无从入手。教师应围绕习作目标，选取较小的观察点，供学生观察，帮助其确定观察对象与重点，引导学生抓住事物的特点。

细致观察，突出特性。引导学生关注周围的变化，并进行细致观察，从细微处发现问题，发现素材，并且通过细致观察，学生习作时才能写得具体，写得形象，写得逼真。

提高认识，丰富表象。单凭感官去感知事物，往往是表面的、零碎的，不能直接成为作文的内容。这是有些学生作文记流水账的原因。教师应引导学生把观察到的感性东西上升到理性，把自己对事物的感受与认识真实地表达出来。

三　体验生活，拓宽学生的习作思路

学生生活在农村，有着充裕的活动时间，广阔的活动天地，经常参与劳动实践，引导学生体验生活，布置一些紧扣"农"字的题目拓宽习作思路。具体的可以从以下方面引导。

多写观察日记。学生经常要喂养、饲养小动物，还经常要种花种草，种某种水果。教学中，引导学生多写观察日记，把他们与小动物间的点点滴滴记下来，把种植花果的感受、变化写下来。这样，一篇篇富有生活气息的、童趣的日记跃然纸上。

乐写"小发明小制作"，农村孩子生活在广阔的自然之中，思维不受限制，常常自主开发，创造出许多新玩具。教师应充分利用这一资源，引导学生把平时的发现、发明、小制作写下来，真正做到在玩中学，在乐中写。

学习农谚农语，优化习作语言。农谚既阐明科学道理，又生动易记，运用好谚语既读来朗朗上口，又提高了农事作文的科技知识含量，写出农村生活的特色，农村有特色语言，教师应引导学生多问、多听、多记，在生活中学习语言、丰富语言，写出农村特色。

新时期班主任应注重德育教育

滁州市南谯区皇甫中心小学 封全文[*]

德育是对学生进行的思想、政治和道德教育，贯穿着国家对教育培养人的思想政治方面的要求，体现了教育的社会主义性质。德育需要通过受教育者积极地认识、体验与践行，才能形成一定社会与阶级所需要的品德。因此，新时期班主任应重视德育教育，把德育工作贴近现实、贴近生活、贴近时代，坚持教育学生学会做人。

一 寓德育于各科教学之中

语文课本包含了丰富的德育内容，图文并茂，是进行德育的好教材。每册教科书开头都有培养学生养成良好习惯的内容，告诉学生好好学习、团结互助，未来需要他们去建设。如在学习《我叫神舟号》时，为了帮助学生理解课文内容，我让学生知道国家历来重视人才、重视科技，只有这样我们的国家才能强盛，而你们更应刻苦学习，向航天技术人员学习，将来为祖国多做贡献。又如，学习《詹天佑》一课时，我教育学生在遇到困难时，要看到前途和光明，要团结友爱、互相帮助、共同前进。

"小学数学统计图表"这部分内容相关的习题中有关近几年奥运奖牌的统计表。我根据这一数据，结合我国获得的奖牌数，适时对学生进行敢于拼搏的爱国主义教育，使他们有为国争光的意识。在美术课上，每位学生手中

---

[*] 封全文，小学高级教师。2014年5月荣获"全国素质教育模范教师"荣誉称号。

都拿着彩笔和白纸，等老师辅导他们作画，这时我对学生进行德育教育，让学生画出家乡美、祖国的山河美。在音乐课上，我结合《爱的奉献》等歌词内容对学生进行教育，让学生从小就认识到只要人人都献出一点爱，我们这个社会将是多么美好与和谐。在体育课上，适时对学生进行集体主义、团结就是力量的教育。同时，建立民主平等的师生关系，调动学生作为主体的积极性，把德育要求内化为自身的需要，引导学生做到知、信、行的统一，以德智体美全面发展为育人目的。

二　寓德育于班级管理之中

现在独生子女多，留守儿童多，他们大多数跟着爷爷奶奶生活。在家里他们娇生惯养、自由任性，在学校大都不听话，但他们生性活泼、争强好胜、渴望成功、可塑性强，智慧的火苗极易点燃。我抓住儿童的这些心理特点，在多年的班级管理中，高度重视德育教育。

社会上出现了一些人被车撞或跌倒了没人敢上前搀扶救助的现象，不敢上前帮忙大多是怕给自己惹麻烦。针对这一现象，我结合雷锋、郭明义、张丽莉等人的事迹，对学生进行思想品德教育。心理学告诉我们，对于儿童而言，德育教育是刺激大脑形成兴奋中心的催化剂，是鼓励学生积极参与社会活动的驱动力和有效手段。因此，我班的同学在校内外做好人好事已蔚然成风，经常受到当地干群的赞扬。

现在学生过着"衣来伸手，饭来张口"的日子，很少劳动。我教育他们要热爱劳动，平时若发现教室里有纸屑就随手捡起放进垃圾桶里，我还亲自带领学生打扫卫生，为学生做出表率。在我的言传身教下，现在"弯弯腰，捡起一片垃圾；低低头，拾起失物交老师；抬抬脚，爱护小草和小花"已经成为每个人的自觉行为，校园里一派新气象。现在，我班学生还经常到皇甫敬老院帮助老人打扫卫生。

在班级管理中，我会通过形式多样、生动活泼的主题班会开展德育教育。比如母亲节当天，我们开展了"让我们记住母亲的生日"的主题班会活动进行亲情教育，国庆节进行爱国主义教育，少先队建队日进行少年先锋队教育。我们还经常开展小学生日常行为规范教育，要求学生上课遵守纪律、下课不追逐打闹，不说粗话、脏话，尊重他人、善待他人、宽容他人，学会做人。

三 寓德育于各项活动中

开学初，学校组织"向陈玲同学献爱心"活动，在全校的集会上，校长讲了陈玲的病情及家庭状况。我抓住契机，放手发动学生，使人人参与到"奉献一片爱，帮困难同学"的活动中来。我动之以情、晓之以理地给学生讲："你们每个人少吃几个冷饮，少玩几件玩具，都来帮助陈玲，她就能得救了。你们知道吗？这是挽救一个人的生命啊！"让班级同学接受了一次同学间互帮互助、相互关心的教育。在这次活动中，我们班学生捐款数额居年级首位。

清明扫墓，我对学生进行爱国主义教育，让他们记住老一辈人的艰苦奋斗，珍惜现在的幸福生活。在学校组织的春游活动中，我教育学生在活动中做到心中有他人、有集体、有亲情，培养他们的爱心、热心和责任心，增强班集体自我教育、相互提高的力量。同时，又结合历年学生溺水身亡事件对学生进行安全教育以及自我保护能力的教育，将小学生心理素质的发展与德育工作联系起来，使学生成为有用之人。

总之，我始终将德育教育的先进性、适应性、发展性和实效性贯穿于教育教学过程中，教会学生做人。

如何做好学困生的转化工作

滁州市南谯区皇甫中心小学　　孙宏忠[*]

摘要：转化学困生的教育工作是一项长期、复杂、艰巨的教育系统工程，教师要有责任心、耐心和爱心。

关键词：学困生转化　责任心　耐心　爱心

所谓"学困生"，笔者认为是指学习上有困难的学生，诸如学生的基础差、学习观念淡薄、学习态度不端正、缺乏上进心、学习方法欠缺等。不管学生是因为哪种情况导致的学习困难，作为教育工作者在对待他们时都应具有责任心，有责任使他们转化，使他们向好的方向发展，教育工作者要树立使每个孩子健康成长的责任心，不管是哪类学习困难的学生都不能歧视他们，相反应关爱他们；教育工作者要建立使每个孩子健康成长的爱心，教育家陶行知先生说过："谁不爱学生，谁就不能教育好学生。"苏霍姆林斯基说："教育者最可贵的品质就是人性，对孩子深沉的爱，兼有父母亲昵的温存和睿智的严厉与严格的要求相结合的那种爱。"教育工作者要具有使每个孩子健康成长的耐心，转化学困生不是一时一刻就能解决的，对他们的转化要有足够的耐心，不能急于求成。"冰冻三尺，非一日之寒。"我觉得学生的学习困难不是一天造成的，因此转变学困生的工作不是一朝一夕的事。要知道"一锹挖不出一口井来，一口吃不出一个胖子来"。雕刻一座石像尚需很长时间，更何况是塑造人的灵魂呢！

＊　孙宏忠，小学高级教师。

学困生通常在守纪律方面、参加集体活动方面以及与同学相处方面，其行为表现都属正常，只是在学习方面跟不上队。其主要表现为：有的考试经常不及格；有的上课虽然注意听，但发言不主动，回答问题经常交"白卷"或答非所问，课堂学习经常处于稀里糊涂的状态；有的上课开小差，对课堂内容一无所知；有的平时作业拖拉或干脆不做不交，或抄别人的，或胡乱涂写以应付。这类学生最普遍的特点就是对学习没有兴趣，他们当中有的智力较差，理解力不强；有的反应迟钝；有的缺乏自信心，自卑感强，甚至"破罐子破摔"；有的学习无目标，态度不端正，无心读书。

作为教师做学习困难学生的转化工作，关键是要摸清他们学习困难的表现和造成学习困难的原因，对症下药。这类学生对以前的旧知识没有领会，对新知识的学习当然就很困难，这一问题形成的原因很复杂。从客观上看，有的是因父母外出打工或工作忙，无暇顾及，多数学生的爷爷奶奶们（特别是乡下孩子的爷爷奶奶）又多目不识丁，对孩子的学习状况漠不关心或对孩子只管吃住，对他们的学习情况一无所知，认为孩子的学习只是老师的事，对孩子的学习从来不闻不问；还有个别学生因心理上的负担而造成学业不好；有的家长对孩子在读书方面不抱有希望，只是给孩子提供一个学习机会，而没有学习方面的要求。从主观上看，造成学业后进的，常伴有学习态度的问题，如有的孩子贪玩，学习上常表现一个"懒"字；另外造成学业后进的还可能是学习方法上或是学习动机上的原因，如离开老师和家长的指导，就不知如何学习了，缺乏甚至根本就没有学习目的性和学习兴趣，完全是"要我学"，处于应付状态。

摸清学习困难的具体原因，个别教育就有了方向，具体方法如下：

1.培养学习动机，激发学习兴趣

学生有了学习的目的，才能有学习动力，才有学习积极性。

"兴趣是最好的老师"。学习兴趣说穿了，就是求知欲。学习成绩好的学生，学习兴趣相对较浓，积极性也高，学习成绩不好的同学，对学习本身不怎么感兴趣。反之学习兴趣浓，学习成绩就好，学习兴趣淡漠，学习成绩则差。

要想培养学习困难学生的学习兴趣，最根本的做法就是给他们成功的机会，让他们感到成功并不是高不可攀，让他们体验成功的愉悦。同时教育者要加以赏识，美国心理学家威廉·詹姆斯有句名言："人生最深刻的原则就是希望别人对自己加以赏识。"他还发现，一个没有受过激励的人仅能发挥其能力的20%—30%，而当他受到激励后，其能力可以发挥80%—90%。可见，在转化学困生工作中。表扬激励的作用极为重要。古人云："教也者，长善而救其失才也。"学困生虽然有诸多不足之处，但即使学习再困难的学生也总有某方面的特长或优势，教师要善于捕捉他们身上的闪光点，适时加以表扬。法国教育家卢梭说过："表扬学生微笑的进步，要比嘲笑其显著的恶疾高明的多。"

如：我曾教过的一位叫朱某的四年级学生，他的学习成绩在班上处于中下等，究其原因是平时上课不太注意听讲，作业不按时交，学习积极性不高，一度考试成绩较差。就此情况，课堂上，我时常找些易回答的问题让他回答，使他"跳一跳，够得到"。然后抓住其每一次闪光点给予表扬，使他有成功感。让其感到自己也能像别的同学一样回答好问题。久而久之，他对学习渐渐地感兴趣了。经过一学期的努力，他的学习成绩也跃入班级中上等。

2.塑造好的性格，树立自信心

有的学生由于懒惰怕难，而造成学业后进，教师帮助他建立并严格执行学习和生活制度，并加强督促；同时抓住其微小进步给予肯定、鼓励，使他们看到只有勤奋，才能出成绩。对他们在改造懒惰、怕难的性格过程中的成绩上升给予适当的表扬和恰如其分的批评。帮助他们树立信心，歌德有这样一句名言："你失去了财富，你只失去了一点点，你失去了名誉，你就失去了很多，你失去了勇气，你就什么都没有了。"因此，要使学困生学习进步，重新确立起自信心是转化工作的关键。

转化学困生是每个任课教师责无旁贷的事，也是摆在每个任课教师面前的难题，如何解决它，这就需要教师去触动他们的心灵，唤起他们的共鸣，激发他们内心深处的矛盾和斗争，使他们由"我学不好"的心理转变到"我并不差"，从而对自己的学习有信心。转化学困生的教育工作是一项长期、复杂、艰巨的教育系统工程。转化学困生需要一个过程，要抱有满腔热忱，遵循因材施教的原则，进行反复、耐心的教育；还需要学校、家庭和社会的密切配合，共同形成一体化的教育网络，才能取得良好的教育效果，转化学困生的经验千万条，核心就是多给学困生以爱心，让爱的阳光温暖学困生的心灵，让爱的雨露滋润学困生。

在品德与生活（社会）教学中
实施体验学习的策略

滁州市南谯区皇甫中心小学　孙宏忠

摘要：在品德与生活（社会）教学中实施体验学习的策略，就是让学生在实践中获得体验学习；在情境中获得体验学习课堂教学中的情境体验；课堂中的表演体验；课堂中的实验体验；课堂中的表达体验。

关键词：实施体验学习　策略

体验学习是较高层次的自主学习方式，它有明显的过程，体验是这一过程的开端，是整个过程的基础，通过体验引起个体的感悟、反思，从而促进共同的发展；体验教学是十分重视学生各种形式的实践——"亲历、体验、悟理"的过程，"要让孩子学会游泳必须让孩子下水"，不能把动作与水分离，否则永远学不会游泳。

在思想品德教学中如何实施体验学习策略？

一　让体验学习在实践中获得

体验更多的是从实践中获得的。苏联教育家马卡连柯曾说过：在学生的思想和行为中间有一条小小的鸿沟，需要用实践把这条鸿沟填满。也就是说，学生的良好的道德品质只有在实践中才能形成。因此，教师要有意识地开放课堂，开展实践型的体验学习。

结合《生活中的快乐》（人教版《品德与生活》五年级下册）的教学，我组织开展了"我为集体或他人做好事"的实践教育活动，要求学生：(1)给班级或他人做一件好事；(2)让学生用语言描述做了那件事以后的感想。通过这一系列的活动，让学生学会用语言、表情、行动来让每一个学生感受生活中的快乐，并从同学的语言、表情和评价中获得愉悦体验。

品德与生活（社会）课只有在向外延伸的过程中才能进行更好的实践体验学习。如引导学生开展"我为学校设计警示牌"、"我是环保小卫士"、"家乡变化大"等社会实践活动，让学生通过社会活动接触各行各业的劳动者，体验劳动的艰辛与价值，体验各种社会职业的作用以及应具备的基本素质，了解并遵守公民道德和社会公德；引导学生开展"今日我当家"等家庭实践活动，让学生体验长辈的甘苦，沟通两代人的情感，增强生活自理能力；引导学生参加"手拉手"互组活动，使其在与小伙伴的人际交往中体验友情，体验爱心，从而培养其助人为乐的高尚情感；引导学生到大自然中去实践体验，从而培养学生热爱生命、热爱大自然的情感。

二　让体验学习在情境中获得

品德与生活（社会）课教学中，教师可根据实际需要创设一定的情境，让学生在做做、练练、演演、唱唱等活动中进行观察、思考、操作，从而积蓄积极、健康、向上的情感体验。

情境体验学习有以下几种：

1.课堂教学中的情境体验

情境体验是在学生不知情的情况下假设一定的情境，在这一定的情境中，让学生真实地表现，引起情感上的体验，我在教学《我和规则交朋友》（人教版《品德与社会》三年级上册）一单元时，设计了让学生扮演老师，去体验老师在课堂上希望学生做什么，不希望学生做什么。从这一情景中，学生体验到了课堂遵守纪律、踊跃发言是对老师尊重的情感。

2.课堂教学中的表演体验

在课堂上教师借助语言描述、道具运用等形式创设情境，让学生充当其中的角色进行现场表演，使其在入情入境的表演中得到深刻的体验。我在教学《我的角色与责任》（人教版《品德与社会》三年级上册）一单元时，我设计了"真诚的友谊"这一主题，让学生扮演不同的角色进行表演。从这一情境中，学生体验到与同学交往，要建立真正的友谊，对朋友的缺点和错误能坦率地提出批评，并帮助他改正。相反只讲哥儿们义气，对朋友的缺点和错误包庇、迁就、纵容，那样反而害了自己的朋友。只有建立真正的友谊，同学间彼此关心，互相帮助，才能共同进步。

3.课堂中的实验体验

实验体验是通过实验操作的形式来加深情感的体验。如一位教师在教学《花钱的学问》（人教版《品德与社会》四年级上册）这一单元时，设计了购物场面，让学生去购物，同样的物品分为几个组，让他们讨价还价，看谁赚得最多，看谁花得最少。通过这一实验，让学生体验到交流的重要性。

4.课堂教学中的表达体验

在教学中，引导学生将情感体验过程中的内心积累通过语言表达出来，在表达的过程中进一步得到情感上的体验。在《关心你，爱护你》一单元的教学中，设计了"请你描述自己敬老助老的事"一题。让学生通过描述、表达，体验到敬老助老的美德。

从上所述，在品德与生活（社会）教学中进行体验学习，是品德与生活（社会）课真正实现"让课堂充满生命力"思想的重要举措，对提高品德与生活（社会）课教学的针对性、实效性和主动性将起到积极的作用。

浅谈小学心理健康教育的教学方法

滁州市南谯区皇甫中心小学　孙宏忠

学校的心理健康教育课程也和其他课程一样有着共同的教学方法，如讲授法、谈话法、讨论法、演示法、实验法、参观法等。但心理健康教育课程又有别于其他学科，它重在活动，重在学生参与，通过师生共同活动，达到提高学生心理素质的目的，这就决定了心理健康教育课程有一些特殊教学方法。心理健康教育课程中常用的教学方法有以下几种。

一　角色扮演法

角色扮演法就是通过学生扮演或模仿一些角色，重演部分的场景，使学生以角色的身份，充分表露自己或角色的人格、情感、人际关系、内心冲突等心理问题，进而起到增进自我认识，减轻或消除心理问题，发展心理素质的一种教学方法。角色扮演有澄清问题、抒解情绪、塑造行为和成长心智的功能，角色扮演的基本过程包括准备阶段和终极阶段，实施角色扮演有教师、剧本、扮演者、观察扮演的学生、舞台五大要素。在心理健康教育活动中可应用的角色扮演方法有以下几种。

1.哑剧表演法

此方法要求学生不以语言或文字来表示其意见或感情，而用表情和动作来表情达意。表演可以是一人或多人，如表演"见面时"、"生气时"、"幸福时刻"、"等待"等，这种方法可以促进非语言能力的发展。

2.角色互换法

角色互换有两种含义：一是在剧中A和B交流各自的角色，通过角色互换，A理解B，B理解A，同时也理解了两人的关系，理解了自己。二是扮演一个与自己现实生活中的角色完全不同的角色。例如，现实生活中总欺负人的学生，表演一个总被欺负的学生，可以通过表演，加深对他人的了解以及自我理解，学会与他人共情，学会用他人的眼光看自己。

3.镜像法

这是指别人扮演自己的方法。例如，爱说粗话的、不讲礼貌的、缺乏教养的A看到B表演自己的所作所为，通过看别人演自己而客观了解自己生活中角色的言行，激发A改变的主动性，促进A改变不适当的行为。

4.空椅子表演

这种方法只需一个人表演，适合于让学生扮演内心相冲突的双方或扮演学生所不满足的另一个人。具体方法是将两张椅子面对面放好，要学生坐在一把椅子上，面对另一把椅子，大声说出自己某一类观点，然后再坐到另一把椅子上说出相对立的另一类观点。若是表演与他人冲突时，则在另一把椅子上扮演他人，以此来增加扮演者的自我知觉和对他人的知觉。

5.小品表演

这种方法是把幽默、讽刺或赞许的语言与滑稽的动作结合起来，展示学习、生活中的一些事情，告诉同学们其中的一些道理及处理问题的方式等。小品表演大多是由多个同学参与，以便接近生活，使情境显得较真实，富有感染力，例如表演"同学病了"、"同学来我家做客"、"给妈妈过生日"等内容。

二　集体讨论法

集体讨论法就是在老师的引导和组织下，对某一专题发表自己的看法，表达自己的意见，进行研讨的一种教学方法。通过讨论可以沟通意见、集思广益、解决问题。在心理健康活动中常用的讨论方法有以下几种。

1.小组讨论法

针对某一些问题情境，教师将全班同学分成若干小组，每个小组内成员均可充分发表自己的看法，畅所欲言，然后形成小组意见，接下来小组与小组讨论或辩论，或每小组发言人作交流，其他学生可补充，最后由老师作总结。分组方式应多样化，如自愿组合、报数组合、生日组合、异质组合等。这样不仅可以扩大学生的接触面，还有利于保持学生的新鲜感，增强活动的吸引力。其中异质小组的组合，要求将学习水平、性格、气质、兴趣行为等不同层次的学生组合在一个小组，这有利于学生之间的互动和互补。

2.辩论或讨论

将全班学生分成两组，就一个讨论话题分成正反两方，意见对立，学生根据自己所在方的立场，与对方辩论。

3.配对讨论法

就某一主题，两个人先讨论，得出结论。然后与另外两个人讨论的意见协商形成4个人的共同意见。再与另外4个人一起协商，获得8个人的结论。之后，还可以推选出本组代表参与全班的讨论。这种讨论方法每个学生都能参与，还要求学生有独立的见解，善于辩论、协商，因而讨论的效果会比较好。

4.脑力激荡法

此方法允许学生对一个问题能自由地考虑可采用的方法。它利用了集体思考和讨论的方式，目的是在一种兴奋、有趣、安全及接纳的气氛下使思想观念相互激荡，发生连锁反应，以引出更多的意见或想法。教师应鼓励学生真诚地提出意见，不管有无价值，甚至类似开玩笑或引人注意的意见，也要接纳它，应特别鼓励有创意的学生。

三　操作法

这种类型的教学方法主要是通过学生的言语和动作的操作活动来达到心理健康教育的目的，在心理健康教育的活动中常见的操作方法有以下几种。

1.自述法

它是通过学生自己述说事情的经过和感受，以达到情绪宣泄和增进自我认识的一种方法。在心理健康教育活动课程中，教师应有意识地引导学生讲述自己对某一事情的感受、讲述自己的某一次经历、讲述自己的成长过程等。低年级学生还可以通过"自画像"，让学生认识自我。通过自述，把情绪感染给大家，容易产生情感共鸣，这不仅培养了学生个人自我认识、自我反省的能力，增强了学生的自信，还可以锻炼学生的思维和口头表达能力，而且学生在这个人际互动中，通过认识自己、了解他人，容易产生同感，对于克服自卑、消除焦虑等心理健康教育内容是十分有效的。

2.测验法

这种方法通过让学生做智力、气质、性格、兴趣、职业能力、心理健康等各种测验，帮助学生了解自己的特点，分析自己的长处和不足，促使学生的自我发展。同时这种方法还可以激发起学生运用心理知识认识自己的心理、提高自己心理素质的兴趣。

3.游戏法

游戏是学生普遍玩的活动，有益的游戏能给他们以快乐并从中受到教育。游戏能尊重参与者人格的尊严，能宽容参与者真情的流露，能满足参与者施展自我的需要，它具有欢乐性、创造性、契约性和互动性等特征。游戏法可应用在心理健康教育很多内容中，如协助交往的游戏、增强团队凝聚力的游戏、促进学习效果的游戏、增强耐挫力的游戏、增强自我意识的游戏等。游戏法的实施一般可分为选择游戏、学习规则、观察行为、调节情绪、澄清讨论和再来一次六个步骤。游戏对学生的发展具有身体、智慧、交往、道德、治疗等方面的价值。

以上这些方法的分类不是绝对的，不同种类的方法之间有一定的交叉或包含关系。一般说来，一节心理健康教育课，单用一种方法进行教学是极少数的，这是由学生心理现象的复杂性、活动方法的多样性决定的。这就要求教师根据教学目标和每种方法的特点，合理地选择和组合各种方法，以使教育活动达到最佳的效果。

信息网络时代青少年德育教育的理性思考

滁州市南谯区大王中学　杨金华[*]

摘要：随着现代计算机技术的发展，互联网的成熟和广泛应用引发了一场全球范围内的信息革命，信息化时代正在形成并走向成熟。互联网在给学校的德育教育提供技术平台的同时，也带来一些问题；如何"加强管理，趋利避害"？如何形成信息网络时代青少年德育教育互动、互励的良性机制，提高网络对学生全面发展、健康成长的有益作用是我们每一个德育工作者都应该思考的问题。

关键词：信息网络时代　德育教育

自互联网产生以来，网络拥有信息的丰富性、表现的多样化、交流的互动性、时空的无限制性和虚拟化等特点，都为德育教育的深化发展提供了有利的条件：但由于网络是自由的、虚拟的、开放的、隐匿的，容易使人忘记现实社会的责任与道德要求，从而造成了一些负面影响。我们如何利用好网络这把"双刃剑"这一现实问题，引发了新一轮的信息网络化青少年德育教育的思考。

一　信息网络时代德育教育的机遇和挑战

随着现代计算机技术、信息压缩技术、快速传输技术和海量存储技术的

---

[*]　杨金华，教学成绩突出，所带班级学生屡在教研片上和区上获得佳绩，撰写教育论文多篇。

发展，超乎预想地把知识送到了每个人的身边，使人们的知识检索、获取、表达都发生了根本性的变革，网络不仅走进平民百姓，也毫不例外地闯入中小学生的学习生活。这表明，教育改革要面向现代化，已经不再是一个学术问题，而是一个紧迫的时代课题。面对这样一个信息化社会的到来，我们中小学德育必须未雨绸缪，抢占信息化教育的制高点，在网络上建立起塑造青少年健康人格的"长城"来。

（一）网络的普及为学校德育教育开辟了新的阵地

进入21世纪以来，我国政府加大了信息教育的投资力度，在中小学普及了信息技术教育，同时，随着我国经济的发展，家庭中的电脑普及率也明显上升，于是教师、家长和学生都能在同样的"信息公路"上驰骋，这就为学校、家长对学生开展德育教育开辟了新的天地。青少年正是形成自身世界观、人生观、价值观的重要时期，认知还处于易塑阶段，网络开放性、新奇性和交互性的特点，极大地满足了青少年的这种心理需要。他们一旦进入网络世界，只需具备一定的检索方法，就能在网络的海洋中尽情遨游。它给我们带来快捷便利、丰富多彩的信息的同时，也带来了一些负面的东西。如：网络成瘾、网络犯罪、黑客等。在网络环境中，学生很容易受到不良言论的影响，因此我们有必要加强学生的网络德育教育，成为学校德育教育的一块新阵地。

事实上，网上信息资源是对现实信息资料的重新处理，它取之于现实材料，源于现实生活，而网络道德问题是现实社会中存在的道德问题在网络时代的具体体现。网络德育教育的"本"在于日常的道德教育，网络德育教育不应作为针对网络行为的应时之举，而应作为学校道德教育乃至社会道德教育的一个重要组成部分。

（二）利用网络开展丰富多彩的德育活动，美化学生的心灵

优秀的校园网络将极大地丰富校园文化生活，校园网丰富的信息资源不仅可以促进信息技术的普及，同时也为学生与教师之间的交流和沟通多了通道，作为德育教育者要善于利用网络资源，在与学生沟通时既要有爱心，又要有渊博的知识，要以自己深厚的感情，从不同角度、以不同的身份对学生进行多方面引导，从而使对方产生情感共鸣，最终达到最佳的教育效果。

我们可以充分利用网络资源，在网上开辟绿色读吧，为学生创建一个多角度、个性化的阅读空间，让学生可以领略优秀文化，获取丰富的文化滋养。这样一个纯净的读书环境，对学校开展德育教育，净化学生心灵起到潜移默化的作用。

我们也可以在校园网上利用网络论坛，开展人生观、价值观、理想、信念的教育，引导学生对当前热点问题进行讨论，引起学生不同的认识，经过辩论，统一认识，最后达到自我教育的目的。

我们还可以让学生通过在信息技术课堂上的学习，课下自主研究，创作一些富有学生特色的电子作品，这样既培养了学生的创新精神和实践能力，同时在创作的过程中，一幅幅生动有趣的动画、图片，不仅展现了学生美好的心灵，也陶冶了他们的情操。

二 信息网络时代德育教育的困惑

（一）信息网络时代德育教育对传统德育的挑战

信息化时代的显著特征是信息的开放、快捷及隐匿，这种特征对教育的影响极为重大，由于网络的开放性、隐匿性，使人们在发表自己的言论时可以不负任何形式的责任，于是网上的言论就容易放纵，甚至偏激、反动。这种情况下，我们该如何进行德育教育呢？是用过去的旧有模式，还是用发展的眼光顺应时代环境的变化来客观地教育当代青少年？

青少年学生的认知还处于易塑阶段，面对大量的信息冲击，真、善、美，假、恶、丑等，如果没有好的"信息素质"做出选择，很容易受到不良言论的影响，处于青春期的学生好奇心、模仿欲极其强烈，更加容易出现网络道德认知方面的问题。现实生活中人们的价值趋向会受到外界诸多因素的影响，有社会舆论、法律、规范等约束，所以能够在有限的空间中形成较为一致的价值观。然而网络的隐蔽性容易让青少年学生产生不良欲望，它冲击着在现实生活中形成的良好的价值观念，挑战着传统的德育教育，这就要求我们每一个德育教育工作者以培养学生的网络德育为己任，加强德育教育信息化的紧迫感。

（二）网络对青少年身心发展的消极影响

第一，沉迷上网、危害身心。随着网络技术的日益普及，一种新的现代文明病——网络成瘾症越来越引起人们的关注。一份对在校中小学生的调查表明，几乎有75%的被调查者有网络成瘾的倾向。美国心理学会曾对496名长时间网络使用者进行了问卷调查，结果显示有396人患有成瘾症候群。患有网络成瘾症的中小学生上网后精神极度亢奋并乐此不疲，长时间使用网络以获得心理满足，他们上网后行为不能控制，或通过上网来逃避现实，并经常出现焦虑、忧郁、人际关系冷淡、情绪波动、烦躁不安等现象，严重危害了青少年的身心健康。罗马精神病科医生托尼诺·坎泰尔米接触了许多"网络癖"后指出："'网络癖'都是主动的，严重时这些人会失去自我，完全改变个性。"

第二，垃圾信息泛滥、污染教育环境。当今的网络各种信息层出不穷，既有大量的、丰富的学科知识，也泛滥着一些不科学、不健康的甚至有害的信息垃圾。随着现代信息技术的发展，各种文化、观念，本土的与外来的，东方的与西方的，现代的与传统的，交织在一起，相互交融，互相撞击。网上纷繁复杂、鱼龙混杂的信息资源，往往会让人无所适从，特别是青少年正处于青春期，自我意识和行为的自主性较突出，他们的心理还不够成熟，认识水平相对比较低，所以对于浩如烟海的网络消息难以做出正确的判断、评价和选择。难怪许多教师都有一个共识：现在的中学生主流意识越来越淡漠，思想越来越多元化。"书越来越难教，学生越来越难管"。计算机犯罪、计算机病毒肆虐、个人隐私遭到威胁等都是信息技术发展所带来的消极后果。

第三，人际关系的淡化。网络把地球变成了一个"村庄"，在网络环境下的人们，人只能同机器、视窗等打交道，大多数学生是在分散、独立的情况下上网。这样，由于互相之间的隔离而变得孤独、寂寞，可能会导致人与人之间的感情逐渐冷淡；使得人们在很大程度上失去了与他人、与社会接触的机会，容易加剧青少年的自我封闭，造成人际关系的淡化。对师生关系而言，由于现代中小学教学方式正发生某种根本性的变革，学生对新型学习方式的迷恋和对传统授课方式的反感将使师生关系日渐疏远；对学生之间关系而言，由于他们将大量课余时间用在人机对话上而疏远了同学之间的情感交流，造成人际情感的逐渐萎缩和淡漠。有专家指出，即使网络能够使学生在网上与更多的人建立信息交流，但也不能代替学生最直接的生活体验，因为直接交流的方式比网上交流更复杂，更有人情味。

三　信息网络时代德育教育的应对策略

（一）重新定位学校德育的目标

德育目标是德育的首要问题，它决定着德育的任务、内容、过程、原则、方法等，对整个德育过程起着指导和调控作用。信息网络时代要求我们在制定德育目标时要根据我国现阶段社会的要求和不同年龄阶段青少年身心发展的特点与差异性，制定出具体、明确、符合实际、便于操作的德育目标。

教育家陶行知先生认为"生活即教育"，新的课程标准要求引导学生学会学习、学会合作、学会生存、学会做人。培养学生具有社会责任感、健全人格、创新精神和实践能力，具有终身学习的愿望和能力，以及良好的信息素养和环境意识等。

（二）重新设计学校德育的内容

信息网络时代是一个知识激增的时代，世界竞争转化为知识的竞争、人才的竞争、科学技术的竞争，应对这样的时代，联合国21世纪教育委员会工作报告提出教育应当培养未来人才的四种基本学习能力：认识世界的能力、共同生活的能力、参与合作的能力、适应和改造环境的能力。这许多方面都与人才的世界观、人生观的教育息息相关。因此，这一时代的青少年德育应赋予新的内容，要使青少年树立全心全意为人民服务的思想，意识到自己将来肩负的历史责任，正确处理好个人利益与国家利益的关系，调整自己的知识结构，发奋成才，主动适应知识经济社会的需要。

德育内容包括道德、思想、政治三个方面：道德教育是基础，思想教育是主体，政治教育是根本。在具体的德育实践中，对于不同层次的学生施以不同的教育内容。小学时期应以道德教育为主，着重于生活、伦理、道德准则和行为规范教育，结合知识经济的特点，进行科学教育；中学时期应以思想教育为主，侧重于人生观教育；大学和研究生时期应以政治教育为主，偏重于解决世界观、方法论和政治立场问题，同时，把知识经济思想与道德教育有机联系起来。

（三）重新开发学校德育的渠道和手段

过去的德育活动主要是教育工作者采取说教的方式，向学生灌输德育知识，学生被动地接受教育。现代教育观告诉我们：教育必须适合于学生的认识实际和生活实际，这样才有实效。培养学生的主体性是德育工作的立足点。新课程强调创设有利于引导学生主动学习的课程实施环境，也就是要充分发挥学生的主体性。

要想让德育取得实效，很重要的一点是学生必须有认同感，而充分利用当地的德育资源，就地取材，因地制宜，紧紧抓住当地特点，充分开掘利用当地的活生生的洋溢着乡土气息的材料对学生进行教育，学生会有一种亲切感和认同感，教育效果自然是事半功倍。大王中学每年清明前后都将组织学生去半塔烈士陵园和藕塘烈士陵园扫墓，进行爱国主义教育，收到良好的效果。

总而言之，增强信息网络时代青少年德育教育的实效性，是一个需要长期坚持不懈花大力气、下大功夫的工作，我们必须建立有效的体制和机制作为其有力保障，要牢固树立"育人为本、德育为先"的观念，切实加强德育教育工作的领导，才能确保青少年德育教育的主渠道地位。

在课堂教学效率上做文章

滁州市施集中学　张文生*

课堂教学效率低下是目前中学语文教学普遍存在的问题，而如何提高课堂效率至今没有圆满的答案。笔者认为要提高课堂效率，可以从教学目标的确立到教学方法的选择，直至板书、练习的设计去大胆探索。

一　确立目标，有的放矢

教学目标是教学活动的起点、中心和归宿，如何确立教学目标，是提高课堂教学效率的前提。教学目标的实现程度，是衡量课堂教学优劣的根本尺度。语文教学的每一节课都应有具体的教学目标，这些目标不仅教师本人要明确，更要让学生明白。

要确立正确、恰当的教学目标。首先，要紧扣《教学大纲》，深钻语文材料，联系学生的心理特点和知识能力的实际水平，使确立的目标既符合《教学大纲》要求，又兼顾教材全册、各单元、各篇的具体要求，做到整体方向性和具体可行性的结合。其次，要切实突出教学重点，突出教学重点是实现教学目标的保证。教师在教学过程中应分清主次，抓住重点，敢详敢略，善于取舍，必要时还要忍痛割爱，通过各种有效的讲授方法，或单刀直入，或先清外围，或重锤猛敲，或细雨润物，引导学生把注意力集中于重点，把高强度的智力活动运用于重点，从而实现教学目标。再者，要从多方

---

* 张文生，南谯区中学语文教研员。从教22年，教学成绩显著，并有十几篇文章在报刊上发表。

面考虑，使教学目标既有知识要求又有能力的培养，还要有品德、审美、心理素质的教育，做到文道统一，知能结合。

二　多法教学，事半功倍

选择和运用正确、恰当的教学方法，是实现教学目标、提高教学效率的保证措施。因此，对不同类型、不同体裁的课文应该使用不同的教学方法。如自读课文就应该以学生自学为主，可以采用模仿类比、组织讨论、分角色朗读、练习、测评等方法教学；而附有插图的课文则可以采用以图导读、因图悟文、图文对照等方法，这样，既培养学生的理解能力，又提高了学生观察能力，同时还发展了学生的思维。同样的一篇课文甚至一节课，也不能一种教法教到底。例如，教学高中语文第二册《包身工》一文时，我先采用自读讨论的方法启发学生自读，后思考以下问题：(1)课文记叙了包身工一天生活中的哪几个场景？(2)其中有哪些细节描写？(3)这些细节描写在文中起什么作用？接着组织学生分小组讨论，选派代表来发言，明确各个思考问题，再让学生看课文中的插图，理解课文中的"芦柴棒"的称呼，理解包身工的苦难遭遇。可见，多种教法的巧妙结合在单位时间里，能收到事半功倍的良好效果。

三　优化板书，加深印象

精心设计的板书，要提纲挈领、简明扼要地把要重点掌握的知识形象地表现出来，以帮助学生理清课文线索、思路，明确重点，透视中心，加深记忆，从而提高课堂学习效率。例如教学《我的叔叔于勒》一课，就可以从小说情节入手，设计形象的板书图（1-1）：

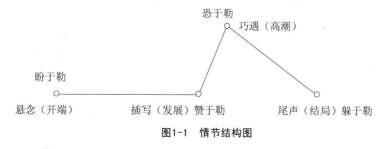

图1-1　情节结构图

面对这样的板书，学生一眼就能看出情节的跌宕起伏，先起后落。起时于勒有钱，菲利普夫妇就盼于勒、赞于勒；落时于勒没有钱，菲利普夫妇则恐于勒、躲于勒。随着对情节的理解，学生对小说的主题明确了，并且加深了小说情节发展四个阶段的印象。

总之，优化板书，要"月明星稀"，要"画龙点睛"，让学生从中得规律、得要领、得方法，便于储存，便于记忆，加深印象。

四 巧设练习，提高效率

为了巩固所学的知识，除了让学生做些课后"思考和练习"外，还要动手设计一些练习、作业。设计出的练习、作业要分量适中，类型多样。既要巩固知识又要训练技能，既要减轻学生过重负担又要提高教学效率，避免大量机械重复地抄写。要有利引导学生自己去分析、综合、想象、概括，通过学生自己的思维活动得出结论，从而发展学生逻辑思维能力。例如教学初中语文第三册《故乡》一课，就可让学生自读课文关于对闰土的描写片段，然后完成下表的练习：

时期	脸	眼	手	穿戴	动作	反映的同焉
少年闰土						
中年闰土						

学生通过做这样的练习，既总结了课文，明确了中心，又学习了对比手法，并掌握较为典型的人物描写，一题多功能，这就大大提高了学生做练习、作业的效果。

另外，也可采用编排课本剧，开设课文论坛，运用投影、幻灯、录音等现代教学媒体，从而使教学直观、形象，增加课堂容量，以提高课堂教学效率。

不可忽视课本中的"补白"

滁州市第六中学　杜宝忠[*]

"补白"，顾名思义，就是补充空白之意，在报纸杂志之中，当主要内容刊完还有些边角版面时，就穿插一些小文章、小幽默等内容，这些起衬托作用的"补白"使报纸杂志的版面变得丰富丰满起来。

现行人教版初中语文课本（下文均简称语文课本）中也有许多"补白"，但这些"补白"在我们的语文教学和语文学习中却起着重要的作用，不可小视。

一　"补白"的内容分类

语文课本七至九年级六册书中共有补白短文67篇。具体分布如下：七年级上册18篇，下册5篇；八年级上册16篇，下册13篇；九年级上册8篇，下册7篇。

这些补白短文大多围绕语文学习中的听、说、读、写能力来安排，还有一些汉语语法知识和课文内容的补充和延伸等三大类。其中：听说（听说能力在《语文课程标准》中称为口语交际能力）读写能力类共29篇（约占所有补白短文的43.3%），汉语语法知识类共11篇（约占20.9%），课文内容的补充和延伸类共25篇（约占37.3%）。

《语文课程标准》中明确指出："语文课程还应考虑汉语言文学的特点对识字、写字、阅读、写作、口语交际和学生思维发展等方面的影响，在教

---

* 杜宝忠，男，42岁。1991年8月参加工作，一直从事中学语文教学工作。

学中尤其要重视培养良好的语感和整体把握的能力。"而这些补白短文体现的正是这些内容。

二 补白在语文教学和学习中的作用

1.拓展视野，激发学习兴趣。

有些补白短文是在所选课文基础上，对课文内容的补充和延伸。比如：七年级上册在《童趣》一文的后面，有一篇补白介绍沈复的《浮生六记》，使得学生在学习了本文之后，更进一步了解了沈复及他的这部作品；再如：七年级上册在《看云识天气》一文之后，来了一篇《云的形成》的补白短文，融知识性、趣味性于一体，学生读来既新鲜又有趣；七年级上册在《风筝》一文后面增加了一首写风筝的古诗……这样的补白一方面拓展了学生的视野，同时通过这些小知识、小短文的阅读，也使学生们对语文学习产生一定的兴趣，觉得语文真是一门很有趣味的学科。

2.陶冶性情，塑造良好品格。

语文学科的性质是工具性与人文性的统一。什么是"人文"？虽然各人有各人的理解，但其实质是一样的，即"是一种植根于内心的素养，一种无须他人提醒的自觉，一种以承认约束为前提的自由，一种能设身处地地为他人着想的善良"。而这种人文性需要言传身教，更需要文字文学的熏陶，而语文课本中的补白恰好有不少这样的内容，如生命格言、友谊名言、理想名言等。多读这些名言，无形中就陶冶了学生的性情，对其完美人格的形成不无作用，从而使他们在现实生活中更好地成为一个有修养的人。

3.指导学习，培养自学能力。

一个人的语文能力主要表现为听说读写能力，从七年级下册开始就逐渐出现了这方面能力培养的补白短文，它们在编排上遵循了循序渐进的特点，以阅读为例，依次出现的补白短文是：朗读的好处——读出感情来——朗读要注意重音——学习快读——梁启超的"三步"读书法——学习阅读记叙文——学习阅读说明文——学习背诵——学习猜读——学习浏览——学习拓展阅读——怎样精读——议论文的阅读。到九年级上册结束已系统地介绍了阅读的常识，使学生逐步掌握了阅读方法。其他方面也是如此。

三　补白在课堂教学中处理的方式

针对不同性质的补白我们应灵活地采取不同的方法教给学生。

属于课文内容补充和延伸类的适宜于学生自由阅读，让他们自己去体味这些短文所传递的信息。

听说读写类的补白，笔者认为是所有补白短文中的重点，应与学生一起来研究探讨，并有意识地在语文教学中引导他们运用这些理论知识，使其这些方面的能力得以培养和提高。这些内容分散或综合起来讲解均可（由于这些短文是分散出现的，分散讲解或许更符合实际）。

而语法类的则不宜过多地讲解，或可以不讲解，可以采取在平时的教学中有意识、无意识地渗透，潜移默化，长久就会使其理解。

长江中下游湖泊环境历史演变及发展趋势

滁州市南谯区章广中学　贺开家[*]

一　引言

流域湖泊作为河流系统的一个重要组成部分，对整个流域的环境演变起着重要作用。历史上黄河流域从上游到下游分布着众多的湖泊，这些湖泊在拦蓄洪水、灌溉农田等方面曾发挥着重要作用。但如今，由于气候变化以及人类活动影响，大多数湖泊已不见踪影。由于缺乏湖泊的调节，大大加重了洪水的威胁。长江中下游地区曾经湖泊密布，但在20世纪湖泊的面积明显萎缩，生态环境也日益恶化。长江中下游湖泊是否也将步黄河流域湖泊的后尘？湖泊环境的演变对社会经济将产生怎样的影响？这些问题不仅是许多学者感兴趣的话题，对这些问题的回答也有非常重要的理论和现实意义。本文将在系统回顾长江中下游湖泊演变历史的基础上，着重研究由于气候变化、流域经济发展等影响下，探讨长江中下游湖泊未来的演变趋势及影响。

二　长江中下游湖泊的演变历史

（一）长江中下游湖泊的形成和历史演变

长江中下游湖泊的形成以及环境演变的主要影响因素有地质作用、气候的变化以及人类活动等。长江中下游湖泊的形成与气候变化密切相关。在盛

＊　贺开家，章广中学教师，1999年和2011年两度被南谯区政府评为优秀教育工作者。

冰期低海面时期，由于长江中下游干流深切，水位大幅度下降，曾导致沿江湖泊蓄水外泄而湖盆洼地成为河网洼地。在这些洼地中已经发现了多处旧石器时代晚期及新石器时代以来的文化遗址。大约在6000aBP以前，冰后期的海面上升到接近目前全球海面高度。河口后退以及河床比降减小，导致河床的溯源加积，长江干流水位自下而上明显上升。长江中下游两岸的河湖洼地也相继蓄水为湖，而且湖泊面积随相邻长江干流水位的上升而扩张，出现了古时著名的云梦泽（现江汉平原）、彭泽（现九江附近的长江两岸地区）、震泽（现太湖地区）、古丹阳大泽（现江苏和安徽的石臼湖和丹阳湖地区）。7000aBP以来，长江中下游地区气候经历了多次的暖湿和冷干的交替。在暖湿的时期，降水减少，围垦增加，湖泊面积缩小。如春秋战国时期，气候干凉，江水减少，海平面下降2cm，长江流域水域大大缩小，围垦增加，人口增多。

构造沉陷作用（包括拗陷沉降作用及断陷沉降作用）是长江中下游的几个大型湖泊洼地形成的重要因素，如洞庭盆地、鄱阳盆地、太湖盆地和江汉盆地等。它们的共同特点是盆地沉降始于中生代，早期是断陷沉降洼地，构造沉降的范围原本比现在的湖区更大一些。之后，虽然这些盆地区也曾发生过侵蚀切割，但第四世纪以来仍以相对的构造沉降为主，发育了较厚的面状分布的第四纪沉积。区域的构造沉陷作用差异对湖泊的演变具有控制性作用。在中游地区，由于荆江两侧构造沉陷作用的北慢南快的差异，加速了古云梦泽的消亡，促进了洞庭湖的形成以及范围的扩大。在下游九江段附近，同样由于北慢南快的构造沉陷作用的差异，导致彭泽的消亡，并促进了鄱阳湖的形成。

历史上长江中下游湖泊经历了多次兴衰过程。总的趋势是，随着与长江一体的云梦泽、彭泽、震泽、古丹阳大泽的解体，湖泊的面积逐渐缩小。这一过程中，人类活动是主要影响因素。唐宋时期，由于人类活动的加剧，造成洞庭湖流域被明显破坏，泥沙淤积日甚，人类的围垦有了进一步的发展，使得洞庭湖面积大为缩小，当时湖泊总面积只有3300km²左右，比汉晋南北朝时期面积缩小几乎一半。据研究，唐宋时期的气候比汉晋南北朝时期的气候要温暖湿润得多，水量比汉晋南北朝时期丰富，但是湖泊面积比汉晋南北朝时期却小得多，由此可见人类活动是唐宋时期洞庭湖演变的最主要影响因素。

（二）20世纪长江中下游湖泊的演变特征

进入20世纪以来，尤其是20世纪50年代后，随着人口的增长和人类活动的加剧，长江流域的水土流失大大增强，对湖泊的围垦也愈演愈烈，这些都加速了湖泊面积的缩小和消亡。同时，由于工农业生产的发展，湖泊水体污染也趋严重，生态环境逐渐恶化。20世纪以来，长江中下游湖泊的演变呈现如下主要特征：

1.湖泊泥沙淤积严重，面积逐渐缩减

1949年长江中下游共有湖泊面积25828km^2（包括内湖），至20世纪80年代湖泊面积10473km^2，减少了50%以上。江汉湖群从新中国成立初期到现在，原有1000余个湖泊减至300余个，目前大部分已处于衰亡阶段，有些小型湖泊已完全消亡。洞庭湖在全盛时期，天然湖面达6000km^{2}以上，1949年保留有湖面4350km^2，湖容293亿m^{3}至1995年湖面仅存2625km^2，湖容167亿m^3。与新中国成立初期相比，湖面减少了40%，湖容减少了126亿m^3。

表1　　　　　20世纪50、90年代长江流域湖泊面积比较（单位：km^2）

湖名	50年代面积	90年代面积	缩小面积
洞庭湖	4350.0	2432.5	1917.5
洪湖	661.9	344.4	317.5
黄盖湖	220.0	86.0	134.0
斧头湖	189.4	114.7	74.7
梁子湖	454.6	304.3	150.3
鄱阳湖	5000.0	2933.0	2067
龙感湖	579.0	316.2	262.8
泊　湖	420.0	180.4	239.6
太湖	2500.0	2360.0	140.0

2.通江湖泊减少，河湖关系发生转变，生态环境发生变化

由世界自然基金会（WWF）等单位组织的"追寻通江湖泊——2003年湿地使者行动"对长江中下游湖北宜昌至江苏南京之间的31个湖泊进行了调查。调查发现，除洞庭湖、鄱阳湖外，石臼湖是唯一的现仍通江湖泊，其他

均已失去与长江的直接联系。这些湖泊除少量为新中国成立前阻隔以外，均为新中国成立后五六十年代阻隔。除去9个湖泊阻隔时间不详，11个湖泊集中在1950年代至1970年代与长江失去了联系，另有11个湖泊因为建设闸口而与长江或原本相通的大湖阻隔。阻隔的原因主要是围垦、建堤、建闸等人为因素。这由通江的湖泊向水库型的湖泊的转变，从根本上改变了河湖关系。湖泊得到控制之后，在选定时期为人们提供利处的同时，也带来了很多负面影响，带来了一系列生态环境和社会经济问题。

(1)湖区水面减少，湿地生态系统萎缩，长江中下游蓄洪能力削弱：湖泊阻隔后，为进一步围垦提供了便利条件。水域面积减少，使得湿地生态系统萎缩，并导致长江中下游蓄洪能力大大降低，大大增加了长江洪水风险。

(2)内涝严重、防洪排洪成本增加：在防洪大堤和闸口控制了长江水的影响同时，却也增加了防治内涝与加固大堤的成本。一方面，由于失去了与长江的天然联系，湖内的水在内涝汛期不易排出，只能靠电排站来排出渍水，增加了排涝成本。如东湖的排涝费每亩为30元，增加了农业生产成本。而洪湖则几乎年年内涝。另一方面，为保证内湖安全，防止长江洪水影响，不得不加固干堤。如大通湖的一线防洪大堤总投资为近3亿元。梁子湖水利工程建设情况，1998年以来共投资有7亿多元，是新中国成立50年来水利投入资金的2倍。5年内干堤加高1.5m到2.0m，加宽4m。

(3)社会经济、生态环境的变化：由于缺乏与长江干流的水体交换，各种污染物在湖泊累积，导致水质逐渐恶化，天然鱼类资源衰退，鱼类等生物多样性下降。渔业生产由捕捞向养殖发展，渔业产业结构的改变进一步导致了环境的恶化。湖区整体产业结构单一，农民、渔民趋于失业。

三　长江中下游湖泊环境的演变趋势预测

由于洪涝灾害的愈演愈烈等诸多原因，人们也逐渐意识到长江中下游湖泊环境变化带来的不利影响，一些旨在改变湖泊环境的措施也逐渐开展，如退湖还田、通江行动、水土保持等。这些行动的开展使得长江中下游湖泊环境出现了一些新的变化趋势，如一些湖泊面积出现恢复性增长。此外，长江上游大规模水库建设（如三峡工程）也将对长江中下游湖泊环境变化带来影响。由此预见，在新的人类活动的干预下，长江中下游湖泊的环境也将发生新的变化。

（一）湖泊面积逐渐扩大

1998年特大洪灾后，中国政府决定对洞庭湖实行退田还湖，生活在湖区的数十万农民们被迁往外地或高地定居，大量的堤垸重新成为湖泊或行洪道，洞庭湖蓄水面积也开始逐渐增长。至2001年，洞庭湖区汛期湖泊面积与3年前相比增加了554km²，达到3177km²，蓄洪能力也由原来的170亿m³增加到197亿m³。而据新华网2004年3月4日报道，洞庭湖面积已达4350km²。

上述在洞庭湖出现的现象，是整个长江中下游湖泊未来发展的一个先兆。在经历了1998年特大洪灾后，越来越多的专家学者认识到，切实恢复湖泊对洪水的储蓄功能是减轻洪涝灾害的一条重要措施，退田还湖、湖泊通江得到了越来越多的支持。一些地方已着手制订退田还湖、湖泊通江的计划。世界自然基金会今年5月与武汉市政府签署5年合作协议，将涨渡湖作为该会长江项目的第一个示范点，争取在5年内使面积为40平方公里的涨渡湖恢复通江。20世纪50年代以来，涨渡湖区开始大面积围垦，水面由原来的155平方公里萎缩到40平方公里，与长江的联系被人为切断。

可以预测，随着退田还湖政策的落实以及湖泊通江行动的开展，长江中下游湖泊的面积将逐步扩大。但由于本地区人多地少的矛盾十分突出，面积的扩大将会呈现有限的渐进式的方式进行。

随着湖泊面积的扩大，长江中下游区域包括河口地区的环境也将发生变化。由于在洪季时可以容纳更多的洪水，将使得有更多的泥沙被沉积在湖泊中，入海泥沙将减少。这对河口地区的沉积环境（尤其是夏季）将产生重大影响。此外，由于湖泊面积的扩大，湿地功能的恢复，长江中下游区域生态环境将有一定的改善。

（二）部分湖泊生态环境将逐步改善，部分可能进一步恶化

未来长江中下游湖泊的生态环境的演变将呈现出不同的态势。一方面，随着退田还湖政策的落实以及湖泊通江行动的开展，部分湖泊的生态环境将有一定的改善，如在洞庭湖区由湖泊面积扩大带来的生态环境改善的现象已经出现。随一些湖泊生态环境治理的计划开始出台，人为干预的力度将会加大，湖泊环境可能将会向好的方面发展。另一方面，由于经济的快速发展，人口的增长，湖泊环境面临的压力会逐步扩大。尤其是随着城市进程的加快，城市湖泊生态环境将有可能趋于恶化。另外由于成本以及管理等问题，一些现有湖泊的生态环境治理难度也很大，在短时间内期望生态环境有很大改善还不现实。

浅谈语文教学中的文本细读

滁州市南谯区教育局教研室　董雪芹

摘要：现有的语文备课中存在较多问题，其关键问题在于缺乏对文本进行细读的过程，转而依赖其他途径，诸如网络、教参等。进行文本细读是上好语文课的关键，其中包括以下三种途径：字斟句酌，熟读成诵；联系背景，知人论世；抓住文眼，有的放矢。

关键词：语文　文本　细读

中图分类号：G633.3

文献标识码：A

文章编号：1672-7894(2014)05-0165-02

曾多次聆听过语文名师的公开课，深为他们的妙语连珠而鼓掌叫绝，也为场下学生机智聪颖而暗暗叫好。然而何曾想到，名师们的课堂之所以精彩纷呈，除了他们自身扎实的学术功底外，还很大程度上源于名师们在备课阶段对文本的深刻解读与用心体悟。著名特级教师孙双金老师在谈及文本解读的重要性时郑重指出："上好语文课，解读文本是第一步。"[1]当然，这种解读不仅要解读文本的"字面意"，更要体味文本的"字中意，字外意"，即细读文本。

---

① 王云峰、马长燕：《实践取向小学教师教育教程——语文教学基础》，教育科学出版社2007年版，第192页。

一　语文备课过程中的几个突出问题

（一）过分依赖网络

备课与撰写一份优秀的教案是项非常辛苦的任务。随着网络的快速发展，大量教学材料充斥在网络之中，这在为语文教师提供丰富的参考材料的同时，也滋生了部分教师的偷懒情绪。有的教师在网上稍作搜索，成千上万篇教学设计便会蜂拥而来，他们于是就会在稍作比照后选择一篇照单全收，至于是否适合本班学情，则未做过多考虑。对他们而言，备课与撰写教案的工作便已大功告成，接下来就是拿着这份教案走上讲台，开始新知识的传授。

（二）过分依赖教参

相当一部分教师能够参照网络中丰富的教学材料并认真地根据教参进行备课，撰写独一无二的教案。但其中也存在一个问题，即对教参中的说法深信不疑，一股脑儿地作为标准答案全盘吸纳，对教参中已经安排的教学模式不加甄别，照搬进教案之中。当然，这样会省去大量的备课时间，备课效率会得到极大提升。殊不知，教参只是教学过程中的参考材料与参考步骤，并非放之四海而皆准。若过分依赖教参，而不将自己的理解融入其中，只会导致教学模式单一，教学效果呆板，学生的学习兴趣更是得不到应有的启发。

（三）过分依赖多媒体

近些年来，不少年轻教师纷纷掌握多媒体技术，开始尝试以多媒体教学代替传统教学模式。诚然，这是语文教学中的一个伟大进步，对于促进语文课堂的趣味性与互动性大有裨益，更是未来语文教学的一个发展方向。但不可否认的是，多媒体技术只能作为传统教学模式的补充，不能完全取代应有的教学环节，否则只会导致课堂看上去很精彩，内容表面上很充实，但学生在声、光、电的交错使用中无暇进行冷静思考，很难真正深入文本内部，领会文本的精妙，教学效果只会大打折扣。然而部分教师未能很好地权衡其中的利害，而是在课改的名义下基本摈弃原有的教学模式，将多媒体教学作为主要授课模式带进课堂。这也意味着他们将会在备课阶段就多媒体的视听效果大做文章，对文本本身的解读则相对弱化。

（四）过分依赖经验

教学经验是教师最大的财富，是保障教学取得良好效果的重要法宝。事实证明，多数教有所成的名家以及优秀教师都是教学经验丰富的教师。然而，部分教师教学经验也不可谓不丰富，但在当下的教育环境中，他们由于过分依赖经验，缺少与时俱进的动力，甚至将教学当成仅凭教学经验便可完成的活动。事实上，在教学改革逐步深化的今天，课本内容与体系也发生重大改变，仅凭数年前积累起来的教学经验已经不可能获得学生的认可，更不可能取得理想的教学效果。

二　细读文本的重要性

上文所述的关于语文备课过程中的几个突出问题在很大程度上都与未能细读文本有关。如果能少一点依赖网络与教参，不过分依赖多媒体与过往的教学经验，而是将更多时间放在具体文本上面，通过仔细品读文本，相应地结合网络资源与教参，适当地结合多媒体教学与教学经验，最终形成对文本的独特理解，便会在具体的教学过程中更好地掌控全文，取得更好的教学效果。

最新版的《全日制义务教育语文课程标准（实验稿）》指出，阅读教学是学生、教师、教科书编者、文本之间对话的过程。教师没有细读文本，没有自己对文本的正确、细微、深入的感受，我们就根本没有资格与文本进行对话，也没有能力求得教学的创新、教学品质的提升。

何为文本细读？文本细读，要的就是我们语文老师能静下心来、沉下身子，走进文本、沉入文本、细读文本，用心感悟，品出语文的味道，悟出自己独到的见解，然后再从文本里走出来。只有这样，文本才可能被我们煮熟、吃透，才可能与文本融为一体。若此时动笔记下品读过程中的感悟与想法，写下自己的教学思路，我想这样的教案一定是有效的，带着这样的教案走上课堂的我们一定是自信的、充实的；带着品读文本后的心走入课堂，我们的课堂一定是灵动的、跳跃的、充满生机的。

总的来说，重视文本细读有以下重要作用。

（一）消除隐患，以备随时补充

任何人都不可能是全才，语文教师也不例外。每一篇课文中都可能会存在自己知识面以外或难以确定的知识点，即便只是一个不太有把握的读音。如果我们没有通过细读，就只会将这些隐患带进课堂，只会造成对学生的误导以及教师威信的丧失。相反，若能通过细读文本的方式提前消除错误隐患，便会避免不应有的尴尬与失误，进一步提升教学效果。

（二）把握亮点，改善教学环节

实际上在细读文本、熟读文本的同时也能做到熟能生巧，有助于教师进一步领会教参与网络资源中没有涉及的内容，把握更多的教学亮点，因而可以更为有的放矢地进行教案撰写。虽然小学语文课堂一般不太适合对教学内容进行大面积的扩展、发挥，但适当地扩展、发挥还是有利于吸引学生的学习兴趣，提升教学效果。而且，通过细读文本也可以产生更多的灵感，唤起教师对于文本的热爱，而这种热爱对于学生而言，其影响无疑也是潜移默化的。毕竟，教师授课如果只限于对内容的了解，只纠缠于内容的疏通，学生的收获也将会大为减少。

（三）加深理解，提升教学效果

在文章解读方面有时并没有标准答案，但通过文本细读的方式我们必然会产生诸多新的想法，并对原有所谓正确的理解产生质疑，或者进行更好的补充。这一过程是不断否定自我、不断加深理解的过程，在经历重重迷雾后，我们最终将获得一份满意的答案。将这种收获带进课堂，引导学生共同体悟，必将有利于实现教学互动，有利于提升教学效果。

三　如何进行文本细读

（一）字斟句酌，熟读成诵

文本细读关键在于推敲，推敲则必须从具体的字句入手。首先应当从具体的生字词与疑难句子入手，把握其正确的含义，排除潜在的隐患，并通过自己的语言方式准确地解读。其次逐字逐句地推敲，使自己真正进入课文之中，直至熟读成诵。叶圣陶先生说得好："一字未宜忽，语语悟其神。"有一次，我接到一个公开课任务，而抽到的课文是我此前并未涉及的，且时间极为紧迫。我本想通过网络搜索的方式寻找到相关的材料，但令我失望的是，有关该课的材料少之又少。于是我放弃了"吃现成饭"的念头，而是静下心来逐字逐句地研读课文。在我的不懈努力下，课文中的人物形象一个个鲜活地呈现在我面前，我甚至可以准确地揣摩到他们的内心，和他们进行对话。就这样，一篇课文就深深地烙在我的脑海中。而且最关键的是，我通过细读真正掌握了本文的文眼，懂得了作者真正要表达的内涵，而这些在教参中反映得相对不足。事实证明，那次公开课是我从教以来上得最得心应手的一次课，也是最为成功的一次课。

（二）联系背景，知人论世

如果对文章背景一知半解，那么对文章主题的把握也不可能达到应有的高度。中国古代贤哲孟子曾提出"知人论世"的观点，即要求在把握文章之前应当了解作者的身份、经历或作者所处的时代、社会环境及作品风格流派、产生的具体背景等。文学作品是生活的反映，如果我们把作品还原到现实生活中去思考，就会有比较立体的感悟。如教学《厄运打不垮的信念》一课时，我搜集了谈迁的相关资料：天启元年（1621年），28岁的谈迁在守母孝期间读了大量明代史书，因此大有进益，但也发觉其中不少讹误，遂立下编写一部明代信史的宏愿。在此后的26年中，他长年背着行李，到处访书借抄，广求博搜，终于完成初稿。但不幸的是，书稿竟被梁山君子窃走。他满怀悲痛，发愤重写，又经四年努力，终于完成新稿。同样我也搜集有关卡莱尔的相关背景知识，并以幻灯片的形式更加详细地描绘了他在创作《法国大革命史》时的艰辛历程。当我将这些故事与幻灯片形象地展现在学生面前时，学生们一个个被谈迁与卡莱尔的精神所打动，进一步拉近了与课文主题之间的距离。至于全文的主题，学生在听故事与看幻灯片时就已经产生了强烈的共鸣，自然无须我再作长篇累牍的总结。

（三）抓住文眼，有的放矢

通过走马观花式地粗读文本，我们只能粗略地感知文本的浅层含义；只有对文本进行有效的细读，特别是有的放矢地抓住文眼进行细读，才能感悟文本所蕴含的情、意、理、趣、韵，才能真正走入作者的内心，与作者一道真正领悟文本所表达的思想感情以及对现实人生的深刻体悟。所谓文眼，即最能体现全文情感的字词，或称之为情感文眼，它是超越时空并联系读者与作者之间的情感纽带。在给学生上《游园不值》这篇课文时，我也曾想到用背诵、逐字逐句地解释等方式进行授课，并将教参中涉及的教学重点逐一进行讲解。但这只是完成了教学的基本任务，没有实现让学生真正走进这首诗、喜爱这首诗的目的。但在让学生爱上这首诗之前，教师必须首先爱上它。于是我沉下心来寻找这首诗中最为精致的情感。显然，是对万物的仁爱（怜惜苍苔）、对丰富的生命经历的渴望（红杏出墙）和对人生的超越性体悟（不遇之遇、不值之值）。而"怜"就是这首诗的眼，是最能体现作者情感深处的关键。我带着对"怜"的专注和学生们一同讨论，让学生们体会到了诗人的"冷悯"心情，联想到了诗人"怜悯"的姿态。因而这首诗对学生来说就不再是一首难以领会的七言绝句和虚无缥缈的抒情短诗，已然成为蕴含着微妙情感并能激发和丰富他们生命体验的艺术珍品。

单一的一篇课文篇幅是有限的，但所包含的信息却是极为广泛的，其中不仅有大量的相关知识，还包括了作家的智慧。因此，我们只有学会细读文本，并依托文本寻找相关的文献材料，才能够读出文中的不尽之意，才能够进一步丰富课堂的信息量，才能够上出一堂让自己满意的课。

发表于《科教文汇》

参考文献

叶圣陶：《语文教学二十韵》，《语文》1959年第5期。

画一画·说一说·做一做·唱一唱
——趣学汉语拼音声调

滁州市南谯区常山中心小学　王国兴*

摘要：教师针对幼儿的"稚"，通过画、说、做、唱等教学方法来提高幼儿学习的"趣"，让学习变得更容易，更有趣。

关键词："声调教学"、"画"、"说"、"做"、"唱"、"趣"等

中图分类号：G62

文献标识码：A

文章编号：ISSN1004-1621(2013)03-072-01

幼儿进入大班以后，大班老师一般都或多或少地要进行汉语拼音的教学，为幼儿将要进入小学学好语文，打下基础，做一点铺垫。

学拼音最初要学习单韵母 a、o、e、i、u、ü 及声调（一个音节发音时的高低升降）。声调是非常重要的，一个音节可以无声母，但绝不可以无韵母和声调。如："ai"这个音节，它没有声母，只有韵母，但因为有了声调，就有了"挨、捱、矮、爱"四种发音，表示了不同的意义。声调如此重要，但根据传统采用的"阴平、阳平、上声、去声"，教起来，幼儿在很长时间内难以掌握，幼儿感到很枯燥，很乏味。于是，我就潜心钻研，一边教一边摸索，从幼儿的感知、认知、兴趣等方面去着手……幼儿期的孩子感知觉不精确，时间和空间知觉比较模糊，注意力不稳定，不

---

* 王国兴，女，小学高级教师，1982年8月任教，主要从事小学语文和幼儿语言、音乐等教学工作。

持久，无意注意占优势。幼儿的思维主要是直观具体形象思维为主，极易为一些新奇刺激所吸引……根据幼儿的这些年龄特征，该怎样进行声调教学呢？

下面是我关于如何进行声调教学的点滴看法，和大家一起交流。

一　画一画

爱因斯坦说过"兴趣是最好的老师"，"兴趣和爱好是获得知识的动力"，并且幼儿的天性思维是以具体形象思维为主。因此，我投其所好地让孩子画画，想象，培养孩子的"趣"。于是乎，孩子们的积极性一下子被调动起来，边想边画。我在黑板上画，孩子们在画板上画。以单韵母的"a"为例：想象"a"并把"a"画成 （扎独辫子的小姑娘）在滑雪。一会儿在平地上滑，为第一声 （a）；接着，这个小姑娘要滑上山坡 为声调的第二声(a)； 再接着要滑一个大峡谷，代表第三声（a）；最后又从山峰上滑下 为第四声(a)。

这是借助绘画教声调，形象又充满童趣，幼儿兴趣盎然。

二　说一说

根据幼儿注意力不稳定、不持久的特点，我把学声调创设成一个个情境，让幼儿进入到情境中，注意力更加持久。还以"a"为例，设计情境为阿姨接电话：一个小孩在家里玩儿，忽然家里的电话响了，小孩忙去接电话，电话那头传来了阿姨的声音"你好啊"，小孩忙说："阿(a)姨，您好！啊(a)，您说什么呀？请再说一遍，啊(a)，我知道了。啊(a)，您放心，保证转告给妈妈。"其中加下括号的字音，要重点读一读。这样的情境教学，幼儿乐此不疲，我也能寓教于乐。

三　做一做

肢体语言的运用，在教学中有着举足轻重的地位。一般幼儿都比较活泼爱动，另外他们对于老师的言行非常感兴趣，模仿能力也不错。因此，我就把声调设计成一个个动作，嘴巴也要一起配合。我先示范动作，让孩子们注意观察，注意老师的左右手，然后让孩子们上讲台把自己扮演成"a、o、e、i、u、ü"，以"a"为例：冬天来了，要戴帽子取暖。第一声平平的帽子a要怎么戴？让扮演者举起左手，五指并拢，掌心向下，平举头顶上方。扮演者嘴巴张大，发出a音；第二声戴尖尖的帽子a，而且歪着戴，扮演着举起左手，五指并拢，掌心向上，手腕和头顶构成45°角。扮演者嘴巴发出a音；第三声戴蜗牛触角帽a。扮演者两只手都五指并拢，掌心向上，两只手腕相连后成90°角置于头顶部。扮演者嘴巴发出a音；第四声戴上大下尖的帽子a，而且要歪戴。扮演者要举起右手，五指并拢，掌心向下，指尖和头顶构成45°角，嘴巴发出a音。

每次上4位幼儿，分别扮演每个单韵母的第一、第二、第三、第四声。熟练之后，让全班幼儿每读一个调值，都动手做一做。幼儿对此非常感兴趣。

四　唱一唱

音乐能陶冶人的性情，给人带来轻松、愉快的好心情。同样也给幼儿带来快乐。孩子们听到音乐后，能够积极主动地投入其中。

我们可以借助普通话调值的五度标调法，给一声(55)、二声(35)、三声(214)、四声(51)予以旋律，变换唱法，让幼儿在优美的音乐声中，不知不觉地就能掌握读声调的规律。

总之，教师针对幼儿的"稚"，随机调换教学方法，提高幼儿的"趣"。让幼儿易学、乐学。

刍议初中英语多元化分层教学

滁州市第六中学 许金红[*]

摘要：《英语新课标》提出：面向全体学生，关注语言学习者的不同特长和个体差异。它体现出以学生为主体的教学理念。而学生间的个体差异是客观存在的，传统的"一刀切"的教学形式，妨碍了学生个性、爱好和特长的发展。如何最大限度地满足个体需求，获得最大化的整体教学效益是每个英语老师所要面临解决的问题。实践证明，在初中英语教学中实施多元化分层教学是一条行之有效的途径。

关键词：初中英语 多元化 分层教学

笔者所在的滁州市第六中学是2010年新办的一所初中学校，它位于城南，是"大滁城"建设的产物，学校的生源主要是当地拆迁户的子女、农民工的子女和部分城里的学生。这样的生源在学习基础、学习态度、学习环境、智力水平与接受能力等方面都存在着相当大的差异，要在英语教学中面向全体学生，关注每个学生的发展，就必须从实际出发，采取以人为本、因材施教、多元化分层教学，这样才能使每个学生都学有所得，学有所用，学有所乐。下面结合本人的教学实践，谈谈初中英语多元化分层教学及采取的措施。

---

* 许金红，48岁，滁州市第六中学高级英语教师。有多篇教育教学论文在省、市获奖，教学成果显著。

一 多元化分层教学的含义和理论依据

所谓多元化分层教学，就是教师根据学生多元化的个体差异，对学生进行多元化分层，并针对不同发展层次学生的需要，制定并实施多元化的分层教学措施，以达到最大限度地满足个体需求，实现全体学生全面发展的教学目标。多元化分层教学，符合我国古代教育家孔子提出的"因材施教"理论，也是苏联教育家维果斯基的"最近发展区"理论和巴班斯基的"教学形式最优化"理论在实际教学中的具体运用，它要求教师从不同层次学生的实际出发，处理好集体教学与个别教学，在面向全体的前提下照顾少数，对学生的差异赋予不同的需求，促进所有的学生在其最近发展区内最大限度发展。

二 多元化分层教学的实施

（一）学生分层

我认为对学生进行分层是进行分层教学的第一步，也是最关键的一步。一定要从实际出发，制订出符合学生实际水平的教学计划和安排。初一新生入校，我根据实际情况，对学生进行"把脉问诊"，综合其个性、兴趣、习惯、能力、潜力、基础程度等方面的情况，将全班学生划分为A、B、C三个不同层次：A层为优等生，B层为中等生，C层为后进生。学生的层次不是静止不变的，而是动态可变的。其次是分组，按5人一组把全班分为9个组。组员推选一名能力强的学生担任组长，确保每组成员的好、中、差合理搭配，以便在学习和活动中互帮互助，共同提高，同时，鼓励各组之间开展学习竞争，激发学生的集体荣誉感和团队合作精神。小组也具有动态性，在教学过程中，教师应根据学生发展情况及时调整小组成员的层次结构，尽量让小组处于一个好、中、差合理搭配的状态。

（二）教学目标分层

目标分层是实施分层教学的保证，在教学过程中，如果对差异较大的学生制定统一的教学目标，就可能出现优等生吃不饱，中等生提不高，后进生跟不上的局面，为避免出现这种情况，我们必须对教学目标进行分层。我在教人教版八年级《英语（上册）》*Unit4 What's the best movie theater?* 时，对其中的课文 *Who's Got Talent?* 是这样进行教学目标分层的：①对基础弱的C层学生要求其朗读课文，理解课文内容，掌握形容词和副词最高级结构，并能初步运用新词汇 talent, magician, have in common, be up to, play a role。②对基础较好的B层学生，要求其能正确回答课后问题，并能运用所学新词和短语自己造句。能正确运用形容词和副词最高级，并要求背诵课文部分段落。③对能力较突出的A层学生鼓励他们去超越创新，要求他们能用自己的话概述课文，并能运用形容词和副词的比较级和最高级写一篇小短文，这样，针对不同学生的特点和基础，有层次、多维度地进行"听、说、读、写"等活动，使每个学生的学习兴趣、自信心、积极性及学习自觉性都随之提高。

（三）课堂教学分层

这里重点是分层施教和分层练习，在课堂教学中，对A层学生以"放"为主，"放"中有"扶"，重在指导学生自学；对B层学生和C层学生以"扶"为主、"扶"中有"放"，重在带领学生学会学习，这样引导不同层次学生在各不相同的"最近发展区"前进，C层学生必须基本达到课标的要求，B层学生在语言知识和运用方面不断提升，A层学生尽其所能拔尖提高，尽量满足不同层次学生的学习需要，激发他们的学习兴趣，调动全体学生非智力因素的积极作用。课堂中的练习也要分层，以人教版七年级《英语（下册）》*Unit 11 How was your school trip？* 中的 *Role-play the conversation* 为例，鼓励A层学生脱离课本，自由交谈，进行自编对话；对于B层学生，我则有意识地对他们进行口语训练，让他们表演课本中的对话；鼓励C层学生大声朗读对话，一旦有进步就给予表扬和肯定，让他们也感受到学习英语的乐趣，感受到成功的快乐。实行课堂教学分层也可以通过联班走读的形式加以辅助，班级与班级结对子，老师与老师结对子，保证每周有一节课，两个班的老师开不同的讲座，学生可根据自身的情况自由选择班级和老师，使自己获得最大的收益。

（四）课后作业分层

作业不仅是用来检查学生上课听讲效果的，更是学生巩固课堂所学内容和查漏补缺的重要手段和途径。作业分层，有助于教师正确地把握学生的学情，便于开展个别教学活动，有助于大面积提高教学质量，课后布置作业也分A、B、C三个层次。遵循"两部三层"的原则："两部"是指练习或作业分为必做题和选做题两部分；"三层"是指教师在处理作业时要具有"三个层次"。"三个层次"中的第一层次为知识的直接运用和基础练习，是全体学生的必做题，第二层次为变式题或简单综合题，以B层学生能达到的水平为限，第三层次为拓展题，第二、第三层次的题目为选做题，这样可使A层学生有机会练习，B、C两层学生也有充分发展的余地，都能享受到成功的喜悦，提高了学习英语的积极性。

（五）教学评价分层

对不同层次学生采用不同的评价标准，对C层学生采用表扬评价，寻找其闪光点，及时肯定他们的点滴进步，调动他们的学习积极性；对B层学生采用激励性评价，既揭示不足，又指明努力方向，促使他们积极向上；对A层学生采用竞争性评价，坚持高标准、严要求，促使他们更加严谨、谦虚，不断超越自己。在分层教学中，把形成性评价贯穿始终，因为它充分尊重了学生的个性，体现了学生的主体性，更能全面地检验学生的学习成效。

三 实施多元化分层教学的效果

通过多元化分层教学使不同层次的学生都有所学、有所得，学生发展呈现出多元化，提高了课堂的教学效率。在学生个体都能得到发展的基础上，教学质量自然而然得到大幅度提升。同时，通过有效地组织对各层学生的教学，灵活地安排不同层次的教学策略，极大地提高了我的课堂组织调控与随机应变能力。实施多元化分层教学，促进了教师教学技能的全面提升，实现了教学相长。

四 结束语

多元化分层教学是一种新的教学理念，体现了"以学生为本"、"一切为了学生发展"的教学思想，"分层是为了无层"，这是我们进行分层教学的最终目的，它对教师提出了更高的要求，我们只有时刻心系学生，想其所需，千方百计地为其服务，才能更好地实施多元化分层教学，从而实现素质教育提出的全体学生全面发展的目标。

参考文献

1. 教育部：《义务教育英语课程标准》，北京师范大学出版社2011年版。
2. 徐娟：《隐性分层，显性收获》，《中学生英语》2012年第10期。

初中英语作业设计刍议

滁州市南谯区教育局教研室　陈宝喜*

摘要：本文从五个方面论述了如何科学地设计初中英语作业，阐明了作业设计过程中所应提倡的原则以及应该避免的问题，就充分发挥初中英语作业对课堂教学的巩固和深化作用提出了个人见解。

关键词：科学设计　导向性　多样性　趣味性　层次性　时代性

教育心理学指出，知识的掌握包括理解、巩固和应用三个重要环节，在理解的前提下巩固，在巩固的基础上应用，在应用的过程中深化理解，进一步巩固知识。在这个循环往复的智力活动中，作业扮演着极其重要的角色。初中英语作业是英语课堂教学的补充和延伸，是巩固英语课堂教学的必要手段，对促进学生及时复习、巩固当天所学课程，运用所学知识去参与语言实践，浓化学习兴趣，树立良好自信都起着至关重要的作用。教师要想最大限度地发挥作业在英语教学实践中的作用，科学设计是关键。现从以下几个方面浅谈如何设计初中英语作业。

一　作业设计要立足导向性，避免盲目性

作业的目的在于对教学目标进行巩固，并有针对性地加以应用。教师布置

---

*　陈宝喜，大学本科学历，滁州市南谯区教育局教研室英语教研员。多次成功组织区域英语教学研讨活动，多篇英语教学论文在国家、市、区论文评选中获奖，数篇专业论文见诸多种CN专业刊物杂志。参加2项省级课题研究并结题。

作业要立足导向性，突出新知识的重点和难点，有的放矢，切忌不顾教学实际，宏篇巨幅、"多多益善"地对学生实施"狂轰滥炸"。对布置的每一个题型和每一种类型，教师都要反复地咀嚼，与教学内容尽量挂钩。对手头上现有的习题，要"删繁就简"、"去粗取精"，不能全部奉行"拿来主义"。习题要精要、灵活、适量、适中，既巩固了新知识，又减轻了学生课业负担，起到事半功倍的效果。作业要注重新旧知识的对接和渗透，新旧融合，使学生逐渐增加知识储备量。在布置作业时，教师要向学生阐明本次作业训练的目的，明确目标任务，使他们在做作业过程中能明晰思路、减少盲目，培养良好的学习方法和思维品质。

二 作业设计要力求多样性，避免单一性

初中生正处于活泼好动、新奇善变的生理和心理阶段，重复性、单一化的作业模式会使他们视觉疲劳、心生厌烦，长此以往便失去了做作业的热情，陷入被动应付的心理状态，做作业的积极性和创造性易受挫伤。因此，教师在作业设计上要多角度、多形式、多题型，使学生在基础知识、基本技能、运用能力上都得到训练。

在作业设计的类型上，教师不仅要布置一些精选、适量的书面作业，还可布置一些听说类、制作类的作业。书面作业要与当天所学知识紧密结合，作业量可控制在半小时以内，形式多样，从词汇、句型、翻译、写作几方面同时入手，最好提倡学生每天能缩写课文、能写英语日记和周记，只需他们动笔坚持，教师不需精批精改。听说是读写的基础，教师除了在课堂上播放听力练习磁带外，还可要求学生每天放学后模仿跟读磁带15分钟，练习纯正发音，培养自然语感。每天上课前，以小组比赛形式，每组推选代表进行"说话"比赛，让学生把上堂课内容用英语复述一遍，教师不可求全责备、中途打断纠错，而应鼓励学生多开口说英语。教师布置听说作业要持之以恒，切忌浅尝辄止、一曝十寒。教师不仅要鼓励学生动口，还要鼓励他们动手，以布置制作类作业的方式，综合调动学生多种感官，参与语言学习。可让学生在课后制作总结性的英语卡片，对课堂内容进行总结，三言两语，条式式地书写，要注重卡片的积累和保存。可以抓住节日和学生生日的有利时机，动员学生们制作、互赠英语贺卡。还可为班级、学校制作英语警示牌，人为创设语言环境，培养学生的语言创造力。

在作业设计的主体上，也要提倡多样性，可把传统的"教师布置、学生完成"的模式，变为"学生编题，学生完成"的模式。一堂课下来，教师可以先对教学内容进行总结，然后引导学生针对学习内容编制作业题，经过共同筛选，确定作业习题；也可以以小组为单位，相互出题，彼此完成对方作业。学生在编制习题的过程中，培养了主动探究、主动学习的良好思维品质。教师在此过程中要注重引导，提供帮助，避免陷入混乱和流于形式。

三　作业设计要具备趣味性，避免枯燥性

"兴趣是最好的老师"，和学习其他知识一样，学习英语最重要的是要保护浓厚而持久的兴趣。任何一位英语教师在课堂教学中，都愿使出浑身解数，力求使自己的英语课生动有趣，培养学生浓厚的学习兴趣，引导他们主动地学好英语。在英语作业设计上，教师也应根据学生的年龄特点，摆脱传统的作业形式，避免单调乏味，增加活泼趣味，调动学生的学习积极性和主动性，使其产生内需力，对作业变"要我做"为"我要做"。教师可以从以下几个方面进行尝试，使作业新颖有趣。

第一，量化赋分。每次布置作业，可以对每一道习题都赋上上分值，使学生做对每一题时，都有一种考试成功的成就感，以此刺激他们的求知欲，不断加强英语学习的自信心。

第二，亲近网络。电脑是信息化的产物，学生们基本都对此感兴趣。每上完一节课，教师可以倡导学生上网查阅与课文有关的边缘知识和相关资料，将其作为作业内容之一。这样，一方面拓展了学生们的视野，另一方面也使他们对所学课文充满兴趣，认为学习也和上网一样轻松愉快。

第三，贴近生活。作业材料要尽量贴近学生的生活实际，语句中所涉及的人名、地名和相关生活要素等要尽量采用与学生有关的实名，使学生感知真实的、与生活息息相关的语言环境，借此激发他们浓厚的学习兴趣。

四　作业设计要注重层次性，避免同一性

矛盾的特殊性决定了事物间存在着个体的差异性。学生的能力乃至成绩的

差距是客观存在的，尤其是英语，随着知识层次的不断深入，学生成绩两级分化现象愈加明显，班级英语整体水平更显参差不齐。教师要从教学实际出发，遵循事物发展规律，明确个体差别现状，不仅要在课堂教学上因材施教，有的放矢，在作业设计上也应分类、分层，构建多层次的弹性作业结构，以满足不同层次学生的作业需求，为他们提供适当的发挥创造力的空间。使成绩好的学生保持惯性、强势不减，使成绩弱的学生树立自信、热情不减，同时解决"吃得饱"和"吃得了"双重问题。

分层布置作业，能尊重、发挥学生个性，面向全体学生，使之都成为学习的主人。切忌不顾学生成绩差异，对作业量和目标任务提出同等要求，"眉毛胡子一把抓"，陷入同一化的局面。教师面向教学实际，可以设计三个层次的作业。第一层次作业，面向全体学生，要求每个学生都必须完成，此类作业难度较小，对课堂知识进行巩固并加以简单运用；教师所布置的第二层次的作业要面向中等偏上的学生，对下等成绩的学生不作要求，此类作业稍有难度，教师可给予必要的解析和指导，让大多数学生都能完成；第三层次的作业有较大的难度，专为成绩上等、学有余力的学生准备，题量不宜大，至多占总作业量的1/5，等于给尖子生"吃小灶"。

教师每次布置作业时，可向全体学生说明每题作业的难、中、易程度，指出所有人都必须完成的是哪些题，哪些题尽量都去做，哪些题谁有本事谁去做，在语言、语气上对学生进行鼓励，充分挖掘他们的主观能动性，激励他们向更难、更高、更强挑战。

五　作业设计要赋予时代性，避免陈规性

21世纪社会生活的信息化和知识经济的全球化，使得英语已成为全世界最重要的信息载体之一，也成为我国国民素质教育的重要组成部分，英语已日益突显出其重要地位。新的英语课程标准改变传统英语课程过分重视语法和词汇知识的讲解和传授、忽视对学生实际语言运用能力培养的倾向，着重培养发展学生的综合语言运用能力。这就要求英语教师在作业设计的内容和形式上要切实服务于现代英语课堂教学，捕捉现代信息，跟上时代步伐，使所设计的作业任务活化于现实生活，取材于现代人际交往和社会活动真实的语境和场景，学生完成作业的

过程也是在浓厚的语言氛围中触及生活的过程。因此，初中英语作业设计要摈弃那种为了作业而设计作业的陈规旧例，要把作业当成使语言流动起来、让思维拓展开来的理想化表演舞台。

对于初中英语教师而言，科学设计英语作业，既是一种日常的教学行为，也是一个不可或缺的教学环节，更是一项必备的教学素养。任何一位中学英语教学工作者，都应充分地认识到英语作业设计的重要性，在日常英语教学活动中不断地探索、完善和发展英语作业的形式和内容，将其作为提高自身教学技能与教学效益的重要手段，使其成为学生主动思维、大胆实践、形成积极情感态度、培养语言跨文化意识的重要载体。

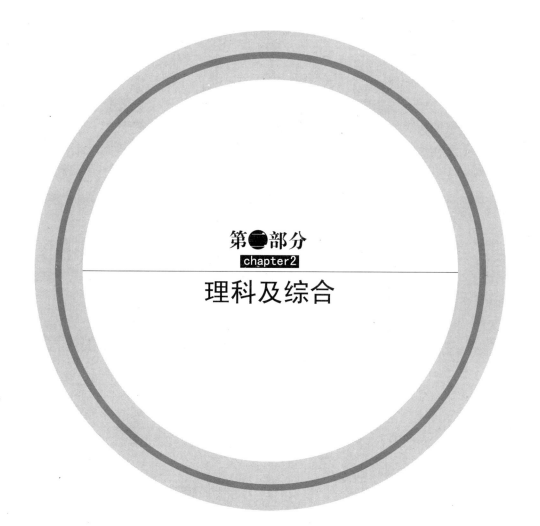

第一部分
chapter2
理科及综合

"错误"让课堂更美丽

滁州市南谯区创业路小学　谷晓丽[*]

记得有人说过："教室是学生出错的地方。"课堂中学生出现错误是美丽的，错误是孩子们最朴实的思想、经验最真实的暴露。面对学生的"差错"，数学课堂上比较糟糕的是埋怨学生，殊不知，就因为你这样的表现，学生们还敢再想再说吗？以致教师亲自上阵，帮学生回答，这无疑又使数学学习成为"灌输式"学习，这样的课堂怎能让学生享受到教育的幸福！其实，错误的出现并不是坏事，"错误"是宝贵的教学资源，只要是学生经过思考，其错误总会包含着一些合理的成分，而且错误还可能暴露教师教学中的疏漏，显示学生的思维过程。我们要善于挖掘和运用教学中形形色色的资源，要敢于直面这些"错误"。因此，在课堂中我们应关注更多的"错误"发生，不防止"错误"、不回避"错误"、正视"错误"、预测"错误"、善待"错误"，让"错误"为课堂增加光彩，让课堂更加美丽！

一　教师应以宽容的心去容"错"

"没有问题的课堂才是问题最大的课堂。"华而不实的、美丽的、虚假的课堂要不得！当学生在课堂上出现错误或产生问题时，许多教师视为洪水猛兽，唯恐避之不及。或"快刀斩乱麻"，以一个"错"字堵上学生的嘴，接二连三提问学生，直至得出"正确答案"；或亲自"上阵"，把答案"双

---

[*] 谷晓丽，多篇论文在在国家级、省级刊物上发表。曾获滁州市"师德标兵"等称号。

手奉上"。或"堵"或"送"，都是置学生的实际于不顾。可以想到，不拨"乱"反"正"，不让学生经历实践获得体验，阻住了学生迈向"错"的脚步，也就阻断了他迈向成功的道路。

"一个梯形的上底是2.3米，下底是3.5米，高是2米，求梯形的面积。""别害怕出错，说出你的想法！"在我的鼓励下，学生很踊跃，连平时不爱发言的邹×也胆怯地举起了小手并作了解答：2.3+3.5=5.8（平方米）。这种解法引起了学生的一阵哄笑，在同学的嘲笑声中，她羞得面红耳赤，尴尬地低下了头。看到她那难过的表情，如果我再将她的解法一棍子打死，那么对她以后的学习又会是怎样的后果呢？于是，我制止了学生的哄笑，平静地说："我们听听邹×的解题思路吧！"孩子的思维是独特而奇妙的：梯形的高是2米，而计算面积时又要除以2，乘2与除2相互"抵消"了，实际上就是上下底的和了。我让学生展开讨论，学生纷纷发表意见后，达成了共识：如果这样列式，求出的是上下底长度的和，不符合题意；正确的列式应为（2.3+3.5）×2÷2，但在计算时可以采用邹×同学的方法，比较简便。"是谁帮助我们找到了简便算法呢？"全班同学的目光不约而同地集中到了刚才出错的学生身上。这个学生如释重负，先前的那种羞愧感消失了，取而代之的是自信和投入……

因此，当出现"错误"时，教师要有容错的气度，蹲下身来，从学生的视角看待这些错误，让学生坦诚自己的想法，耐心倾听他们的表述，不轻易否定学生的答案，只有这样，学生才会毫无顾忌地发表自己的意见，实践自己的设想；师生间就会有认识上的沟通，心灵间的对话。而尊重学生的思维成果，与学生一起经历挫折，不断鼓励，可以让每个学生都能自始至终情绪高昂地参与整个学习过程，感受学习的快乐。

二 教师应学会恰当地用"错"

在课堂上，我们经常会看到这样一种现象：老师提出一个问题，教室里一片寂静，但当某个同学发表了一个有错误的见解之后，一只只小手举了起来，纷纷发表自己的见解，是同学错误的回答撞击了其他同学思维的火花，唤醒了"沉睡"的思维。德国教育家第斯多惠说过："教学的艺术不在于传授本领，而在于激励、唤醒、鼓舞。"因此，要允许学生出错，并将错误作为一种促进学生情感发展、智力发展的教育资源，正确地、巧妙地加以利用，这样我们的课堂将更精彩、更美丽。

有这样一道题：学校六年级共有300名学生，男生占3/5。女生有多少人？

一同学很快回答：女生180人。少数人赞同，多数学生不同意。听后，我未作评论，更没有批评，却说："这位同学也有道理，要是将题目更改两个字，那就完全对了！"话音刚落，同学们被震动了。"谁来改题？"茅塞顿开，同学们议论纷纷。我还是请那位同学说，果然，那位同学说："我原来的解法是针对'男生有多少人'而言的，如果把问题改成'男生有多少人'，我的解法就对了。"接着又问："如果要求的仍是'女生有多少人'呢？"那位同学做出了正确的解答。这样，既不伤学生的自尊，又一题两做，深刻辨析了正误，使学生受益。

通过这个教学实例，我认为：教师在课堂中巧妙地把学生的错误作为一种智力发展的教学资源，机智、灵活地引导学生换个角度去修正错误，训练学生思维的灵活性和创造性，利用错误，给学生创设良好的思维空间，引导学生多角度、全方位审视条件、问题、结论之间的内在联系，这是深化认识，培养学生创造性、思维性的有效办法。

三　教师应适时故设"陷阱"诱"错"

布鲁纳曾说："探究是数学的生命线，没有探究，便没有数学的发展。" 有人曾说过：学习任何知识的最佳途径是由学生自己去发现。只有让学生参与到教学活动中并成为真正的教学主体，才能使课堂教学成为一系列学生主体性活动的展开与整合的过程，在这个过程中既可以让学生学到知识和技能，又可以让学生体验探究的乐趣，同时培养学生初步的探究能力。错误之所以宝贵，其价值有时并不在于错误本身，而在于师生通过思错、纠错活动获得新的启迪。教师也应善于恰当设置一些这样的"陷阱"，让学生在这种真实、饶有兴趣的考验中摔打，这样，他们的选择、辨析、批判能力将会得到很大的提高。

如学习了"能被2、5整除的数的特征"后，学习"能被3整除的数的特征"。我故意设置"陷阱"：能被2、5整除的数，要看它的个位。同学们猜想一下，个位上是几的数能被3整除呢？学生异口同声地回答：个位上是0、3、6、9的数能被3整除。这时，再结合具体的数字，师生共同验证。学生很快便发现这个"答案"是错的，判断一个数能否被3整除看个位的思路是不正确的。在此基础上，我及时诱导，引领学生变换角度去探求新知。学生走进了"陷阱"，又从"陷阱"里走了出来，继续去寻找新的答案。

看来，只要引导得当，我们老师和学生都是不用害怕错误的，我们可以在错误中成长，真正地印证"失败乃成功之母"。数学教学应最大限度地满足每一个学生的需要，最大限度地开启每一个学生的智慧潜能。为此，这些小小的失误，只要你善于发现与运用，它往往可以成为巨大的资源。如果你能善待它，将会收到意想不到的效果。

学生不出错的教学，不是真正的教学，学生不出错的课堂不是好课堂。作为新世纪的新型教师，我们应以学生的发展为本，不仅要用一颗"平等心"、"宽容心"去正确对待学生在学习中出现的错误，并且要巧妙、合理地利用"错误"这一教育资源，让学生在错误中吸取教训、展示个性、获取成功。不要惧怕孩子出现错误，让我们共同去感悟"错误"给课堂带来的涌动的生命力和最真实的美丽吧！

"以学生为中心"的小学数学课堂教学改革

滁州市南谯区龙蟠小学　乔磊*

摘要："以学生为中心"是一种全新的教学理念。在小学数学教学中我们坚持学生在课堂教学中的主体地位，充分调动学生的学习积极性。

关键词：小学数学　教学改革　情境教学法

如何发挥兴趣在小学数学教学中的作用，是笔者一直思考的问题。兴趣作为一种极富性格和情感色彩的认识倾向，以学生对事物的探索精神和热情为基础，也是推动学生积极开展探究式学习的重要手段。这种兴趣往往可以让课堂教学效率大幅度提升，也有利于引导学生开展自主学习，养成善于思考的良好学习习惯。

一　关爱学生，构建互动、和谐的师生关系

课堂教学中，教师是主导，学生是主体。教师的教和学生的学同时构成了课堂教学的整个过程。我们认为，倡导互动、和谐的师生关系有利于兴趣教学的实现。毫无疑问，学生对教师的喜好程度直接决定了学生对所教课程的学习热情。一般来讲，亲切、和蔼、性格外向的教师更容易和学生开展平等交流，让学生感觉课堂学习是一件非常轻松愉快的事情。教师对学生的影响是终身的，教师对学生往往是"身教胜于言传"。课堂上教师给学生一个

---

*　乔磊，小学一级教师，国家三级心理咨询师，滁州市心理咨询师协会会员。

鼓励的眼神，一个会心的微笑，都可以极大地激发学生的学习热情。小学阶段的学生是良好学习习惯的养成时期。教师需要对学生进行正确的引导，并及时给予正面鼓励。在数学教学中，我们应该积极地鼓励学生大胆质疑、大胆提出自己的想法和意见，鼓励学生从不同的角度思考问题，并挑战教师的"权威"。兴趣的养成需要教师真正留心学生，观察学生，并积极反馈，做学生的好评人和知心人。

二　利用情境教学法，激发学生的学习兴趣

小学数学教学应该让学生体悟生活中数学和数字的存在，让学生树立起科学的意识，并引导学生在现实的情境和固有的生活经验和知识之中体验数学，理解数学。我认为，调动学生学习兴趣，最好的办法就是鼓励学生思考熟悉的事物和身边的事物。情境教学法是一种以情境为载体进行教学的方法。情景教学的核心是关注数学知识在生活中的应用。比如在学习《圆的周长》这一课时，我引入了一个小故事。"小明和小强比赛谁跑得快，小明跑的是正方形跑道，小强跑的是正方形里面的内切的圆形跑道，结果他俩谁赢呢？"一个同学站起来在黑板上画上了这两个跑道的形状，然后大家都争先恐后地说到底谁赢，气氛非常热烈。这时，我就提出了问题，"这两条跑道的长度是相等的吗？"学生们陷入了思考中。我给出正方形的边长是20米，学生们很快地就给出了正方形跑道的周长。"那么，圆形跑道的周长是多少呢？"教室内鸦雀无声。"那么圆形跑道的周长是多少呢，小明和小强到底谁能获胜呢？我们今天就来一起学习一下圆形的周长。"通过这样的一个小环节，就可以充分调动起学生们的学习热情，进而为课堂教学做铺垫。

三　致力于营造良好的学习氛围

学习环境作为影响学生成长的重要变量，对学生和学校教育的顺利实施有着显著的影响。构建良好的数学学习环境，需要从以下几个方面展开。第一，教师要具有民主意识，积极参与学生活动。有亲和力、易于沟通和表达能和学生做朋友的老师一直是受学生所欢迎的。教师能够积极走到学生

中间，可以在学生心目中树立良好的形象，为教学工作的开展打下良好的基础。第二，教师要主动了解学生的心声，积极和学生开展沟通。小学生处于身体和心理发育的关键时期，难免存在一些心理问题和波动情绪。教师要能够主动和学生开展沟通，倾听他们的心声和诉求，充分发挥其指导作用，为学生指明前进的方向。第三，可以开展形式丰富的活动。比如数学专题板报、"数学在我身边"、"数字的故事"等。也可以引导大家写数学日记，并在同学之间积极交流数学学习的心得体会。总之，良好学习氛围的构建需要教师真正站在学生的立场上为学生考虑。方法虽然多种多样，但是在实际教学活动中要能够结合学生的特点和实际情况具体开展活动。

四　注意教学与生活的结合

"事事洞察皆学问，人情练达即文章"。现实生活是我们开展学校教育的源泉，没有实践的教学是不具有生命力的。教师要让学生深刻地体会到，原来数学离我们并不遥远，数字虽然简单却并不冰冷，数字游戏的背后是人类智慧的结晶和思维的火花。更重要的是，数学是一切学科的基础。缺乏了数学和数学思维的学科都是不成熟的。我认为，首先教师应该能够突破教材的束缚，积极在生活中寻找数学教学的素材。比如在比较分数大小时，我们首先可以引导学生寻找生活中的分数，首先建立起分数的意识。然后再要求根据学生给出的生活中分数的例子直接引入同分母分数大小的比较。这样就可以让学生深刻地体会到，分数并不是只在课本之中，而是在我们生活的各个角落。因此，教师要善于在生活中发现这些素材，并结合教学的具体要求，通过整理加工，引入到课堂中。

五　结语

小学阶段的数学学习为以后各门学科的学习打下了基础，现阶段小学数学教学改革要秉持以学生为本的观念，提高学生对数学的学习积极性，在改进教学方法的同时提高课堂教学效率。

参考文献

1.王晓琴：《小学数学教学现状的不足》，《数学大世界》2012年第12期。

2. 刘青梅：《浅谈小学数学兴趣教学法》，《新课程学习》2012年第1期。

3.李宝山：《论小学数学兴趣的培养》，《软件（教育现代化）》2013年第8期。

把课堂还给学生

滁州市湖心路小学 王孝勤*

随着课程改革进行到"再出发"阶段，课改已经历了从开始的"小荷才露尖尖角"到今日的"映日荷花别样红"的过程。作为一名数学教师，不仅要把"以人为本"作为教学理念，以学生的发展为教学宗旨，而且更要重视课堂教学改革，把课堂还给学生。在此，结合本人的工作实际谈点个人体会。

课堂，是知识授与受的平台，是师生交流的载体，是学生、文本与老师对话的过程。《数学课程标准》（2011年版）指出："学生是学习的主体，教师是学习的组织者、引导者与合作者。"教学中如何真正体现以学生为主体？把课堂还给学生，这样的课堂才能充满活力和朝气，才能点燃思辨的火花，才能播洒爱的阳光，才能充盈智慧和希望，从而使学生放飞自己的理想，让课堂真正成为他们演绎人生的起点。

一 把课堂还给学生，让课堂成为激活学生思维的场所

苏霍姆林斯基说："在人的内心有一种根深蒂固的需求，就是希望自己是一个发现者、探索者，在儿童内心世界里，这种需求更为强烈。"因此，当学生对某种感兴趣的事物产生疑问并急于了解其中的奥秘时，此时教师不能直接把知识传授给学生，令他们得到暂时的满足，而应该充分相信学生的

* 王孝勤，湖心路小学副校长，滁州市"教坛新星"、"骨干教师"、"优秀少先队辅导员"；撰写的多篇论文在国家、省、市、区级获奖或刊登。

认知潜能，鼓励学生自主探索、积极思考，经历猜测、推理、交流等数学活动，去大胆地"再创造"数学。在"用字母表示数"这一课中，为了让学生理解用含有字母的式子表示乘法关系，教学中利用孩子们熟悉的去书店买书这样一个生活情境，（滁州新华书店有折价售书活动）如图：以一本《十万个为什么》售价8.5元为例，让学生先看图分析问题，再提出问题，买几本？并用乘法算式表示要付的钱数，当有学生说买a本，需付8.5a时，一石激起千层浪，学生的思维犹如打开的水闸滔滔不绝。随即买b本，需付8.5b，买n本需付8.5n……此时有学生说买a本，所付钱数是ab时，学生们一片愕然，买a本到底需付8.5a表示正确，还是ab表示准确？由于学生意见不统一，随机在课堂上让学生进行正反两方PK，经过激烈唇枪舌战，学生最终明确在此售书情境中，由于书的单价已知，所以买a本用8.5a表示付的钱数最准确，而用ab表示的式子可表示买任何价格的书，a本需付的钱数。可见老师充分放手，把课堂真正还给学生，学生们的真情实感、奇思异想及口若悬河的精彩辩论，无不证明学生的潜力是巨大的。

二 把课堂还给学生，让学生成为发挥学生主体作用的天地

课堂是学生成长的摇篮，在这里孩子能展示自己的个性，启迪学生的思维，锻炼自己的能力。例如，在教学完加法、乘法的运算定律以及减法的运算规律后，让学生将这些知识联系起来总结收获。其中，有学生提出：既然加法、减法、乘法都有相应的运算定律或规律，想必除法也不例外吧！随即改变课前的教学预设，取消进行练习的打算，改为要求学生自主探索"除法的运算定律"。一开始给学生提供切入思考的依据——例如：超市卖出5箱热水瓶，每箱12个，共收入840元，每个热水瓶售价多少元？（用两种方法解答），在学生顺利解决这一问题后，组织学生出谋划策，讨论接下来该怎样去发现并掌握"除法的运算规律"，学生借鉴先前学习运算定律的方法，通过建立猜想——举例验证——出题应用，学生们在小组中一步一步展开了自主学习，最终如愿以偿，发现并掌握了"一个数连续除以两个数，等于这个数除以两个除

数的积"这一运算规律，可谓事半功倍。整个过程中，老师只是适时点拨让数学建模随着学生的感觉走，学生始终循着自己的思考在积极主动地去发现、探索，亲身经历了知识形成的全过程，其成功后的喜悦定然激发他们再去"再创造"新的数学知识。相信学生，因为他们才是数学学习的主人。

三　把课堂还给学生，让课堂成为构建学生人格大厦的基石

课堂是学生学习的主渠道，也是学生人格发展的重要场所。在这里学生聆听教诲、启迪智慧、塑造性格、树立信心、学会做人。在"用计算器计算"这节课中，设计了贫困山区的失学儿童，一人一年的学习费用仅300元，让学生自主算一算自己一年的学习费用。通过这一活动，让学生明白如果每位学生每人省下6元钱，一个班50个同学就可以资助一位失学儿童重返校园，学校有1260名学生，每人都捐6元钱，又可以资助多少名失学儿童呢？让学生试着去算一算，谈想法。再如2008年5月12日发生的汶川大地震，使众多儿童失去了父母，失去了学习的机会，我们能在宽敞明亮的教室里学习那是多么的幸运，多么的幸福！设计这样的教学活动能更好地引起孩子的情感共鸣。课堂上诸如此类鲜活的事例很多很多，每当解决此类现实问题时，学生们不仅会积极主动思考，而且他们在思想、品德、情操上都能有所触动。人们常说"为人师者，当如春雨，润物于无声"。教学中以巧妙的疏导与孩子们思维共振、情感共鸣，用"爱"来为我的课堂教学铺路，课堂上只有撒播爱的阳光，学生才能过得自信与希望，才能培养学生健康的心理和健全的人格，才能教会学生学习，更教会他们学会做人。

课标强调"人人都能获得良好的数学教育，不同的人在数学上得到不同的发展"。学生是数学学习的主人，把课堂真正还给学生，让数学课堂生机盎然、绚丽多彩。

初中电学研究性学习活动

滁州市乌衣中学　樊天国*

2001年4月，我校被滁州市教委确定为"研究性学习课程"实验学校，根据活动安排，首先选择研究课题，然后确定研究小组，各小组进行研究，最后总结撰写报告。本人所选择的课题是"初中电学研究性学习活动"，根据初中电学内容，确定几个研究项目，让学生去研究，通过研究激发学生的学习积极性，培养学生创新精神，从而改变传统的教学模式，更新教育观念和教学行为，提高学生实践能力。现选其中一个研究项目介绍如下：

一　研究内容

在深夜里为什么打开家用电灯时，比傍晚时要亮些？

二　研究方法

实验、观察、研究、分析、评价、总结。

三　活动材料

电源、小灯泡、电阻、滑动变阻器、电流表、电压表、开关、导线等。

---

* 樊天国，南谯区第二届"教坛新星"。有三篇论文获安徽省二、三等奖，自制教具和多篇论文获市级奖，在国家与省级报刊和杂志上发表论文二十多篇。

四　活动目的

通过实验取得的结果，再分析回答研究的问题，引导学生动手实践，观察现象，培养学生分析问题和解决问题的能力。从而提高教学质量，提高学生素质。

五　研究步骤

（一）实验、观察

（1）按照图1的电路图，连接好电路，闭合开关S_1、S_2，记录电压表、电流表的示数；再断开S_1，记录两电表的示数。

（2）按图2的电路图连接好电路，闭合开关S，把滑动变阻器的滑片P向右滑劫，观察电压表V_1、V_2和电流表A各如何变化？

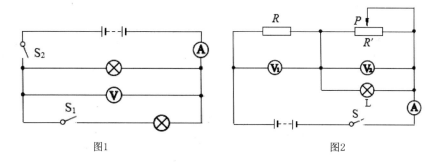

图1　　　　　　　　　　　　　　　　图2

（二）分析、研究

从第一个实验看，断开S_1后，电压表示数几乎不变，而电流表示数减小，这意味着总电阻变大。分析家用电路中电灯亮的越少，电路的总电阻越大，电路的总电流越小。

由图2可知，当滑动变阻器的滑片P向右滑动时，V_1示数变小，V_2示数变大，A示数变小，分析输电导线是有电阻的，再研究导线与电灯是串联起来的，我们把R当作导线，把R'当作其他所有并联的电灯。所研究的电灯L与R'是并联的，如图3，当R'

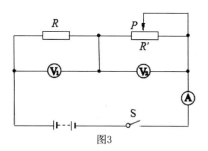

图3

的滑片P向右移动时，R阻值变大，这时V$_2$示数变大，电灯L亮些。

（三）评价、总结

教师对各组的实验、分析、研究给予评价，指导学生回答所研究的问题，正确的给予肯定，不足的给予补充和说明，让每小组集体讨论再写出报告。

最后教师总结：由实验一可知并联在电路中的电灯越少（即深夜灯亮的少），电路中的总电阻越大，电流越小；由实验二可知滑片向右移动（即灯亮的少），V$_1$示数变小（即线路上损失的电压变小），V$_2$变大（即加在电灯两端电压增大），这时电灯功率$P = \dfrac{U^2}{R_L}$将增大。

图3就是模拟了电路的情况，这就是：在深夜里电灯使用的少，电路电阻大而总电流小，线路电阻不变，而在线路上损失的电压小，加在电灯两端电压大，因此电功率也变大，灯当然比傍晚时亮些。

六 研究效果

把我校初三（3）班作为研究班级，把全班分成8个小组，每组6—8人，学生亲自动手实践，加强了实验教学，学生既动手又动脑对电学内容也是一次巩固，在小组活动中，增强团结协作精神和集体意识。8个组对实验电路连接和记录比较认真细致，但有个别组在选择电表量程上有偏差，可学生思维活跃，积极性高，在最后报告撰写上逻辑性不十分理想，值得肯定的是培养学生观察动手能力，学会用物理知识和实验记录结果去解决问题的能力，激发他们探索实践的科学精神。

七 问题扩展

当所研究的问题解决后，再配合与之相关的问题，引导他们去思索。这里扩展的问题是：远距离输电为什么要高电压？学生在以上研究问题中，知道线路有电阻，那线路就有能量损失，从这方面入手。

因为线路有电阻，所以线路有电能损失。由$W = I^2Rt$知，我们减少电能损失的方案有两种，一是减小线路电阻R，二是减小线路电流I，如果从减小电阻入手，现大多采用铝线钢芯输电，换用别的材料不可能。若要增大导线截面积，比如当导线电阻减到原来的 $\frac{1}{10}$，电能损失也减到原来的 $\frac{1}{10}$，可导线的截面积就是原来的10倍，输电设备的加固难度可想而知，这显然不通。那只有从减小电流入手，从 $W = I^2Rt$ 可知，电流减小到原来的 $\frac{1}{10}$，电能损失就是原来的 $\frac{1}{100}$，要减小电流又不能减小输电功率，由 $P = UI$ 可知使输电功率不变，要减小电流就必须提高电压，所以远距离输电要用高压。

电功率计算实例

滁州市乌衣中学　樊天国

在电学中，电功率的计算占较大的比例，往往在进行电功率计算的同时，牵涉其他电学公式的计算以及综合计算问题。

一　电功率公式的变化

电功率的基本公式为 $P = UI$，它是电流通过用电器或导体时在单位时间内所做的功，因此又有 $P = W/t$，电功率是反映电流做功快慢的物理量。由欧姆定律 $I = U/R$ 可得 $P = U^2/R$，再由 $U = IR$ 得 $P = I^2R$ 等一些变化，但变化后的公式并不是对所有电器都适用。现归纳如下：

$$P = UI \begin{cases} P = U^2/R & （纯电阻性用电器） \\ P = I^2R & （纯电阻性用电器） \\ P = W/t & （所有用电器） \end{cases}$$

（所有用电器）

纯电阻性用电器是指电能转化为热的用电器，如电饭煲、电灯、电炉等。像电动机就不是纯电阻性用电器，它主要是把电能转化为机械能，因此选择公式要注意适用范围，不可盲目乱套。

二　纯电阻用电器电功率的计算

纯电阻用电器在额定电压下其功率达到额定功率，由 $P_{额} = U_{额}^2/R$ 就可计算电阻$R = U_额^2/P_额$而求实际功率又可通过$P_实 = U_实^2/R$计算。

例1：标有"PZ220-100"灯泡，如果接在110V电路中，实际电功率多大（灯泡电阻不变）？

解：灯泡电阻$R = U_额^2/P_额 = (220V)^2/100W = 484\Omega$

$$P_实 = U_实^2/R = (110V)^2/484\Omega = 25W$$

或者这样解

$$\frac{P_实}{P_额} = \frac{U_实^2/R}{U_额^2/R} = \frac{U_实^2}{U_额^2}$$

$$P_实 = \frac{U_实^2}{U_额^2}P_额 = \frac{(110V)^2}{(220V)^2} \times 100W = 25W$$

也就是说用电器功率与电压的平方成正比。在选择与判断题时，用这种关系能快速做出答案。

三 电功率计算例题

例2：如图1所示，滑动变阻器的最大阻值20Ω，当标有"6V 3W"的小灯泡和滑动变阻器串联后，接入电压为12V的电路中，灯泡L恰能正常发光，问：

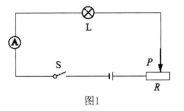

图1

（1）变阻器接入电路的阻值多大？

（2）当电路消耗的总功率最小时，电流表示数多大？此时灯泡电功率多大？

解：（1）灯泡L与变阻器R串联，灯泡正常发光，其电压$U_L = 6V$

电阻$R = U_L^2/P = (6V)2/3W = 12\Omega$，变阻器连入电路电阻两端电压

$U_R = U - U_L = 12V - 6V = 6V$。

由串联电路电压分配跟电阻成正比，得$R' = 12\Omega$。

（2）当电路消耗电功率最小时，连入电路中电阻最大，此时

$$R_总 = R + R_L = 20\Omega + 12\Omega = 32\Omega$$

$$I = U/R_总 = 12V/32\Omega = 3/8A$$

（即电流表的示数）

$$P_L = I^2R_L = (3/8A)2 \times 12\Omega = 27/16W$$

例3：图2，电源电压保持6V，闭合开关S_1断开S_2，安培表示数0.4A；闭合S_2断开S_1，安培表示数0.6A；当S_1和S_2都闭合时，安培表读数1.2A。求：

（1）R_1、R_2、R_3阻值；

（2）S_1、S_2都闭合时，R_2上消耗的电功率是多少？

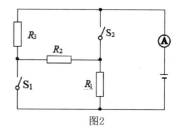

图2

解：（1）闭合S_1断开S_2，R_1与R_2短路，电路中只有R_3工作，R_3阻值

$$R_3 = U/I_1 = 6V/0.4A = 15\,\Omega$$

当闭合S_2断开S_1时，R_2与R_3短路，电路中只有R_1工作，R_1阻值

$$R_1 = U/I_2 = 6V/0.6A = 10\,\Omega$$

当S_1和S_2都闭合时，R_1、R_2、R_3并联，电路总电流$I_总 = 1.2A$

$$R = U/I_总 = 6V/1.2A = 5\,\Omega$$

$$1/R_2 = 1/R - 1/R_1 - 1/R_3 = 1/5\,\Omega - 1/10\,\Omega - 1/15\,\Omega = 1/30\,\Omega$$

$$R_2 = 30\,\Omega$$

（2）S_1、S_2都闭合时，R_2上消耗的电功率

$$P_2 = U^2/R_2 = （6V）^2/30\,\Omega = 1.2W$$

四　方程组解题

例4：如图3所示电路中，电源电压保持不变，调节滑动变阻器，使电压表的示数为10V，变阻器的功率为10W；调节滑动电阻器到另一位置时，电压表的示数为5V，此时变阻器的功率为7.5W，求：

（1）电阻R的阻值；

（2）电源电压U。

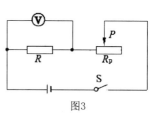

图3

解：在第一种情况下

$$U_1 = 10V \qquad P_2 = 10W$$

$$I = U_1/R = 10/R$$

$$P_2 = IU_2 = I（U - U_1）= 10/R（U - 10）= 10 \quad ①$$

在第二种情况下

$$U'_1 = 5V \qquad P'_2 = 7.5W \qquad I' = U_1'/R = 5/R$$

$$P'_2 = I'U_2' = I'(U - U_1') = 5/R(U - 5) = 7.5 \quad ②$$

把①②联立建立方程组

$$\begin{cases} 10/R(U - 10) = 10 \\ 5/R(U - 5) = 7.5 \end{cases}$$

解得：$U = 20V$ $\quad$ $R = 10\Omega$

五 扩展计算

例5：将额定电压、额定功率分别为$U_1 = 6V$、$P_1 = 6W$，$U_2 = 6V$、$P_2 = 4W$的两灯串联后接到$U = 12V$电路上，如何利用一个变阻器把它调节到多大电阻上，才能使这两灯正常发光？

解析：要使两灯正常发光，不能把它们简单地串联或并联，必须使每盏灯都达到其额定电压6V，才能使它们正常发光，两灯电阻

$$R_1 = U_1^2/P_1 = (6V)^2/6W = 6\Omega \qquad R_2 = U_2^2/P_2 = (6V)^2/4W = 9\Omega$$

方法一：将两灯并联起来，无疑两灯电压必须都是6V，而电源电压为12V。我们把两灯看作一个整体，它们并联后再与滑动变阻器串联，那么变阻器两端电压也为6V。如图4，由串联电路特性，电压相等，电阻必相等，变阻器连入电路电阻就是两灯并联时的总电阻

$$R_x = R_1 R_2/(R_1 + R_2) = 6\Omega \times 9\Omega/(6\Omega + 9\Omega) = 3.6\Omega$$

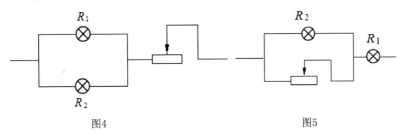

图4 $\qquad\qquad\qquad\qquad\qquad$ 图5

方法二：由于$R_1 < R_2$，我们把第二盏灯并联一个电阻，使它们总电阻等于R_1的阻值，这样12V电压平均分配，两盏灯也正常发光，如图5。并联部分总功率应是6W，则变阻器电功率为2W，此时

$$R_x = U_x^2/P_x = (6V)2/2W = 18\Omega$$

从节能方面来看，哪种方法最科学，同学们自己分析。

对一道高中联赛题解法的研究

滁州市南谯区教育局教研室　严礽斌*

安徽省2006年高中数学联赛试题，其呈现方式给人的感觉新颖别致、令人耳目一新，整套试题贯彻了"大众化、普及化、不超纲、不超前"的数学竞赛命题原则，具有较高的题构艺术性，堪称为一套融"内容的科学性、结构的新颖性、功能的选拔性、解法的灵活性"（注：罗增儒，陕西师大教授）为一体的好试卷。它叙述简明、编排精巧、寓意深刻，作为为全国高中数学竞赛挑选队员而准备的省级初赛试题，难度虽然不太大，但浅而不俗，熟而不旧，真正动手解答起来也还并非是件很容易的事，仍需要考生加以细致而透彻地分析，周密而全面地考虑才能拿到高分。特别是最后一题，为含有二次根式的一阶递归数列通项公式的求解问题，更是体现出"一题多思，一题多解，横向联系，纵向发散"的编题与解题风格。下面笔者仅对联赛试题中的压轴题（最后一题）进行研究，并运用数学解题的转化思想，从不同角度去分析、思考，提出5种不同的解法，供参考。

题目： 已知数列 $\{a_n\}$ $(n \geqslant 0)$ 满足 $a_0 = 0$，对所有非负整数n，有 $a_{n+1} = 2\sqrt{30a_n(a_n+1)} + 11a_n + 5$，求数列 $\{a_n\}$ 的通项公式。

解法1： 已知 $a_{n+1} = 2\sqrt{30a_n(a_n+1)} + 11a_n + 5$，移项，得 $a_{n+1} - 11a_n - 5 = 2\sqrt{30a_n(a_n+1)}$

两边平方并整理，得 $a_n^2 - (22a_n + 1 + 10)a_n + (a_n + 1 - 5)^2 = 0$ ①

---

* 严礽斌：南谯区教研室副主任，中学高级教师。在《中学数学教学》、《中国数学教育》、《安徽教育科研》等学术期刊上公开发表文章9篇；教学论文获省级一等奖2篇，二等奖2篇，三等奖3篇。

以n+1代替①中的n，得$a_{n+1}^2-(22a_{n+2}+10)a_{n+1}+(a_{n+2}-5)^2=0$

展开并整理，得$a_{n+2}^2-(22a_{n+1}+10)a_{n+2}+(a_{n+1}-5)^2=0$ ②

由①、②知，a_n，a_{n+2}是方程$x^2-(22a_{n+1}+10)a_{n+2}+(a_{n+1}-5)^2=0$的根，

由韦达定理知，$a_n+a_{n+2}=22a_{n+1}+10$ ③

在③式两边同加1，得$\left(a_n+\dfrac{1}{2}\right)+\left(a_{n+2}+\dfrac{1}{2}\right)=22\left(a_{n+1}+\dfrac{1}{2}\right)$

令$b_n=a_n+\dfrac{1}{2}$，则得到齐次线性递归式$b_n+b_{n+2}=22b_{n+1}$

相应的特征方程为$x^2-22x+1=0$，特征根为$x_1=11+2\sqrt{30}$，$x_2=11-20\sqrt{30}$

设$b_n=c_1x_1^n+c_2x_2^n=c_1\left(11+2\sqrt{30}\right)^n+C_2\left(11-2\sqrt{30}\right)^n$ ④

因为$a_0=0$，所以$a_1=5$. 而$b_n=a_n+\dfrac{1}{2}$，故$b_0=\dfrac{1}{2}$，$b_1=\dfrac{11}{2}$

代入④式解得$c_1=c_2=\dfrac{1}{4}$

所以$b_n=[(11+2\sqrt{30})^n+\left(11-2\sqrt{30}\right)^n]$

所以通项公式$a_n=-\dfrac{1}{2}+b_n=-\dfrac{1}{2}+\dfrac{1}{4}[(11+2\sqrt{30})^n+\left(11-2\sqrt{30}\right)^n]$

解法2： 对于任意$n\in N$有$a_{n+1}=2\sqrt{11+2\sqrt{30}}+11a_n+5>a_n$

$a_{n+1}-11a_n-5=2\sqrt{30a_n(a_n+1)}$两边平方并整理，得$a_{n+1}^2+a_n^2-22a_{n+1}a_n-10a_{n+1}+25=0$

以n-1代替①式中的n，得$a_n^2+a_{n-1}^2-22a_na_{n-1}-10a_n+25=0$ ②

①—②，得$a_n^2+a_{n-1}^2-22a_n(a_{n+1}-a_{n-1})-10(a_{n+1}-a_{n-1})=0$,即$(a_{n+1}+a_{n-1}-22a_n-10)(a_{n+1}-a_{n-1})=0$

而$a_{n+1}-a_{n-1}>0$，故$a_{n+1}+a_{n-1}-22a_n-10=0$ ③

以n-1代替③式中的n，得$a_n+a_{n-2}-22a_{n-1}-10=0$ ④

③—④，得$a_{n+1}-23a_n+23a_{n-1}-a_{n-2}=0$，特征方程为$x^3-23x^2+23x-1=0$

解出特征根为$x_1=1$，$x_2=11+2\sqrt{30}$，$x_3=11-2\sqrt{30}$

设$a_n=c_1x_1^n+c_2x_2^n+c_3x_3^n=c_1\cdot1^n+c_2(11+2\sqrt{30})^n+C_3(11-2\sqrt{30})^n$

将$a_n=0$，$a_1=5$，$a_2=120$分别代入并解之，得$c_1=-\dfrac{1}{2}$，$c_2=c_3=\dfrac{1}{4}$

故通项公式$a_n=-\dfrac{1}{2}+\dfrac{1}{4}(11+2\sqrt{30})^n+\dfrac{1}{4}(11-2\sqrt{30})^n$

解法3： 因为对于任意$n\in N$，$a_0=0$，有$a_{n+1}=2\sqrt{30a_n(a_n+1)}+11a_n+5>a_n\geqslant0$，

所以$a_{n+1}=5(a_n+1)+2\sqrt{30a_n(a_n+1)}+6a_n=(\sqrt{5(a_n+1)}+\sqrt{6a_n})^2$

所以$\sqrt{a_{n+1}}=\sqrt{5(a_{n+1})}+\sqrt{6a_n}$ ①

以n+1代替①式中的n，得$\sqrt{a_{n+2}}=\sqrt{5(a_{n+2})}+\sqrt{6a_{n+1}}$ ②

又因为 $a_{n+1}+1=2\sqrt{30a_n(a_n+1)}+11a_n+5+1=6(a_n+1)+2\sqrt{30a_n(a_n+1)}=(\sqrt{6a_n+1}+\sqrt{5a_n})^2$

所以 $\sqrt{a_{n+1}+1}=\sqrt{6a_n+1}+\sqrt{5a_n}$ ③

将③式代入②并整理，得 $\sqrt{a_{n+2}}=\sqrt{30(a_n+1)}+\sqrt{5a_n}+\sqrt{6a_{n+1}}$ ④

①×$\sqrt{6}$ —④并整理，得 $\sqrt{a_{n+2}}=2\sqrt{6a_{n+1}}+\sqrt{a_n}=0$

令 $b_n=\sqrt{a_n}$，则有 $b_{n+2}-2\sqrt{6}b_{n+1}+b_n=0$

相应的特征方程为 $x^2+2\sqrt{6}x+1=0$，解出特征根为 $x_1=\sqrt{6}+\sqrt{5}$，$x_2=\sqrt{6}-\sqrt{5}$

于是 $b_n=c_1 x_1^n+c_2 x_2^n=c_1(\sqrt{6}+\sqrt{5})^n+c_2(\sqrt{6}-\sqrt{5})^n$，

因为 $a_0=0$，$a_1=5$，$b_n=\sqrt{a_n}$，所以 $b_0=0$，$b_1=\sqrt{5}$，代入上式解得 $c_1=\frac{1}{2}$，$c_2=-\frac{1}{2}$

所以 $b_n=\frac{1}{2}(\sqrt{6}+\sqrt{5})^n+(\sqrt{6}-\sqrt{5})^n$

因此数列 $\{a_n\}$ 的通项公式 $a_n=b_n^2=[\frac{1}{2}(\sqrt{6}+\sqrt{5})^n+(\sqrt{6}-\sqrt{5})^n]2=-\frac{1}{2}+\frac{1}{4}(11+2\sqrt{30})^n+\frac{1}{4}(11-2\sqrt{30})n$

解法4：由解法3中的①式知 $\sqrt{a_{n+1}}=\sqrt{5(a_{n+1})}+\sqrt{6a_n}$

移项得 $\sqrt{a_{n+1}}-\sqrt{6a_n}=\sqrt{5(a_{n+1})}+\sqrt{6a_n}$ ①

两边平方并整理，得 $a_{n+1}+a_n-2\sqrt{6a_{n+2}a_{n+1}}-5=0$ ①

以 $n+1$ 代替①式中的 n，得 $a_{n+2}+a_{n+1}-2-5=0$ ①②

①-②，得 $a_n-a_{n+2}-2\sqrt{6a_{n+1}}(\sqrt{a_n}-\sqrt{a_{n+2}})=0$，

即 $(\sqrt{a_n}-\sqrt{a_{n+2}})(\sqrt{a_n}+\sqrt{a_{n+2}}-2\sqrt{6a_{n+1}})=0$

因为 $a_{n+2}>a_{n+1}>a_n$，所以 $a_n\neq a_{n+2}$

所以 $\sqrt{a_n}+\sqrt{a_{n+2}}-2\sqrt{6a_{n+1}}=0$

以下与解法3相同

解法5：对于任意 $n\in N$，$a_0=0$，有 $a_{n+1}=2\sqrt{30a_n(a_n+1)}+11a_n+5>a_n$

因为 $a_0=0$，所以 $a_n\geq 0$

由解法3知 $\sqrt{a_{n+1}}=\sqrt{5(a_{n+1})}+\sqrt{6a_n}$，$\sqrt{a_{n+1}+1}=\sqrt{6a_n+1}+\sqrt{5a_n}$ 两式相加，得

$\sqrt{a_{n+1}+1}+\sqrt{a_{n+1}}=(\sqrt{6}+\sqrt{5})(\sqrt{a_{n+1}+1}+\sqrt{a_n})$

即 $\dfrac{\sqrt{a_{n+1}+1}+\sqrt{a_{n+1}}}{\sqrt{a_{n+1}+1}+\sqrt{a_n}}=\sqrt{6}+\sqrt{5}$

以n−1代替上式中的n，得 $\dfrac{\sqrt{a_n+1}+\sqrt{a_n}}{\sqrt{a_{n-1}+1}+\sqrt{a_{n-1}}}=\sqrt{6}+\sqrt{5}$

同理 $\dfrac{\sqrt{a_{n-1}+1}+\sqrt{a_{n-1}}}{\sqrt{a_{n-2}+1}+\sqrt{a_{n-2}}}=\sqrt{6}+\sqrt{5}$ … $\dfrac{\sqrt{a_1+1}+\sqrt{a_1}}{\sqrt{a_0+1}+\sqrt{a_0}}=\sqrt{6}+\sqrt{5}$

因此可得，

$$\dfrac{\sqrt{a_{n+1}+1}+\sqrt{a_{n+1}}}{\sqrt{a_{n+1}+1}+\sqrt{a_n}}\cdot\dfrac{\sqrt{a_n+1}+\sqrt{a_n}}{\sqrt{a_{n-1}+1}+\sqrt{a_{n-1}}}\cdot\dfrac{\sqrt{a_{n-1}+1}+\sqrt{a_{n-1}}}{\sqrt{a_{n-2}+1}+\sqrt{a_{n-2}}}\cdots\dfrac{\sqrt{a_1+1}+\sqrt{a_1}}{\sqrt{a_0+1}+\sqrt{a_0}}=(\sqrt{6}+\sqrt{5})^{n+1}$$

因为$a_0=0$，所以$\sqrt{a_0}=0$，$\sqrt{a_0+1}=1$

所以$\sqrt{a_{n+1}+1}+\sqrt{a_{n+1}}=(\sqrt{6}+\sqrt{5})^{n+1}$

以n−1代替上式中的n，得$\sqrt{a_n+1}+\sqrt{a_n}=(\sqrt{6}+\sqrt{5})^n$

令$(\sqrt{6}+\sqrt{5})^n=m$，得$\sqrt{a_n+1}+\sqrt{a_n}=m$

解得$a_n=\dfrac{(m^2-1)^2}{4m^2}=\dfrac{1}{4}(m-\dfrac{1}{m})^2=\left[(\sqrt{5}+\sqrt{6})^n-\dfrac{1}{(\sqrt{5}+\sqrt{6})^n}\right]^2$

$=\dfrac{1}{4}\left[(\sqrt{5}+\sqrt{6})^n\right]^2-(\sqrt{6}-\sqrt{5})^n=-\dfrac{1}{2}+\dfrac{1}{4}(11+2\sqrt{30})^n+(11-2\sqrt{30})^n$

因此数列$\{a_n\}$通项公式$a_n=-\dfrac{1}{2}+\dfrac{1}{4}(11+2\sqrt{30})^n+(11-2\sqrt{30})^n$

解法1、解法2是将条件等式化去根号，整理并作下标代换，经运算后再求特征方程的特征根进而求解。根据平方后整理递归关系式的不同，解法1在将下标代换后的递归式与原递归式作比较，运用韦达定理得到等价的递归关系式，再换元，以化繁为简，不失为一种巧妙的构思。

解法3、解法4是将条件进行有预设的组合变形、配方，再经过换下标、整理等一系列等价转化的运算，化非线性递归式为齐次线性递归式，进而求解。解法5则是将整理后的比式用反复迭代换下标的方法，得出关于只含有%的方程，化难为易，拨云见日，从而表现出一种解题思维的宽阔性。

由于递归数列问题蕴含着丰富的方程、函数、归纳、转化等数学思想，在近几年各地的高考与竞赛试卷中已经屡见不鲜，且备受青睐，广大数学爱好者对它的研究、探索则更是成为数学竞赛的重要课题，因为这类题目对培养、提升学生解题的思维能力、应变能力与技巧，挖掘学生的智力潜能都有着举足轻重的作用。显然，安徽省2006年数学联赛中的递归数列题可称为多年来难得一见的好题。

参考文献

1.罗增儒：《从竞赛数学到数学竞赛》，《中学数学教学参考》2005年第6、7、9期。

2.彭海燕：《对一道高考数学题的探讨》，《中学敬学教育（高中版）》2006第6期。

3.于芙蓉：《对一道中考信息给予题的研究》，《中学数学教育（初中版）》2006年第11期。

分析终态　巧妙解题

滁州市沙河中学　李康云*

　　在一些表面看似复杂的化学计算题中，常常隐藏着巧解信息，如果深入挖掘，采用分析终态法解题，可以省去题设中的中间过程，只考虑反应的最终状态，抓住某些量间的特殊关系，巧妙地列出关系式进行解题，使解题过程简化，达到事半功倍的效果，从而提高解题效率。

一　终态法概念

　　终态法就是对于连续进行的多步反应，采用叠加的方法，将各反应变成一总反应；或根据反应物和终态（生成物）的原子个数守恒，直接找到反应物与反应物或反应物与生成物之间的关系，使解题过程大为简化。

二　终态法构建

　　1. 对复杂的反应过程进行叠加

　　例1：将一定量的O_2、CH_4、Na_2O_2密封于一个密闭容器中，用电火花引燃气体，反应结束后，若容器内压强为零，温度$1500°C$，且残余物质溶于水无气体产生，则O_2、CH_4、Na_2O_2三种物质的物质的量之比应是（　　）

　　* 李康云，中学化学高级教师，南谯区化学骨干教师。教学态度严谨，能积极参与教育教学研究，在CN刊物上发表论文多篇。

A.1 : 2 : 3　　B.1 : 2 : 6　　C.6 : 3 : 1　　D.3 : 2 : 1

解析：根据发生反应的方程式按照一定的系数比例加和后可得到新的化学方程式。

$CH_4 + 2O_2 \rightarrow CO_2 + 2H_2O$　　①　　　　$2Na_2O_2 + 2CO_2 = 2Na_2CO_3 + O_2$　②

$2Na_2O_2 + 2H_2O = 4NaOH + O_2$　③

依题意产物压强为零，说明没有气体，则①×2+②+③×2得$O_2 + 2CH_4 + 6Na_2O_2 = 8NaOH + 2Na_2CO_3$，故选B。

2. 根据原子个数守恒

例2：在硫酸铝、硫酸钾和明矾的混合溶液中，SO_4^{2-}的浓度为0.2mol/L。当加入等体积0.2mol/L KOH溶液时，生成的沉淀恰好完全溶解，则反应后混合溶液中K^+的物质的量浓度为（　　）

A.0. 225 mol/L　　　　　　　　B.0.125 mol/L

C.0. 45 mol/L　　　　　　　　D.0.25 mol/L

解析：依题意，反应后溶液中溶质最终为K_2SO_4和$KAlO_2$。根据SO_4^{2-}守恒可求出反应后混合溶液中$c(K_2SO_4) = 0.1$ mol/L，又由于$Al^{3+} + 4OH^- = AlO_2^- + 2H_2O$，可求出原溶液中$c(Al^{3+}) = 0.05$mol/L，由Al守恒则可求出反应后混合溶液中$c(KAlO_2) = 0.025$mol/L。最后再根据$K^+$守恒就可求出反应后混合溶液中$c(K^+) = 0.1$mol/L×2+0.025mol/L = 0.225mol/L。故应选A。

例3：向0.8L某浓度NaOH溶液中通入标准状态下3.36LCO_2，充分反应后，将溶液小心蒸干得不含结晶水的固体19.9g，求原NaOH溶液的物质的量浓度为_____。

解析：题中CO_2的物质的量为0.15mol，当反应后最终全部生成Na_2CO_3时，固体质量为：0.15mol x 106g/mol = 15.9g，当反应后最终全部生成$NaHCO_3$时，固体质量为：0.15mol x 84g/mol = 12.6g，题目中固体质量大于15.9 g，说明最终固体除15.9gNa_2CO_3外，还有(19.9 −15.9) g NaOH，其中，$n(Na^+) = $15.9g/106g·$mol^{-1}$×2+ 4g/40g·$mol^{-1}$ = 0.4mol, 故$c(NaOH) = 0.4$mol/0.8 L = 0.5mol/L。

例4：将1.02g Al_2O_3和Fe_2O_3混合物，溶解在过量的100mL 0.05mol/L H_2SO_4的溶液中，然后加入NaOH溶液，使Fe^{3+}、Al^{3+}刚好全部转化为沉淀，用去NaOH溶液100mL，则NaOH溶液的物质的量浓度为_____。

解析：Al_2O_3和Fe_2O_3最终转化为不溶性的氢氧化物$Al(OH)_3$和$Fe(OH)_3$，

溶液最后为Na_2SO_4溶液，故有：n (NaOH)=n(Na^+) =2n(SO_4^{2-})=2×0.05moL×0.1L=0.0lmol

c(NaOH)=0.0lmol/0.1L =0.1mol/L

例5：$CuCO_3$和$Cu_2(OH)_2CO_3$的混合物34.6g可恰好溶解于300mL2mol/L的盐酸溶液中，加热分解等量的这种混合物可得固体质量为（　　）

A. 16.0g　　B.19.2g　　C.24.0g　　D.30.6g

解析：根据$CuCO_3$和$Cu_2(OH)_2CO_3$的混合物34.6g可恰好溶解于300mL 2mol/L的盐酸溶液中的生成物为$CuCl_2$，又知n(HCl) =0.3L×2mol/L =0.6mol，故$CuCl_2$的物质的量应为0.3mol，加热分解的这种混合物均得到CuO，根据Cu守恒，CuO的物质的量也为0.3mol，其质量为0.3mol×80g/mol= 24g。所以选C。

例6：向一定量的Fe、FeO、Fe_2O_3混合物中，加入100mL1mol/L的盐酸，恰好使混合物完全溶解，标准状况下放出2.24mL的气体。所得溶液中加入KSCN溶液无血红色出现，那么用足量CO在高温下还原相同质量的此混合物，得到铁的质量为（　　）

A. 11.28g　　B. 5.6g　　C. 2.8g　　D. 无法计算

解析：根据题意，混合物中加入100mL1mol/L的盐酸后最终生成物应为$FeCl_2$，由n(HCl) =0.11×1mol/L =0.1mol可得$FeCl_2$的物质的量应为0.05 mol，再根据铁守恒可得铁的物质的量应为0.05mol，故铁的质量为0.05mol×56g/mol=2.8g，所以选C。

三　小结

对于因涉及反应较多，根据一般计算方法来求解，就会使解题过程烦琐的计算题，若能通过终态分析法来求解，特别是终态法构建中根据原子守恒对终态的物质进行分析，则无须过问变化的途径和过程的细节，既可以避免书写方程式带来的繁杂过程，提高解题速度，又可以培养学生思维的敏捷性和灵活性，从而使解题的准确度也可以进一步得到提高。

观察水的沸腾实验的改进

滁州市乌衣中学　樊天国

　　观察水的沸腾既是教师的演示实验，又是学生的分组实验，演示实验必须做好，分组实验必须成功。这个实验因为简单所以任何学校都能做，没有引起足够的重视，很多人认为无技术问题，几乎无失败因素，而结果恰恰相反，绝大多数学校都失败了，得不到应有的结果。

　　笔者做这个实验也曾失败过，按人教版课本第86页装置（如图1），用酒精灯给水加热，只用50毫升小烧杯，加热二十多分钟后水还没有沸腾，在这么长的时间内无结果，教师和学生在焦急地等待，引起一片混乱。继续加热水温维持在95℃—97℃之间，温度上不去。失败的原因是热损失太大，一是由于烧杯口大水温升高时蒸发速度加快，要吸热；二是水内部的少量汽化和石棉网等散热，它们都要吸收大量的热；三是在学习这部分内容时天气渐渐变凉，外界气温也低。而酒精灯提供的热量有限，在加热过程中，只要烧杯中有几个气泡上升，温度就稍有下降，当温度略有上升时，几个气泡一翻，温度又降下来。

　　做好此实验的关键是尽量减少散热及改善热源，当然，解决热源可换用酒精炉，但学生分组实验又没有那么多酒精

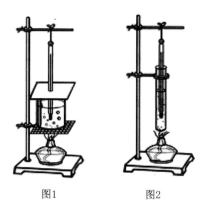

图1　　　　图2

炉。改进措施只有减少各种热量的损失，具体方法是用直径约3厘米的大试管替代烧杯，试管中装一半多一些的水：在水底放些小砂粒或有微孔的水泥块（如图2），利用它们吸附空气使沸腾更容易形成。改进后由于试管口小蒸发速度慢；把试管直接放在酒精灯上加热，减少了各种热损失；用小试管代替烧杯，里面水少，结果几分钟水就沸腾了。改进后的实验装置，实验速度快，效果明显。

计算机辅助教学的原则及在
中学历史教学中的应用

滁州市乌衣中学　张世民

计算机辅助教学指教师在教学过程中将计算机用作教学媒体，为学生提供一个学习环境，学生通过与计算机的交互对话进行学习的一种形式。其特点是集文字、声音、图像、动画数字电影等多种媒体材料于一体，通过多种媒体信息刺激学生各种感官，以调动学生的学习热情，使学生大脑处于多点兴奋状态，激发学生潜在的求知欲。在历史教学中，CAI的运用可以更好地呈现历史实物，再现历史画面，展现历史影像资料，给学生多种形式的认知。

一　CAI的教学原则

（一）科学原则

1.技术的科学性

CAI基于计算机技术的发展，教学中使用的文字、图片和影像资料要通过科学的方法在课堂上展现。

2.思想的科学性

CAI的运用要重视历史学科的思想内涵，注重培养学生的历史思维，要根据不同的思想内涵选择合适的教学方式。教学方式应符合教学规律和学生的认知规律，不同的媒体作用于不同的感官，其信息表达特征及功能各异，课堂教学效果也各不相同，在具体的教学过程中要注意合理使用不同的教学方式。

（二）综合平衡原则

课堂教学中存在着多种信息传递方式，在使用CAI课堂教学中，CAI课件学生的吸引力要明显超过其他信息传递方式，编得越好的CAI课件，对学生的吸引力越强，这造成了各种信息传递方式的不平衡性，以致在教师使用讲解、板书、阅读等传统信息传递方式时，学生的注意力还会停留在课件上，从而影响教学效果。因此，课堂教学切勿从头至尾地使用CAI多媒体课件，应不断变换使用多种信息传递方式对学生进行信息传递，注重信息传递的综合平衡。

（三）创造原则

CAI课件充分体现了教师的自身知识、修养、能力和教学的创造力，其编制要求教师具备厚实的专业知识、一定计算机操作技术，并准确反映出历史学科的思想内涵，而不是简单的材料堆积，因此，要求教师必须具备较强的创造力和鉴赏力。

二 CAI在中学历史教学中的应用

历史教学必须充分地体现历史学科的专业特色，体现历史知识的过去性、具体性、综合性等特点，CAI教学方式的原则和这些特征要求基本一致，编排合理的CAI课件对历史知识的认知整合更加有序、合理。

（一）CAI使历史教学更加生动、活泼，富有科学气息，能切实提高学生的综合素质

CAI的运用可以充分调动视听感官，以直观、活泼的形式将历史知识展现出来，从实际教学效果看，易于学生接受。CAI的运用也促进了学生对计算机知识的掌握、提高了学生的鉴赏辨别能力，在学习历史知识的同时，提高了综合素质。在教学过程中使用CAI，要注意和学生的良性互动。比如说使用PPT（幻灯片）时，可利用每一张PPT之间的间隔提出问题，引导学生思考讨论，然后在下一张PPT中给出问题答案：这样，既可以提高教学效果，又活跃了课堂气氛。

（二）CAI要充分体现历史知识的过去性、具体性、综合性等特征

第一，历史不可重复，前人留下的历史材料（包括历史遗址、文物、

照片等）也不可能拿到课堂上，但学生又必须尽量全面认识，这就造成了矛盾。CAI可以较好地解决这个矛盾，例如历史文物或历史遗址可以通过照片或影像形式呈现，这就可以最大限度地利用现代化信息处理技术复原历史的原貌，有助于学生形成清晰准确的历史认识。

第二，历史知识包含生动、具体的内容，历史过程通过具体的历史现象和历史事件表现出来，具体的历史事件和历史现象包含具体的人物、时间、地点等要素，如何具体地展现这一切，一直是传统历史教学中难以突破的瓶颈。CAI的运用可以声形并茂、情景交融地呈现历史知识，充分展示历史的个别属性，让学生用感官全方位接触历史事件，形成直观印象，这样可以为学生进行更深层次的历史思考奠定坚实的基础。

第三，历史知识是一个纷繁复杂的知识体系，它包含了人类社会发展过程中所有层面的内容，涉及人类文明的各个方面，在历史教学中，教师需要进行适应知识的延伸和拓展，以丰富学生的知识面，加深对教学内容的理解，CAI可以在有限的时间内呈现相对多的内容，将属于不同领域的内容以不同的方式展现出来。

CAI只是教学的一种方式，启发学生思考的一种手段，运用得好坏与否，关键看教师对历史知识的掌握和教学水平的高低。历史教学除了教授历史知识外，更重要的是让学生学会思考、学会辨别，掌握科学的思维方式。所以，CAI的使用要注重从这些方面下功夫，而不是简单地使用计算机技术。

CAI在较好地解决了传统的教学方式下难以克服的历史教学问题（如形象教学问题，兴趣教学问题等），对改变历史课堂教学的面貌有积极的作用，对传统历史教学"一支粉笔，一本教材，一块黑板"的教育模式是一种突破，应当科学地、合理地将其与教学规律等因素综合在一起，否则，很难达到优化课堂教学结构，提高教学质量的目的。

培养学生创新意识初探

滁州市湖心路小学　王孝勤

摘要：2011年版的《数学课程标准》（以下简称《课标》）指出：创新意识的培养是现代数学教育的基本任务，应体现在数学教与学的过程之中。学生自己发现和提出问题是创新的基础；独立思考、学会思考是创新的核心；归纳概括得到猜想和规律，并加以验证，是创新的重要方法。创新意识的培养应该从义务教育阶段做起，贯穿数学教育的始终。

关键词：数学课程标准　创新意识　提出问题　学会思考

《课标》强调数学教学活动必须建立在学生的认知发展水平和已有知识经验基础之上，教师应激发学生的学习积极性，强调从学生已有的生活经验出发，让学生亲身经历将实际问题抽象成数学模型并进行解释与应用的过程。现结合本人教学实际对如何用课标理念指导教学，如何在教学中启迪思维，培养学生创新意识作以下探索。

一　激发学习兴趣，树立创新意识

古人云："趣浓劳轻，乐学不疲。"兴趣是人参与活动的心理倾向和内在动力。当学生对某种事物产生兴趣时，他们就会主动地、积极地、执着地去探索。因此，要让学生轻松、愉悦、有效地学习，激发创新意识，关键是培养学生的学习兴趣。唯有如此，才能让数学走进他们的视野，走进他们的心灵。

（一）倡导民主，激发创造意识

课堂教学不仅是知识传递的过程，也是师生情感交融、人际交往、思想共鸣的过程。创设一种师生心理相融、民主交往良好的课堂气氛是促进学生自主创新、提高课堂教学效率的重要方式。例如在教学"2的认识"，为了让学生能很好地体会数字2的意义，让学生尝试着用2说话，学生通过观察、交流，相继说出：我有2只眼睛、2只手、2只耳朵、2条腿、2个鼻孔，此时孩子们的视野范围仅停留在人的身上，狭窄而单调。此时窗外正好有2只鸟落在窗外的枝头上，有几个反应灵敏的孩子会意地大呼：树上有2只鸟、鸟有2只脚、2个翅膀，一石激起千层浪，接着自行车有2个轮子，汽车前有2个大灯泡，王方小朋友扎了2个辫子，羊有2只角，学校有2幢教学楼，我家有2台电视机……竟然有一个父母离异的孩子说自己有2个妈妈，孩子们的思维犹如开闸的河水滔滔不绝，此时，即使让学生用3、4、5、6……数字任意说句话，相信他们定会说得头头是道，看来启迪思维，可以较大限度地激发学生创造意识与创新灵感。教学动态生成，正如人们常说"有心栽花花不活，无心插柳柳成阴"。

（二）充分放手，培养创新能力

陶行知先生曾说过："真正的教育必须培养出能思考会创造的人。"充分放手、让学生主动参与学习是创新学习的前提和基础，也是学生自主学习的一种能力。四年级下册"合理的搭配"一课，出示世界杯足球赛一组球队如下(墨西哥、伊朗、安哥拉、葡萄牙)的名称，让学生以小组为单位在短时间内用连线的方式快速地搭配出有几种赛式。竞赛开始了，有动笔的、有动口的，还有激烈争论的，课堂热闹非凡。学生积极思考，反馈时有的组用各国名称的第一个开头字母表示每个队的连线有6场，如图：

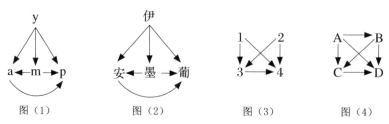

图（1）　　　　图（2）　　　　图（3）　　　　图（4）

有的组用每个国家名称的第一个字表示，如图(2)；有的组用用1、2、3、4分别表示各国来表示，如图(3)；有的组用A、B、C、D代替，如图(4)；

方法各异，简单明了。充分让学生创设学生感兴趣的教学活动，激发学生积极主动地探索，在获取新知的同时，自然而然地培养了学生的创新精神和创新能力。

爱因斯坦说过的："兴趣是最好的老师。"我们必须根据小学生的心理特点和认知规律，结合小学数学学科特点，充分挖掘教材，以激趣为突破口，让学生在爱学、乐学、好学的同时，养成玩中学、学中玩的数学思想。

二 树立问题意识，启迪创新灵感

苏姆霍林斯基说过："人的内心有一种根深蒂固的需求——总想感到自己是发现者、研究者、探索者，在儿童内心世界里，这种需求更为强烈，他们期望自己获得成功；期望感觉到自己智慧的力量，体验到创造的快乐。"学习不是教师把知识简单地传授给学生，而是学生自己建构知识的过程。古人云："学成于思，思源于疑。"引导学生积极提出问题，培养学生的问题意识。

（一）激活问题意识，突出学习主体

所谓问题意识是指学生在认识活动中意识到一些难以解决疑惑的实际问题或理论问题时产生的一种怀疑、困惑、焦虑、探究的心理状态，这种心理状态促使学生具有强烈创造意识、有敏锐的洞察力，能看到别人所没有看到的，想到别人多没有想到的，有时通过某一现象启发，引起顿悟、产生灵感。因此，问题意识的培养是开发大脑潜能的重要途径。爱因斯坦认为："提出一个问题往往比解决一个问题更重要。"因为解决问题也许仅仅是一个数学实验上的技能而已，而提出新的问题，从新的角度去看待旧的问题，却需要有创造性的想象力。例如我在教学"交换律"一课，为了让学生亲历不完全归纳法这样一个探究的过程，教学中让学生先经历观察规律，提出猜想，再经历验证几个学习过程。教学中孩子们亲历加法交换律、乘法交换律的验证过程，随即学生自然质疑，除法、减法有交换律吗？顿时课堂群情激昂，大家你一言我一语。通过举例子验证，同学们很快发现除法、减法没有交换律。此时我用掌声告诉了学生，他们很了不起，鼓励他们在以后的解题中，要大胆质疑，"学贵有疑，小疑则小进，大疑则大进"。

（二）体验成功，增强学生自信心

《课标》中最突出的一个亮点就是"过程性目标"，要学生经历、体验、探索，而培养学生的问题意识正是让学生主动探索的切入口。"发明千千万，起点在一问"，这一问或许是真理最初的涟漪。因此在激发学生的问题意识后，让学生带着问题走出教室，走出学校，让学生在生活中体验；通过学习过程获得一种成功感，建立自信心，让学生在实验操作体验知识的过程中，多给他们一种成就感、多给予表扬、鼓励，在增强他们自信心的同时，学生会越来越多地在课堂举起他们的小手，敢于解决问题，乐于质疑，真正实现解放思想，激活思维，发挥潜能，创新学习。

三　培养想象能力，鼓励奇思异想

牛顿说："没有大胆的想象就没有伟大的发明。"爱因斯坦认为："想象力比知识更重要，因为知识是有限的，而想象概括一切推动着进步，并且是知识进化的源泉。"创新离不开想象，创新必须以想象为基础，只有丰富学生的想象，学生的创新能力才能较好地发展。因此在数学教学中，应重视对学生进行想象、创新的训练，并为学生提供驰骋想象的广阔空间。利用计算机丰富的图像、声音、色彩等功能，使本来枯燥的内容变得丰富多彩、魅力无穷。它提供的虚拟现实可以突破时空的限制，帮助学生提高抽象思维能力和空间能力，从而提高学生对数学的兴趣和情感，激发学生的学习欲望，调动学生的学习积极性，使学生在轻松愉快的气氛中学到知识，增强能力。学生一旦通过感观刺激而获得的思维成功转化为精神、心智上的满足，由此学生对数学学习就越有兴趣，越爱钻研。例如二年级下"统计"一课，为了能快速激发学生学习兴趣，充分调动孩子的想象力，通过孩子们感兴趣的动画片"奥特曼"精彩片段，快速地抓住孩子的注意力，让孩子在精彩的画面中看到雷欧·奥特曼在与怪兽搏斗，怪兽喷出各种不同形状的平面图形(如正方形、三角形、长方形)，这些图形杂乱无序地快速落下，让人眼花缭乱。要使雷欧·奥特曼打赢这怪兽，雷欧必须快速地统计出怪兽喷出的各图形的个数，否则雷欧必败，怎么办？在这关键时刻，如何能快速准确地统计出各种图形的个数，此时他们积极思考，主动小组讨论，在经历几次的失败后，最终发现统计记录方法，如符号记录，也可以组内分工统计等，由于方法得当，孩子们很快且正确地统计出各图形的个数，大大超出了教学预设。由此可见诱发学生想象能力，激发孩子的学习兴趣，不仅能很好地完成教学任务，而且能激发孩子的求知欲，使学生真正发挥创造才能，引发出精彩纷呈的奇思异想。

四 联系生活实际 培养创新意识

生活问题数学化，数学知识生活化。把所学知识应用于生活实际，不但可以使学生感到所学知识是有用的，更能提高学生灵活运用所学知识解决实际问题的能力，培养创新精神。

（一）联系生活实际，激活创新思维

《课标》强调："好的数学教育应该从学习者的生活经验和已有的知识背景出发，提供给学生充分进行数学实践和交流的机会。"数学来源于生活，生活中充满着数学，亲身体验数学知识的广泛应用，使学生不再觉得数学是皇冠上的明珠而高不可及，不再觉得数学是脱离实际的海市蜃楼而虚无缥缈。教学"比较千以内数的大小"，教学中创造性地使用了教材，选择学生熟悉的滁州五星电器与苏宁电器两家商场销售电器的价格作为教例，如见表1：

表1

价格名称 商场	美的电风扇	21寸彩色电视机	诺基亚手机
五星电器	203元	576元	1050元
苏宁电器	199元	590元	999元

学生思考，买同样品牌型号电器应到哪家商场购买，为什么？课堂上学生畅所欲言，有的学生说同样品牌型号的电风扇当然会到苏宁购买，因为199元比203元便宜，苏宁卖100多元，而五星却卖200多元；有的学生说手机卖1050元是四位数而999是三位数，所以四位数比三位数大，故会去苏宁买；还有的说电视机576与590都是五百多，它们都是三位数，百位相同，十位大的那个数就大，故到五星买比较划算……学生各抒己见，在交流各自想法的

同时，学生探究出多种比较千以内数的大小比较方法。可谓是一石激起千层浪，在解决实际问题的同时，创造出多种富有个性的比较数大小的方法。

（二）创设问题情境，激发学习兴趣

华罗庚指出："对数学产生枯燥、乏味、神秘、难懂的原因之一便是脱离实际。"所以有效熟悉的生活情境可以充分调动学生的积极性和学习兴趣，激发学生的成就感。例如在学习"减法的性质"，例题：$300 - 37 - 63 = 300 - (37 + 63)$，我设计了这样的生活问题：星期天妈妈去超市购物，带了300元钱，买了一个水壶37元，又买了一盏台灯63元，收银员阿姨应找回妈妈多少钱？你们能很好地帮她算算吗？结合生活经验，付钱时都会把购物所需的钱先加起来，算一算一共花多少钱，再用带的钱数减去花的钱的总数，便得到找回的钱数，计算快捷又简便。学生对此有一定的生活经验，所以理解起来格外容易，这样既解放了老师，也解放了学生，使他们在无边的题海战中找到了"救命的浮木"，还学会了游泳的技巧，他们当然会乐此不疲，真正让学生体验到学习数学的乐趣和学习数学的价值。

实践证明学生的潜能是无可估量的，我们的教学任务已不只是教他们数学技巧方法；而是在激趣启思的同时，让学生亲历数学的探究过程，引发数学思考，培养创新意识。

参考文献

1.《2011年版义务教育数学课程标准》，北京师范大学出版社。

2.《小学数学教师》，上海教育出版社。

3.章志光主编：《小学教育心理学》，中国人民大学出版社。

4.刘兼，孙晓天主编：《数学课程标准解读》，北京师范大学出版社。

5.《小学教学》（数学版）。

汽化和液化实验的演示

滁州市乌衣中学 樊天国

摘要：分析了教材中讲述的"汽化和液化"实验的弊端，介绍了此实验的改进与演示方法。

关键词：蒸发 汽化 液化 演示实验

中图分类号：0414.12

文献标识码：B

文章编号：1005-4642（2003）11-0034-01

一 教学设计构思与实验制作方法

汽化和液化是物态变化中两个互逆的过程，本节的教学要求是，知道蒸发和沸腾两种汽化方式，理解影响蒸发快慢的因素和沸点，知道液化现象。

重点是汽化、液化的吸、放热和对温度的影响，难点是液体沸腾时吸热但温度不变。物态变化的现象在生活中常见，学生比较熟悉，但没有仔细观察过这些现象，因此实验应认真做好，并引导学生认真、仔细地观察，这对以后学习物理知识也有好处，使学生养成仔细观察事物的习惯。这节在观察、实验的基础上进行教学，从实验中得出结论，再结合讲解、启发、提问等方法完成教学任务。

蒸发吸热的实验用普通温度计，在液泡上扎一些纱布或棉花，浸入酒精中，这时温度示数和室温相同。然后把温度计从酒精中取出置于空气中，酒精蒸发温度计示数下降，若用乙醚进行演示的话，温度可降低到 – 10℃。考虑到温度计可见度低，后面学生无法看清楚刻度，用投影让学生观察。投影制作方法先用白纸按温度计画出刻度，再用复印胶片复印后贴在温度计上，把温度计放在投影仪上就可看清温度计中红色液体所在刻度。

影响蒸发快慢的因素，用下面实验来启发引导：

在黑板上涂两处酒精，用塑料片将其中一处刮开扩大表面积，结果这处酒精很快蒸发完了。用电吹风的热风吹向黑板给板面加热一会儿，用排笔蘸些酒精分别涂在加热的板面和没有加热的板面，学生清楚地观察到加热处酒精很快蒸发变干。

在黑板上再涂两处酒精，用电吹风的自然风吹向一处，这处酒精先蒸发变干。学生从上面三个实验的直观感受很容易得出：液体表面积越大蒸发越快；液体的温度越高蒸发越快；液体表面的空气流动越快蒸发也越快。

观察水的沸腾既是演示实验又是学生分组实验，演示实验必须做好。这个实验任何学校都能做，很多教师认为无技术问题，几乎无失败因素，没有引起足够的重视，而结果恰恰相反，绝大多数都失败，得不到应有结论。

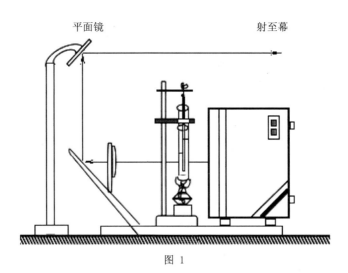

图 1

笔者做这个实验按课本装置用酒精灯给水加热，只用50毫升小烧杯，加热20多分钟水还没有沸腾，引起一片混乱，继续加热水温维持在95℃—97℃之间，温度上不去。失败的原因是热损失太大，由于烧杯口大水温升高时蒸发速度加快，水内部的少量汽化和石棉网等散热，它们都要吸收大量的热，而酒精灯提供的热量有限，在加热过程中，只要烧杯中有几个气泡上升，温度就稍有下降，当温度略有上升时，又被几个气泡一翻，温度又下来了。现改用直径约3厘米的大试管替代烧杯，试管中装1/3的水略多些，在水底放一些小砂粒或有微孔的水泥块，利用它们吸附空气使沸腾更容易形成。由于试管口小蒸发速度慢又把试管直接放在酒精灯上加热，减少了热损失，结果几分钟水就沸腾了。

　　如有化学投影仪的话，可进行投影观察，用普通投影仪改进也行。方法是把投影仪放倒，加一块平面镜（如图1），温度计用前面介绍的投影温度计，这样学生能同时观察到气泡上升情况和温度变化情况。

　　气体液化实验，为了加快速度和说明液化放热，把课本实验进行改进，方法如图2装置。把导气管A外面用棉花包住，将试管B中产生的水蒸气导入烧杯中以减少热损失，在酒精灯与烧杯之间用一挡板C，防止酒精对烧杯的热辐射。实验前测出烧杯D中水的温度，然后给试管加热，当B中水沸腾时水蒸气导入烧杯D中的试管液化，烧杯中水温上升，气体液化时放出热量。

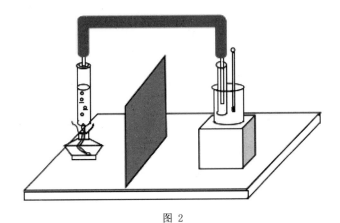

图 2

浅谈初中数学新《课标》中的开放探索型题

滁州市南谯区章广中学　石宗繁*

为了进行创新教育，培养创造性人才，近几年的中考命题，出现了越来越多的开放探索型题，开放探索型问题是指那些答案不唯一、解题方向不确定、条件（或结论）不止一种的数学问题。这些问题的答案通常没有最好，只有更好，由于解答开放探索型问题，需要对问题进行多方面、多角度、多层次地思考、审视，能够培养和检查学生的发散思维能力和探索能力，有利于克服"题海战术"等消极现象，对初中数学教学产生了积极的导向作用，且有利于落实素质教育，开放探索型题主要有四种表示形式：条件的开放与探索；解题方法的开放与探索；结论的开放与探索；综合开放与探索。

一　条件的开放与探索

条件开放型的问题是指结论已经给出，要求探索能够使所给结论成立的条件，这类问题中使结论成立的条件通常不唯一，而题目要求填写的答案往往是有限的。这个问题解决的基本思路：从所给的结论出发，探索和寻求使题目结论成立的条件，通常根据"执果索因"的原则，多层次、多角度地加以思考和探索。

例1：如果二次三项式 $ax^2 - ax + 15$ 在整数范围内可以因式分解，那么整数a可取____（只需填写一个你认为正确的答案即可）。

* 石宗繁，2004年和2011年两次评为南谯区骨干教师，2012年评为滁州市优秀教师。

分析：根据根与系数的关系定理，先将15分解为15=15x1=3x5=（–3）×（–5）=（–15）×（–1），然后得到a= 15 +1=16，或a=3+5=8，或a=（–3）+（–5）=–8，或a=（–15）+（–1）=–16即可。

二　解题方法的开放与探索

解题方法的开放与探索是指那些解题方法、策略有很多造成多个答案各具特色，应该根据优劣选择最佳答案。解此类题的一般思路是：对已有的条件进行发散联想，努力提出满足条件和要求的各种方案和设想，并认真加以研究和验证，直到完全符合要求为止。

例2：（1）在2004年6月的日历中（如下图）任意圈出一竖列上相邻的3个数，设中间的一个为a，则用含a的代数式表示这3个数（从小到大排列）分别是＿＿。

日	一	二	三	四	五	六
		1	2	3	4	5
6	7	8	9	10	11	12
13	14	15	16	17	18	19
20	21	22	23	24	25	26
27	28	29	30			

（2）现将连续的自然数1到2004按图中的方式排成一个长方形阵列（如下图），用一个正方形框出16个数，在图中要使一个正方形框出的16个数之和分别等于2000，2004是否可能？若不可能，试说明理由，若有可能，请求出该正方形的16个数中最小数和最大数。

1	2	3	4	5	6	7
8	9	10	11	12	13	14
15	16	17	18	19	20	21
22	23	24	25	26	27	28
29	30	31	32	33	34	35
36	37	38	39	40	41	42
43	44	45	46	47	48	49
…	…	…	…	…	…	…

…　　　…　　　…　　　…　　　…　　　…　　　…

2003　　2004

分析：这是一道有关日历的探索题，主要考查同学们的数感论证能力。

(1)显然是a-7，a+7。

(2)经观察不难发现，设框出的16个数中最小的一个数为0，则这16个数组成的正方形方框如下图所示。因为方框中每两个关于正方形的中心对称的数之和都等于2a+ 24，所以这16个数之和为8×（2a +24）=16a+ 192，当16a+ 192= 2000时，a=113。

a	a+1	a+2	a+3
a+7	a+8	a+9	a+10
a+14	a+15	a+16	a+17
a+21	a+22	a+23	a+24

当16a+ 192=2004时，a=113. 25，

因为a为自然数，所以a= 113. 25不合题意，

即框出的16个数之和不可能等于2004。

由长方形阵列的排法可知：只可能在1，2，3，4列，即被7除的余数只可能是1，2，3，4. 因为113 =16x7+1，所以，这16个数之和等于2000是可能的，这时，上图中最小的数是113，最大的数是113+ 24=137。

三　结论的开放与探索

结论的开放和探索和常规题大体相同，都是给出条件要求结论，区别是：前者的条件一般较弱，结论通常在两个以上，解答时需要发散思维和分类讨论等思想方法的参与，而后者答案一般只有一个，解题目标大多比较明确。

例3：一天，《新安晚报》上登载这样一则消息：南京的王先生于2006年11月13日看到某某商场的"满200元减现金80元"的减价广告，便花了427元买了一件羽绒服，没想到羽绒服是打完了95折之后才减价的，算来算去，比不打折还亏了49元，王先生觉得商场是在欺诈消费者，便告到消费者协会，要求双倍赔偿他的损失。

问：（1）王先生为什么亏了49元？

（2）分别计算先打九八折和先打八五折消费者吃不吃亏？

（3）打多少折时消费者不吃亏？

分析：这是一道媒体中常提的打折问题，商家总是绞尽脑汁赚钱，作为消费者我们要运用我们的智慧来识破商家的举措和动机，在结果的基础上加以探索为什么吃亏？什么时候不吃亏？这都是我们平时处理事情应该考虑的几个方面，本题的关键就在"满200元减80元"中的"满"字和先打95折中的"九五"，这些数字定得很是巧妙。

(1)先看不先打折的情况下：原价618元(等于有满3个200) -3×80 元$=378$元。

再看打95折的情况下：$618 \times \times 0.95=587$（元）；587元（只满2个200元）$-2 \times 80$ 元$=427$元。大家看后恍然大悟，原来王先生真的亏了，多花了$427-378=49$（元），而且亏得不知不觉，不通过计算很难察觉出来.

(2)若先打98折：$618 \times 0.98=605.84$（其中满3个200元）$-2 \times 80=365.84$（元）。

若先打八五折：$618 \times 0.85=525.3$（元）；525.3（其中满2个200元）$-2 \times 80=365.3$（元）。这两种打折方案消费者都不会吃亏，原来诀窍不在打折本身，关键就在这个九五折定得如此有学问，商家的数学功底真令人佩服。

（3）a.当打折后的货款不低于600元时，消费者不会吃亏，此时$618x \geq 600$，结果应在九七折以上。

b.当打折后的货款在400至360之间时，消费者损失了一个80元，但只要打折带来的优惠超过这个80元，消费者也不会吃亏，此时$400 \leq 618x < 600$，且$618(1-x) \geq 80$，结果约在六五折到八七折之间。

c.当打折后的货款低于400元时，消费都就更欢迎了。

四　综合开放与探索

综合开放型问题是指问题的条件、结论或解法等至少有两项同时呈现开放形式的数学问题，综合开放题没有明确、固定的解题思路，解答时思路必须开阔，思维必须敏捷，要善于抓住题目的关键语句，采用各种变通的方法和变式演化，进行横向联系和纵向比较，设计出多种解题方案来。

例4：甲、乙两同学做"投球进筐"游戏，商定：玩5局，每局在指定线路外将一个皮球投入筐中，一次未进可再投第二次，依次类推，但最多只能投6次，当投进后，该局就结束，并记下投球次数；当6次都未投进时，该局也结束，并记为"×"，两人五局投球情况如下：

	第一局	第二局	第三局	第四局	第五局
甲	5	×	4	×	×
乙	×	2	4	2	×

(1)为了计算得分，双方约定：记"×"的该局得0分，其他局得分计算方法要满足两个条件：第一，投球次数越多，得分越低；第二，得分记为正，请按约定的要求，用公式、表格、语言叙述等方式，选取其中一种写出一个将其他局的投球次数n换算成得分M的具体方案；

(2)请根据上述约定和你写出的方案，计算甲、乙两人的每局得分，填入下面的表格中，并从平均分的角度来判断谁投得更好。

	第一局	第二局	第三局	第四局	第五局
甲					
乙					

分析：按约定的第一条件，M随着n的增大而减小，整理所学的函数知识可知，所有的一次函数$y=kx+b$（$k<0$）、反比例函数$y=k/x$（$k>0$）、二次函数$y=ax^2+bx+c(a>0)$对称轴的左侧和$y=ax^2+bx+c(a<0)$对称轴的右侧，y都随x的增大而减小。按约定的第二个条件，须注意M为正数。本题有许多方案，这里用公式和表格方式给出两种方案，供参考。

解法1 (1)其他局投球次数n换算成该局得分M的公式$M=7-n$。

(2)

	第一局	第二局	第三局	第四局	第五局
甲	2	0	3	0	6
乙	0	5	3	5	0

$M_甲$= (2+0+3+0+6)/5=11/5（分），$M_乙$= (0+5+3+5+0)/5=13/5(分)。

故以此方案来判断：乙投得更好。

解法2 (1)其他局投球次数n换算成该局得分M的方案如下表：

n投球次数	1	2	3	4	5	6
M该局得分	14	9	7	5	4	0

(2)

	第一局	第二局	第三局	第四局	第五局
甲	4	0	5	0	14
乙	0	9	5	9	0

$M_甲$= (4+0+5+0+14)/5=23/5（分）、$M_乙$=(0+9+5+9+0)/5=23/5（分）。

故以此方案来判断：甲、乙投得差不多。

注：本题解题方式和结论呈开方性，比较两人成绩的优劣，习惯性思维方式往往觉得一个人可能比另一个人好，这是解题的一个误区，不同的评价方案得到的评价结果可能会大相径庭。

综上所述，开放探索型题是新课标中常常提及的问题，它涉及的范围和面积将越来越深广，我只是从它出现的类型大致区分讨论如下，不到之处请多作批评指正。

浅谈三个电磁学公式中 θ 角的含义

滁州市沙河中学　何家斌　虞苏宁[*]

在电磁学公式中，多数与某角度 θ 的正弦或余弦因数有关，由于部分学生对角度 θ 的含义不清，往往给分析解决问题带来麻烦，本文拟对此作具体的分析并举例说明。

公式1：$\Phi = B \cdot S\cos\theta$

我们知道，穿过某闭合回路的磁通量，就是穿过这个回路的磁感线的条数，当闭合回路(设面积为S)与磁场(设磁感应强度的大小为B)方向垂直时，穿过该闭合回路的磁通量 $\Phi = B \cdot S$

如果闭合回路不跟磁场方向垂直，我们可以作出它在垂直于磁场方向上的投影。如图1所示，将平面abcd投影到与磁场方向垂直的平面上，即得平面bcd'a'，设两平面之间的夹角为 θ，则平面的bcd'a'面积 $S' = S \cdot \cos\theta$，显然穿过这两个面的磁感线的条数相等，即穿过这两个面的磁通量相等，即 $\Phi = \Phi' = B \cdot S' = B \cdot S \cdot \cos\theta$。由此可见，公式 $\Phi = B'S \cdot \cos\theta$ 中的 θ 角的含义是线圈平面与跟磁场方向垂真的平面的夹角。

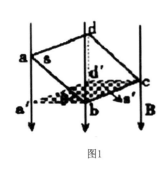

图1

＊ 何家斌，南谯区教研室教研员，中学物理高级教师，长期从事高中毕业班物理教学发表教学专著两部，公开发表论文20余篇。

虞苏宁，中学物理高级教师，公开发表论文10余篇。

公式2：M=BIScos θ

如图2所示，闭合线圈中通有恒定的电流I方向为abcda，线圈的面积为S，处在匀强磁场中，磁感应强度的大小为B，当线圈平面与磁场的方向的夹角为θ时，分析线圈所受到的磁力矩的大小。

作出图2的俯视图，如图3所示，分析ab边和cd边受到的磁场力$F_1=F_2=B·I·\overline{ab}$，则$F_1$和$F_2$对转动轴oo'的磁力矩为：

$$M= F_1·\overline{ac}·\cos θ = B·I·\overline{ab}·\overline{ac}·\cos θ =B·I·S\cos θ$$

由此可见，公式$M=B·I·S·\cos θ$中的θ角的含义是线圈平面与磁场方向的夹角。

公式3：$E=B·S·ω·\sin θ$

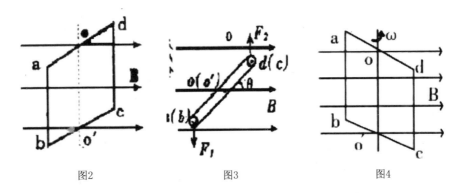

图2　　　　　　　　　图3　　　　　　　　　图4

如图4所示，闭合线圈abcd，面积为S，以角速度ω绕oo'轴在匀强磁场中匀速转动，磁感应强度的大小为B，设线圈从与磁场垂直的平面(又称中性面)开始转动，现分析转过θ角时，在闭合线圈中所产生的感应电动势E的大小。

作出图4的俯视图，如图5所示，切割磁感线的是ab边和cd边，其线速度的大小为$v=\frac{1}{2}\overline{ad}·ω$。

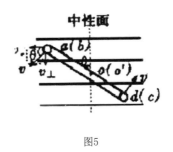

图5

分析不难发现，整个线圈中的感应电动势的大小为ab边或cd边切割磁感线所产生的感应电动势的2倍，将v进行正交分解$v_{//}=v\cos θ$, $v_⊥=v\sin θ$

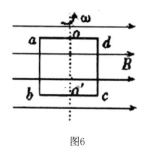

图6

$\therefore E=2E_{ab}=2B \cdot \overline{ab} \cdot v_{\perp}=2B \cdot \overline{ab} \cdot v \cdot \sin \theta =2B \cdot \overline{ab} \cdot \frac{1}{2}\overline{ad} \cdot \omega \cdot \sin \theta$

$=B \cdot S \cdot \omega \sin \theta$

由此可见，公式$E=B \cdot S \cdot \omega \cdot \sin \theta$中的$\theta$角是线圈平面与中性面的夹角。

例如图6所示，单匝闭合线圈abcd在匀强磁场中绕轴oo'匀速转动，在通过线圈平面与磁场平行的位置时，线圈受到的磁力矩为M_1，若从该位置再转过θ角（$\theta <90^0$），线圈受到的磁力矩为M_2，则M_1与M_2的比值为多大？

分析与解：设线圈的面积为S，电阻值为R，转动的角速度为ω，匀强磁场的磁感应强度为B，则由公式2和3可得：

当线圈平面与磁场平行时：

线圈中的感应电流$I_1=\dfrac{E_1}{R}=\dfrac{BS\omega}{R}$

而磁力矩$M_1=BI_1S=B^2S^2 \omega /R$

当线圈平面与磁场方向夹角为θ时：

$I_2=\dfrac{E_2}{R}=\dfrac{B \cdot S \cdot \omega \cdot \sin(90^0-\theta)}{R}=\dfrac{B \cdot S \cdot \omega \cdot \cos\theta}{R}$

$M_2=B \cdot I_2 \cdot S \cdot \cos \theta =\dfrac{B^2 \cdot S^2 \cdot \omega \cdot \cos^2\theta}{R}$

$M_1 ：M_2=1 ：\cos^2 \theta$

浅谈数学实验教学模式的探索

滁州市南谯区章广中学　邵福龙*

摘要：数学实验是数学教学的一种方法。现代的中学数学教学模式在不断地更新，尤其是现代信息技术的发展，数学的教学模式在传统的教学模式的基础上得到不断地完善。多媒体教学将广泛地应用于现代的课堂之上，也成为中学数学教学的新亮点，为培养理论型和实践型更高的中学生提供了良好的平台。

关键词：数学实验　实验教学模式

一　数学实验教学的内涵及教学特点

数学实验是科学研究数学的方法之一，长期以来，人们对数学的教学认识就是对概念、定义、定理、公式和解题的讲解，认为数学学科是一种具有严谨系统的演绎科学，数学活动只是高度的抽象活动。数学家欧拉认为，数学这门科学需要观察，也需要实验。传统的数学教学把数学过分形式化，忽视探索数学知识的形成过程。

所谓"数学实验"，是指根据研究目标，创设或改变某种数学情景，在某种条件下，通过操作和思考活动，研究数学现象的本质和发现数学规律的过程。这是一种操作实验和思维实验相结合的实验。计算机技术和网络技术为"数学实验"教学提供了有效的手段。在实践中，我们认识到，新型教学

---

*　邵福龙，2005年评为中学数学高级教师。

模式必须体现教师、学生、教材、媒体四要素结构关系和功能的根本改变；利用现代化教育技术，不仅是支持教，重要的是支持学。不仅提高了学生的理论水平，同时也提高了学生的实际操作能力和动手能力。

二 数学实验教学的形式

1.操作性数学实验教学

操作性数学实验教学是通过对一些工具材料的动手操作，创设问题情境，引导学生自主探究数学知识，检验数学结论（或假设）的数学活动，在数学教学中的测量，手工操作，制作模型，实物或教具演示等形式就是数学的实验的形式，如在初中数学教学中自制教具——测倾器，用来测量旗杆的高度，制作三角形，四边形框架，来说明三角形的稳定性和四边形的不稳定性，也都属于数学实验教学。这种实验教学的形式，是为了帮助学生理解和掌握数学概念、定理，以演示实验验证结论为主要目的，较少用来进行探讨、发现、解决问题。这种教学方式在中学数学教学中也比较实用。因为在教学中经常遇到要求学生亲自动手操作的问题，如把正方形对折几次，剪去一个拐角，得到是什么样的几何图形；剪一个五角星，制作一个精美的花瓣；制作一个莫比乌斯带，说说它的应用价值等。通过一个简单的小制作，可以启发学生去思考，甚至会产生智慧的火花。

2.思维性数学实验教学

思维实验是按真实实验方式展开的一种复杂的思维活动，思维性数学实验教学是指通过对数学对象的不同变化形态的展示，创设问题情境，引导学生运用思维方式探究数学知识，检验数学结论的教学活动。这种教学方式要求学生的基本功要扎实。在中学数学教学中，我们遇到的一些实际问题：如物资调配、方案设计、沙漠绿化、自来水工程、商品营销等的实际问题，都需要我们抽象思维。这显然是我们数学教学的主要目标。

3.计算机模拟实验教学

计算机模拟实验教学指借助计算机的快速运算功能和图形处理能力，模拟以再现问题情境，引导学生自主探究数学知识，检验数学结论的教学活动，计算机多媒体技术能为教学活动提供并展示各种所需的图文资料，创设、模拟各种与教学相适应的情境，为抽象的数学思维提供了直观模型，为学生的学习和发展提供了丰富多彩的直观模型，为学生的学习发展提供了丰富多彩的学习情境和有力的学习工具。

利用计算机进行实验教学，不仅是开展数学研究性学习的一种有效方式，而且也为计算机教学的开展提升了层次。引进数学实验以后，数学教学可以创设一种"问题——实验——交流——猜想——验证"的新模式。

三　中学数学实验教学的基本环节

数学实验教学的基本思路是：从问题情境（实际问题或数学问题）出发，学生在教师的指导下，设计研究步骤，在计算机上进行探索性实验，发现规律，提出猜想，进行证明或验证，根据这一思想，数学实验教学应包括以下五个环节：

1.创设情境

创设情境是数学实验教学过程的前提和条件，其目的是为学生创设思维场景，激发学生的学习兴趣，数学教学中，创设问题情境应注意以下三个方面：(1)合理运用文字与动画组合，使问题情境能够清晰、准确地呈现；(2)具有可操作性，便于学生观察思考，从问题情境中发现规律，提出猜想，进行探索、研究；(3)有一定的探索性，问题的难度要适中，能产生悬念，有利于激发学生去思考。

2.活动与实验

这是实验教学的主体部分和核心环节，教师根据具体情况组织适当的活动和实验，数学活动的形式可根据具体情况而定，最好是2—4人为一小组形式进行，这里教师的主导作用是必要的，教师给学生提出实验要求，学生按照教师的要求完成相应的实验搜集，整理相关的数据，并进行分析、研究，对实验的结果做出清楚的描述，这一环节对创设情境和提出猜想，两大环节起承上启下的作用。

3.讨论与交流

这是开展数学实验必不可少的环节，也是培养合作精神，进行数学交流的重要环节。现行的九年义务数学教材（上海科学技术出版社），更注重学生的相互交流。"教材内容呈现应采用不同的表达方式，以满足多样化的学习要求，有效的数学学习活动不能单纯地依赖模仿与记忆，动手实践与合作交流是学生学习数学的重要方式。"因此，根据《课堂标准》的要求，课堂教学应更注重学生之间的协作交流，老师只不过是学生的"合作者、组织者、引导者"。学生在积极参与小组或全班的数学交流和讨论过程中，通过发言提出问题和总结等多种形式培养学生数学思维的条理性，鼓励学生对自己的数学思维活动进行整理，明确表达出来，这是培养学生逻辑思维能力和语言表达能力的重要途径。现在的中学课堂的学生数有点偏多，正常每班有70多人，有的班级甚至超过80人，因而在数学课堂上要实现真正的师生互动、生生互动确有一定困难，再加上中考、高考指挥棒的控制；教育部门衡量中学的标准也就是升学率，致使老师上课拼命地讲题型，学生在课堂上拼命地做试卷，因而在课堂上实际的讨论与交流时间就相应减少了。但现行的《课堂标准》已经强调课堂教学要加强学生间的相互交流。我想在以后的教学中会更加重视起来，真正地落实数学课程标准的要求。

4.归纳与猜想

归纳与猜想这一环节和活动与实验，讨论与交流密不可分，常常相互交融在一起，有时甚至是先提出猜想再进行实验验证。有的学者提出数学要大胆猜想，但要小心验证。如"四色问题、七桥问题、三等分角问题"等，最著名的哥德巴赫猜想虽然耗费了世界上的数学家及爱好者很多的心血，但最终还是被我国的数学家陈景润攻克了，在世界上产生了很大震动，为我国争得了荣誉。提出猜想是数学实验过程中的重要环节，也是攻克问题发展的动力，是实验的高潮阶段，根据实验观察到的现象进行数据分析，寻找规律，通过合情推理及直觉猜想得到结论是数学实验教学取得成功的关键环节。

5.验证与数学化

提出猜想得出结论，并不代表实验结束，还需要验证。安徽教育出版社出版的七年级暑假作业中的阅读内容介绍了美籍匈牙利数学家、教育家、数学解题方法论的开拓者乔治·波利亚的《解题表》：①弄请题义，②拟订计划，③实行计划，④回顾。在回顾中有"检查结果并检验其正确性"，也就是强调数学的结果要进行验证。例如，嫦娥首席科学家欧阳自远毕业于北京地质学院，他经过十年论证探月计划，终于实现了"嫦娥一号"探月。可见，科学研究是需要经过艰辛的过程的。对于现代的中学生来说，从小就要培养他们这种严格、严谨的意识，对他们以后的发展是很有必要的。验证通常有实验法、演绎法和反例法，验证猜想是科学精神，是对数学实验成功与否的"鉴定"，教师有必要引导学生证明猜想或举反例否定猜想，让学生明白，只有经过理论证明而得到的结论才是可信的。

四 数学实验教学的功用和价值

1.数学实验创设了良好的教学环境，使学生有兴趣、有信心地学习数学

心理学研究表明：经过精心设计的好的问题情境，有利于启发推动学生的思维，创设情境是数学实验教学过程的前提条件，其目的是为了学生创设思维场景，激发学生的学习兴趣。创设良好的教学环境可以从两个方面进行：其一是创设宽松、和谐的教学氛围，倡导教学民主，从而使学生充满信心地参与教学活动；其二是创设有挑战性的数学问题情境，吸引学生积极参与知识的建构过程。

2.数学实验为学生提供了探究学习的平台，使学生积极主动地学习数学

改变被动学习方式的关键是变革教师的教学方式。在"数学实验"的活动中，教师的角色得到改变，教师设置实验题目，组织学生进行实验，并将实验结果进行归纳证明。教师变成教学的组织者和引导者、合作者，学生则通过实验操作进行观察、分析、探索、猜想和归纳，从而亲身体验学习数学、理解数学，由接受性学习转化为探索性学习。

3.数学实验拓展了学生探究问题的空间，使学生富有创造性地学习数学

创造性思维是指人脑中发现客观事物之间的本质及内在联系，在此基础上产生新颖的思维成果。数学实验是一种让学生经历知识的探索过程，发现新认识、新信息，提出新问题、解决新问题的创造性学习，在数学实验中，学生模拟数学家发现数学的活动，积极观察、比较、分析、猜想、归纳、论证，再现了数学外的发现的过程。

4.数学实验有助于强化学生应用数学的意识

应用数学知识解决实际问题是数学教学的出发点和归宿。《数学课程标准》强调，数学教学要与实际生活相联系，让学生体会到生活中处处有数

学，体验学习数学的乐趣，积极主动地学习有价值的数学。因此在教学中，我们要根据学生的生活实际及《数学课程标准》，对教学内容进行整合、重组、补充、加工，努力创设一种数学实验的环境，把数学引向生活。

五　数学实验教学中应注意的问题

1.数学实验一般是以问题为载体来实施的

实验探索问题设计要有利于学生自主参与及与他人合作交流。因此，该问题要能激发学生的探究欲望，能让学生更深入地挖掘问题的内涵，能促使学生对问题进行重新思考，从而提出新的问题，要能体现探究性的学习的特点。

2.数学实验应呈开放学习的态势

数学实验中，有些学生同时设计了几种不同的方法，这些方法均体现了学生所具有的创新思维的潜力。这样开放地、自由地进行数学实验操作，正是学生灵感的火花、创新精神产生的前提条件。

3.数学实验应当更能体现学生"做"数学

数学教学过程应是教师为学生的建构活动创造一个合适的"实验环境"的过程，让学生在实验中"做数学"，使学习内容与学生本身的经验建立联系，使学生在愉快中获得新的经验，从而顺利建构并发展自己的数学认知结构。数学中很多问题、概念和解题方法是可以由"做"数学实验来帮助加深理解和消化的。

4.开展数学实验应当重视结果，但更应注重数学实验的过程和学生在实验过程中的感受和体验

通过数学实验教学，让学生自己选取感兴趣的课题，建立数学模型，收集信息和数据，发现规律，从而解决问题，可以直观地理解抽象的数学内容，化枯燥为有趣；实验过程中遇到的挫折和失败可以使学生体会到研究的艰辛；小组合作的方式可以培养学生的团队精神及人际交往的能力。

通过数学实验教学，引导学生在亲身体验和思考的过程中，主动地学习和发现新知识，逐步学会用数学的眼光来观察身边的事物，用数学头脑来分析周围的世界。

六 开展数学实验教学亟待解决的问题

从目前来看，广泛开展数学实验教学还存在着以下几个亟待解决的问题。

第一，对于传统教学，数学实验用时较多，而中学数学课程内容多，学时少，为完成教学计划及应付中考、高考，时间宝贵，有人甚至认为没有时间进行实验。事实上，开展数学实验，不仅在于对数学知识本身的探求，还在于数学知识的应用。在这里本人强调的是在中学数学教学中，适当地应用数学实验教学，尤其是多媒体教学. 可以激发学生学习的兴趣，起到一种非常好的正面促进效应。在中学我们举行的公开教学、观摩教学、优质课、教坛新星的评选，使用的都是多媒体教学，课堂效果非常好，并且同学们也很乐意去上这样的课。数学实验是数学内容、方法改革的一项尝试，有利于培养学生的主动性、创造性和协作精神，有利于促使学生整体素质的提高。数学实验教学模式不是要取代其他教学模式，而是对传统教学模式的有益的补充。在中学开展数学实验，研究性学习符合素质教育的要求，具有长效性和可持续发展性。

第二，在中学常规的教学中，开展数学实验教师面临来自专业素质的挑战：一方面，对大多数中学教师来说，对计算机知识相对生疏，而利用计算机开展数学实验需要较多计算机知识，有时甚至用到简单的程序设计知识；另一方面，开展数学实验，需要教师具有更强的数学知识和科研能力，这就对教师素质提出更高的要求。可喜的是，现在部分县、市教育局每年暑假都组织了部分教师进行信息技术的培训。我国的"农远项目"的启动，给农村各中学配套了几十台，甚至上百台微机，使农村教师的计算机网络技术得到了进一步的提高。

第三，开展数学实验教学需要计算机硬件的支持，由于我国的经济发展不平衡，有些经济不发达地区的学校购买仪器设备还有一定的困难，这给推广数学实验造成了客观上的障碍和阻力。值得庆幸的是教育部对农村中学的网络技术建设，还启动了"校校通"工程，对农村完成基本的网络配置建设，但对特别偏远的山区还存在着一定的困难，需要及尽快解决。相信国家一定会更加重视农村的基础网络建设，前景将会是一片光明的。

　　数学实验教学是一种新型的数学教学模式。这一教学模式的产生是现代数学教学发展的必然产物。数学本身的这种发展走向预示着在新的数学教学中，数学实验教学模式具有强劲的生命力，将会产生光彩夺目的奇葩！

参考文献

1.曹一鸣：数学实验教学模式探究 课程？教材？教法，2003(1)

2.陈耀忠：关于数学实验教学的实践与思考中学数学杂志，2004(6)

3.全日制义务教育《数学课程标准》（实验稿）

浅谈物理教材的优化使用

滁州市南谯区章广中学 姜和义[*]

在推进新课程理念，落实新《课标》要求全面提高学生的素质和能力的今天，教师谈论最多的话题是教材的使用问题，教材不应只是知识的载体，更应是教师从事教育教学的"工具"，没有对物理内容的准确把握和深刻理解，就不会有高质量的物理教学，因为，学生新认识结构的构建需要提供认知结构的优质素材，所以教学中，教师应实现由"教教材"向"用教材"的观念和行为转变，力争做到深入浅出、和谐使用。

一 联系实际，把教材融入生活中

物理源于生活、寓于生活、用于生活，而学生思考问题也倾向于依赖直观具体的事物和生活现象的支撑。因此，在设计物理问题时，使之"生活化"能有效地激发学生的兴趣，增强学习的责任感，调动学生学习的自主性，所以在进行教学时，应尽量把所教的物理材料融入学生喜闻乐见的生活中，如在杠杆知识教学时，让学生通过欣赏自己在课前搜集的生活中的一些杠杆模型（如铁匠剪刀、普通剪刀、理发剪刀、镊子、起子等），体会杠杆在现实生活中的广泛应用，从观察分析它们的造型不同中进一步体会杠杆知识的科学内涵。在进行密度教学时，我把学生爱玩的球、喝水的杯子、装东西的盒子等呈现给学生，我们可以计算出它们的体积、容积，估计一茶杯可

---

[*] 姜和义，2006年评为中学物理高级教师。

以装多少升水，计算出制造它要用多少材料等。

二　设计实验，指导学生模拟探究

在教材中，有些物理内容往往省略了探索过程，学生学到的只是机械性的结论，不能领会物理概念的内涵，这时教师要精心创设物理情境，提供优质素材，还原知识的生长过程，指导学生模拟探索，获得真知，如我在上完"电功率"内容之后，有学生提出这样的问题：灯泡的亮度是由什么决定的？是由电流决定的，还是由电压决定的呢？这时，我引导学生按如下设计进行实验探究：取不同规格的两个小灯泡L_i、k（已知L_i电阻大于k的电阻），按图1所示分别测出L_i和k的电压值同时记录小灯泡的亮度情况，发现在电流相同时，电压大的灯泡较亮，若按图2所示分别测出L_i和k的电流，同时并记录小灯泡的亮度情况，发现在电压相同时，电流大的灯泡较亮，通过比较分析发现，灯泡的亮度既不是由电流决定的，也不是由电压决定的，而是由电功率决定的。通过这一探究过程，既深化了学生对电功率的理解，又提高了学生的科学素养。

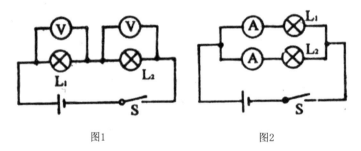

图1　　　　　　　　　　图2

三　互动交流，促进教材动态生成

创设互动、宽松的教学氛围，构建师生、生生之间的相互启发和交流平台，实施互动的开放式教学，最大限度地调动学生学习的积极性，激发他们的学习兴趣，引导他们多角度、多方位、多层次地思考问题，促进教材动态生成，如在教"并联电路"时，学生知道并联电路的总电阻比每个并联支路的电阻小后，学生提出：若并联的支路增多，总电阻将怎么样呢？若某一支路电阻增大时，总电阻将怎么样呢？是增大呢还是减小呢？教师可这样启发学生讨论：几个导体并联的电阻效果，相当于导体的长度不变，横截面积增加了，那么学生就会分析得出：支路越多，总电阻越小的结论了。在进行"电功和电功率"教学时，学生提出：用电能表能不能测电流、测电功率等问题，通过分析、讨论、交流，利用电能表可以间接测量电流、电功率，课堂上生成的问题多种多样，教师要善于保护学生的各种奇思妙想，加以引导，有的甚至可以作为知识的生长点，培养学生的创造能力。

四 深加工习题，培养学生发散性思维能力

新《课标》要求教师树立学生发展的教育观念，改革教学方法和教学手段培养学生的创新精神和实践能力提高学生的素质，塑造学生的创造性人格。物理课本中，不少习题内涵丰富，对学生思维能力有不同寻常的作用和丰富的教学价值，因此在教学中要通过深加工习题，变"封闭性"习题为"开放性"习题，引导学生创新思维，促进思维的发展，如，(1)北师大版九年级《物理》17页作业第1题，可改造成一道条件开放题：用水桶从井中提水时，若水桶的质量为2kg，请根据实际，添加适当的条件，求出水桶提水时的机械效率，学生通过解开放性问题，在探究、合作中思维产生激烈的冲突，从而能够取长补短，加深对问题的认识。

五 拓展延伸，促进课程资源有效开发

拓展教材的时空局限，培养学生综合实践能力。实践是学习知识的出发点和落脚点，学生学习的本领总要到实践中检验，要多创设一些动手操作参与体验的内容，让学生到自然和社会中搞一些小调查、小研究，如在学习比热容后，学生知道水的比热容较大，请学生调查了解水在生产、生活中的具体应用，在学完电功和电功率之后，可以引导学生设计"调查我校电能消耗过大的原因及对策"专题，要求学生通过调查、访问获取信息，进行归纳整理，完成课题研究，在这样学习过程中，学生的素质得到了提高，教材的知识得到了深化，个人的能力也得到了发展。

浅谈学生自主学习能力的培养

滁州市南谯区章广中学　邵福龙

新《课标》强调"有效的数学教学应当从学生的生活经验和已有的知识背景出发，向他们提供充分的从事数学活动的机会，在活动中激发学生的潜能，促使他们在自主探索与合作交流的过程中真正理解和掌握基本的数学知识技能、思想方法，获得广泛的数学经验，提高解决问题的能力，学会学习"。面对这一新的数学教育方式，我们老师要从根本上改变观念，摆脱传统的教学模式的束缚，在培养学生自主学习的能力上想方法，下功夫。让学生热爱数学，理解数学，进而主动地去钻研，探索，想象，使他们在浓厚的兴趣中认识新知，掌握技能。下面就怎样培养学生自主学习、自主探索的能力谈谈几点看法。

一　让学生自己动手，培养他们自主学习的兴趣

兴趣是学习的动力，是入门的先导。学生学习的兴趣可以通过实践操作来培养。这是因为学生操作中能发现别人没有发现的问题，从而产生一种超人的感觉，学习兴趣由此而生。

例如，人教版教材初二《几何》"平行线等分线段定理"一节课后"做一做"，让学生亲自动手，从中找出问题的缘由。

例1　用一张矩形纸，你能折出一个等边三角形吗？如图1，先把矩形ABCD

纸对折，设折痕为MN；再把B点叠在折痕上。得到Rt△ABE，沿着EB线折叠，就能得到等边△EAF，想一想，为什么？

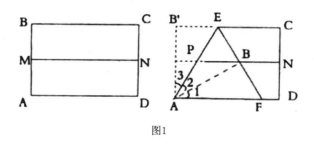

图1

答：能得到等边△EAF。

证明如图1，∵PN∥EC∥AD由平行线等分线段定理得EB=FB，∵∠ABE=∠B=90 ∴AB⊥EF ∴AE=AF ∴∠1=∠2=∠3=$\frac{1}{3}$×90°=30°，∴△AEF为等边三角形。

同学们通过亲自动手，折叠矩形，会积极思考，得出的结论将会记忆长久，并激发兴趣。即使有的同学百思不得其解，老师恰当启发、点拨，也会使他们豁然开朗。

二　联系生活实际，体现数学的实用价值，增强学生自主学习的能力

学生是否有自主的学习动力，还要让他们体会到所学知识的实用价值，要达到这一目的，就需要教师在教学中多讲些生活中常见的感兴趣的东西，从而使学生认识到数学的实用性，这样他们才会自主学习。

例如在讲："已知△ABC内一点P，连接BP、CP，求证：∠BPC>∠A"一题时，我引用如下实际问题。

例2 在绿茵场上，足球队员带球进攻，总是向球门AB冲近（如图2），你说为什么？

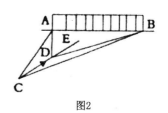

图2

学生对足球是很感兴趣的，问题提出，同学们议论纷纷，马上有同学说：距球门越近，射门就越有力，而且对球门的张角越大，球更容易射

中，理由是：设球员接球时位于C，他尽力向球门冲近到D，延长CD到E，则∠ADE>∠ACE，∠BDE>∠BCE，所以∠ADE+∠BDE>∠ACE+∠BCE，即∠ADB>∠ACB，这样更容易射门得分。

三　利用开放性题型教学，培养学生自主探索的能力

自主探索就是让学生自己主动地从事实验、观察、猜测、验证与交流等数学活动，从而形成自己对数学知识的理解和有效的学习方法，要达到这一目的，必须充分利用开放性题型进行教学。

例3 为了参加北京申办2008年奥运会的活动，现有两边长分别为a，1(其中a>1)的一块绸布，要将它裁剪出三面矩形彩旗（面料没有剩余），使每面彩旗的长和宽之比与原绸布长和宽之比相同，画出不同裁剪方法的示意图，并写出相应a的值。（不写计算过程）(2000年北京市中考试题)

本题的裁剪方法不止两种，这就要求同学们去猜想、验证，比较容易想到的有以下三种（如图3）。

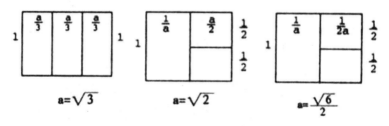

图3

浅析"光的折射"和"光的全反射"现象

滁州市南谯区章广中学　姜和义

　　光的反射、光的折射、光的全反射现象是新《课标》物理教科书中学生学习的重要内容，在批阅学生作业中发现：多数学生忽视对光的折射物质的考虑，对光的折射现象认识笼统，模糊不清，不能正确把握光的折射现象和光的全反射现象的科学本质，从而产生错误的理解认识，现简单辨析如下：

　　光从一种物质斜射入另一种物质的时候，在两种物质的分界面上，会改变传播方向，这种现象叫光的折射，需要突出的是：光从一种透明物质"进入"另一种透明物质中传播，而且任何透明物质都可以使光发生折射，例如当人站在游泳池边，看池底就显得浅一些，这是因为来自池底的光线从水中斜射向空气的时候，从光密媒质射向光疏媒质，在水和空气的界面上改变了传播方向，向偏离法线偏折，人们有一习惯，总是沿着直线去寻找射出光线的物体，以为这光线是从底上面某点射出的。再例如，傍晚，当人们看见太阳贴近地平线的时候，太阳的实际位置已经在地平线以下了，这是因为在地球的外围包围着一层厚厚的大气，当太阳光从真空进入大气层的时候，发生了折射，改变了光的传播方向，其实人们所看到的太阳只是真正的太阳通过光的折射所形成的虚像。

　　根据光的折射规律，当光从玻璃斜射入空气时（光从光密媒质进入光疏媒质）在交界面上同时发生反射和折射，但折射角总大于入射角，这样当入射角增大到一定程度时，折射角会达90°，入射角继续增大时，便没有折射而只有反射了，这叫全反射现象。发生全反射必须满足一定的条件：①光从光密媒质射向光疏媒质；入射角度足够大，这是把握全反射现象的关键所在，新《课标》八年级物理课本，第五章第四节学生作业第2题，题目是：夏日，当你沿一条路面很热的黑色柏油马路向路的前方望去时，会看到远方的路面上仿佛有一片水塘，而当你走近时，会发现原以为水塘的地方其实是干燥的，你能解释此现象吗？多数学生在作业中不能给出合理的解答，而简单认为这是光的折射现象，这种解答是不够全面的，忽视了对折射物质特点的分析，合理的解答应是：夏天黑色的柏油马路面大量吸收太阳光的热，然后又向周围辐射出去，在接近路面的地方就形成了一个热空气层，上面则是渐渐变凉的空气，冷热空气相比较，冷空气是光密媒质，在马路的前方，远处物体射来的光线从冷空气射向热空气的时候，角度是非常倾斜的，这就具备了全反射的条件，全反射使热空气层就像镜面一样映出了远处物体、天空的倒影，路面看上去并不像真正的镜面，而像水面是因为路面上的热空气是飘浮不定的，它对光的全反射和微微晃动的水面对光的反射一样，给人造成了水塘的幻觉。

在学习这两个概念时，除了正确理解这两概念的定义和发生规律，抓住对光折射物质的特点分析，也是正确解答分辨这两种光现象的关键所在。

浅议如何在数学课堂教学中做到有效提问

滁州市南谯区黄泥岗中心小学　李志兵[*]

在深入开展素质教育的今天，课堂提问无疑是培养学生能力、发展学生智力的有效途径。通过课堂中的师生问与答，不仅可以提高学生的口头表达能力、与人交往的能力，还可以让那些充满个性的回答所闪现的创造性火花得以放大，使新的信息得以交流。诙谐而富于艺术性的提问，还可以消除学生的学习疲劳，提高学习效率。因此，可以这么说，课堂提问的成功与否是小学数学课堂教学成败的关键。那么，如何才能实现课堂的有效提问呢？

一　提问要具有思考性

有效的课堂提问要使问题保持一定的思考性。当教师的问题缺乏基本的思考性时，教师的提问不仅不能给教学带来生机，反而给课堂教学带来满堂问的干扰，满堂问与满堂灌相比，虽然形式上学生参与到教学中，但本质上是一致的，都不承认学生是学习的主人，没有从根本上变革学生被动接受的传统教学模式。如果用过于琐碎的无意义的问题牵着学生鼻子走，用只有唯一答案的问题带领学生想向同一方向迈进，学生就没有了自己，没有了自己的方向。提问变成了"例行公事"和"装点门面"的行动，从而呈现出一派表面的热闹，或者仅仅当成一种组织教学的手段，则难以达到提问的目的。

　　[*] 李志兵，南谯区"教学能手"、"教坛新星"，另有多篇教科研论文在市、区级论文评选中获奖。

问题过多，或者仅仅提出一些无须思考甚至是"是不是"、"对不对"的是非性问题，使学生离开"主旨"而步入"歧途"。要改变这一状况，教师就要在备课时精心设计问题，让问题自始至终在课堂中起到提纲挈领、引导和促进学生思维的作用。设置一些与教学目标紧密联系、具有开放性的问题，对课堂中某些问题适当延伸、拓宽，不仅会使课堂教学充满生机和活力，而且有利于学生创新意识的培养，问题的解决，能使学生体验到探究和发现数学知识的乐趣，感受到数学的魅力，领悟到数学的真谛，充分体现"让学生自主探索，成为学习主人"这一新课标基本理念。例如在教学《年月日》时，教师设置这样的问题：你能怎样快速算出每个季度的天数？引导学生利用每个月都大约30天这一特点，再结合大小月天数与30天的关系，快速算出每个季度的天数，即避免机械地背记，又巩固大小月的知识。

二　学生要有思考的时间

　　问题的思考解答需要一定的时限，尤其是复杂、开放的问题，如果没有充足的思考时间，探索过程必然会被迫中断，思维难以活跃，无法实现问题的作用。课堂教学中，我们经常会看到这样的情境：由于一些老师在课前都备好了教案，为了按计划完成教学任务，往往学生一提出问题或教师出示思考题后，就立即组织学生讨论，不是同桌讨论就是小组合作，气氛显得异常热烈。有些思维敏捷的同学很快便要举手欲答，而绝大部分反应慢的同学还未来得及深思，脑中就灌满了别人的意见，久而久之，再遇难题时，他们便会附和于人，只听别人分析讲解或干脆不假思索，养成懒惰习惯，以致思维缓顿，失去学习信心。因此，在教学过程中，一定要留有让学生独立思考的余地，然后再相机组织他们讨论。这样，使学生通过自己的思考而得到答案，或达到答案的"边缘"，都会给他们带来很大的快乐感，从而增强学习的信心。一般来说，教师提出问题后给学生3秒左右的时间思考为宜，这要视问题难易而定。研究表明，当学生思考时间从一秒不到延长到3—5秒，课堂就会出现许多有意义的显著变化。例如我在教学"认识几分之几"时，提出问题：把24本练习本平均分给8位同学，2位同学分得这些练习本的几分之几？学习好的同学能一口报出答案，这时部分学困生听到答案后，就不去思考，人云亦云的说出答案，课堂上气氛热烈，好像学生都掌握了。但在课堂巩固练习时，我又提出类似问题，有的同学就乱说一气，说明他们并没有真正理解题目，教学任务并没有完成。而我在另外一班上课时，给了学生一定的思考时间，虽然部分学困生不能完成，但他们经过了思考，再经过老师的讲解，在巩固练习时他们都能很好掌握。

三　提问后要及时反馈

评价的目的是了解学生的数学学习历程，激励学生的学习和改进教师的教学。这就要求教师在评价中要关注个性差异，精心呵护学生的自尊心，增强学生的学习热情与兴趣。我们应尊重差异，对不同学生的不同发现，尽可能以肯定与激励的态度去评价。对学生的评价不仅要关注其学习的水平，更要关注他们在学习活动中表现出来的情感与态度，评价要反映学生学习的成绩和进步，激励学生的学习，帮助学生认识自己的长处和不足，认识自我，树立信心，真正体验到自己的成功与进步。在我们的课堂教学中，经常看到有的教师在学生回答问题之后，就让其"坐下"并立即转入下一项活动；有的甚至不"请"其坐，站也不是，坐也不是，使学生处于尴尬境地。学生回答的到底对不对，好不好，只有教师自己知道。学生回答后，教师一定要对其做出适当的评价。对回答正确而且有独到见解的学生，教师不应吝啬自己的"大拇指"，应给予必要的甚至放大的赞扬。而对于回答不够全面的同学，教师也要给予充分的肯定，并进一步启发学生全面考虑问题。而对于回答错误的学生，教师在不伤害学生自尊心的前提下，应进一步进行追问，逐步启发学生得到正确答案。而不能模棱两可，一味地表扬和迁就学生，对学生出现的错误，教师要适时进行指导，帮助其纠正。

四　引导学生自主提问

教师要鼓励并引导学生把问题提出来，逐步使学生善于提问。曾经有位外国教授这样来评价我们的留学生：中国学生回答问题的水平很令人佩服，但遗憾的是没有几个敢于或会提出问题。这一现象与我国长期以来传统的课堂教学模式有着必然的联系。教师享有提问的权利，学生只能被动地、消极地听与回答。鼓励学生提问，不仅能启发学生不停地去挖掘和回忆知识，而且充分体现了学生的主体地位。"如果教师总是把自己放在首要的地位，或者让学生感到他们是教育的对象，这样就会加强对教育的反抗力量，削弱教育的力量。"（凯洛夫）只有当学生能积极思考，大胆表述时，教师才知道学生"疑"在哪里，"惑"于何处，才能对所教知识进行有效的指导、点拨和调整。例如在教学"三角形的面积计算"时，课题情境引入后，老师可以问问学生"看了课题，你想知道什么？"，学生经过预习，经过思考，可能提出问题：①三角形的面积是怎样推导来的？②三角形的面积是怎样计算的？③拼成的平行四边形与原来的三角形有什么关系？……让学生带着自己所提的问题进入学习状态，激发学生的求知欲。

总之，有效的课堂提问是一种必不可少的教学技能，恰当地运用提问可以帮助教师掌握学情，诊断学习障碍，掌握解决问题的方法，提升学生思维能力，提高课堂效率，有效促进学生全面发展。可以说，没有提问，就没有真正意义上的课堂教学。

浅议指导学生进行有效数学预习方法

滁州市湖心路小学　蔡莹[*]

古人云："凡事预则立，不预则废。""知己知彼，百战百胜。"这些名句都说明了一个道理：做一件事情，如果事前做到心中有数，成功的概率就会大大提高。对于学习这件事来说，要想做到心中有数，就要学会预习。

在小学数学教学中，一些教师也经常布置预习作业："今晚的作业是预习下一课第32—33页。"一句话下去，学生随便地打开书看一看，走马观花，预习完毕。

这样的预习对学习新课有作用吗？有效果吗？可想而知。"授之以鱼，只供一餐；授之以渔，可享一生。"指导学生学会预习是学法指导的一个重要环节，是培养学生自学能力的重要途径之一。在数学教学中，教师要教给学生科学的预习方法，使学生能合理地选择和运用恰当的方法进行有效的预习，才能取得良好的预习效果，才能为新知的学习打下坚实的基础。通过预习方法的指导、训练，可以使学生学会预习，并逐步形成"展卷而自能通解，执笔而自能合度"的能力，为学生终身学习奠定良好的基础。

所谓预习，就是学生在课堂学习前对要学的知识有个大体了解，找疑点，提问题，然后带着问题听课，通过课堂上的集体学习完全掌握新知。预习一般分为全册预览、单元预习和课时预习三种，这里我重点对课时预习的指导谈谈自己的点滴看法。

我认为数学的预习和语文不一样，尤其是对中、高年级的学生。对于书

＊　蔡莹，女，湖心路小学一级教师。

上的内容，尤其是文字的理解，他们一般都没有问题。对于预习，该指导些什么呢？我着重把握以下三点：

1.我看懂了什么？

作为教师，通过布置预习，了解学生看懂了什么，目的有两个：一是了解学生对新知识的了解情况及其掌握程度，二是有利于教师自身调整备课方案，增强课堂的针对性，做到课堂教学有的放矢，繁简得宜。

数学课本是学习数学知识的依据，读课本的过程就是一个感知新知识的过程。看书的过程中，可以把自己的理解、体会或独特见解写在书上的空白处。这是读书的基本方法，也是重要方法，非常扎实有效。课堂上检查一个学生是否认真扎实地预习了，有无收获，我常常要求学生用自己的语言来回答我提出的一些问题。虽然学生的语言没有书上的语言那么精练，但却是他们自己的理解，是非常难能可贵的。而且，我们往往可以看到学生思维的火花。

以三年级《数学》下册《正方形和长方形的面积》为例，我在实践中做出了如下安排，其中：有设置，有方法，有要求：①设置预习思考题，引导学生自学新内容。理解什么是面积？面积怎么计算？计算面积和计算周长有什么区别？②粗读、细读课本新内容。粗读就是从头到尾大概地看一遍，初步了解课本讲些什么，哪些是旧知识，哪些是新知识，然后细读，把需要预习的整个内容看上两三遍，做到逐字逐句认真读，边读边画，读后记录，逐步读懂，在读的过程中，区分难点内容，争取通过自己的钻研解决，把弄不懂的问题，带到堂课中去，通过听课解决。③查补旧知识，理解新知识。④做预习笔记。把预习中不能解决的问题记录下来，以便上课时在课堂上解决。⑤试做习题。在自学的基础上，做一些练习，来检查自己是否懂了。

很多数学问题孩子们可以在开动脑筋、尝试探索的过程中自行解决，如果老师在课堂上再按照教材安排的知识体系重复讲解孩子们已经弄懂的问题，就违背了"因材施教"等教学理论，学生们就很难对课堂教学感兴趣。

因此，我常常要用不同形式检查学生的预习情况，看哪些问题同学们都懂了，哪些问题部分同学懂了，哪些问题同学们还没有注意到，哪些问题还需要深入探究，然后调整教学方案再进行上课。还以三年级《数学》下册《正方形和长方形的面积》为例：我通过查看学生的预习笔记，得知学生对什么是面积和怎么计算面积，已略知一二。而对面积和计算周长有什么区别却含含糊糊，有的甚至根本就不懂。课堂提问时，好多学生也是支支吾吾说不明白。于是我临时调整教案，把教学的重点放在让学生理解面积计算和周长计算的联系和区别上。修改前的教案与修改后的教案有了明显的改变。孩子们觉得课堂上老师讲的正是自己预习中没有弄明白的东西，因此，听课很认真，聚精会神，同时，也激发了他们对学习新知的渴望，增强了学习兴趣，很想去学，课堂参与情况也很好。

2.我还有什么没有懂？

掌握学生在预习中还有什么没有懂，就是要在基本了解学生预习情况的基础上，有针对性地把握两个侧重点：一是备课教案侧重点，这主要是通过了解学生预习情况后调整教学方案实现的。二是课堂教学侧重点，这就是要浓墨重彩地讲解学生预习中没有弄懂的问题。把握了这两个侧重点，我们就能做到"对症下药"。

小学三年级《数学》第六册中的数学知识比较复杂，其中年、月、日概念较多，内容较抽象。年、月、日中的闰年和平年的计算和两个日期的中间时间计算是教学中的难点。如：什么年是闰年，教学前我让学生充分预习，有位学生在预习中做了这样的笔记，即：能被4整除的是闰年，不能被4整除的是平年。这位学生预习得较认真，阅读得非常细心，有的地方标记也较具体。在数学书中这位学生运用了多种符号，如：日期之间的计算的概念弄不懂的就打"？"，还有其他学生也有这样那样的问题。于是我就调整教学方案，讲课时，更是把侧重点放在学生弄不明白的一些问题上，采取引导加启发的方法，终于使他们弄懂了预习中没有弄懂的问题，他们心里感到十分快慰。同样，在教学中教师虽然付出了更多的劳动，但当你看到收获时你也是多么的兴奋啊！

"多用脑，勤动手"是学习数学的一大法宝，它告诉同学们，预习过程中，要在充分理解的基础上识记，千万不要死记定律、硬背公式。遇到定律、公式时，可以自己先推导一遍，需要实验的就动手做实验，需要实践的就动手去操作，通过亲身体验知识的形成过程，深化对概念、公式的理解，这样更利于掌握新知。"试练习，找疑处"可以算作预习的最后一步。课本中的"想想做做"、"练一练"安排的都是与例题同步的模仿练习，完成以上任务后，可以让学生尝试着做练习，通过试做，可以检查自己对新知识的理解程度、掌握程度，内化新知，然后回顾整个预习过程，归纳出新知识的重点，找出自己不理解的难题、有疑问的地方，以便听课时重点解决。

预习就是寻疑的过程。因为有了问题，学生对新课的学习才有目标。有目标地学习，才会达到事半功倍的效果。

由于学生之间的差异，有的学生可能会提出质量不高的问题。这时，教师就要做耐心、细致的辅导工作，需要进行持之以恒的训练。因此，教师在培养学生预习能力的过程中，要始终把学生如何提问题、想什么样的问题作为体现教师主导作用的标志。

新《课标》也告诉我们："要正确认识学生个体差异，因材施教，使每个学生都在原有的基础上得到发展，要让学生获得成功的体验，树立学好数学的自信心。"教师要承认学生的个体差异，允许学生的预习效果存在差异，不强求学生都达到相同的预习效果。

3.我还想知道什么？

这个问题就是要求教师要在清楚掌握全班学生整体情况和个体情况的基础上，做到"因人施教"，也就是说要因人而异，给他们提出不同的问题，不断培养和增强他们求知的欲望。如：对于肯动脑筋、善于思考、成绩优异、求知欲强的学生，就可以布置他们看一些与课本联系较为紧密或适合年龄特点的课外书籍，不断拓展他们的知识面；对于成绩中等的学生，就可以向他们提出一些可以举一反三、触类旁通的问题，让他们去思考，让他们去探知，以达到进一步巩固新知的目的；对于反应较慢、基础较差的一些学生，就可以采取一些让他们"笨鸟先飞"、"笨鸟多飞"、"笨鸟勤飞"的办法，由教师多接触、多引导、多督促，让他们逐步弄清没有弄懂的知识。

学问学问，学了想问。只有这样的学习，才是主动的学习。如今的学生，随着年龄的增长，许多人渐渐不会提问，也就在慢慢丧失探索新知的能力。所以培养学生提问题的能力是非常重要的。因此在预习过程中，要让学生学会提问。其实，许多学生的提问老师不一定能解答，这就可以培养学生多渠道去探索新知，更能激发学生学习的兴趣。

当然，数学中不是所有的内容都适合学生预习的。教师在选择内容时可以挑一些学生容易理解的内容来放手让学生预习。

指导预习还要因材而异。针对不同类型的学习内容，预习的方法也不相同。如：概念型教材重点采用阅读理解法预习，计算型教材重点采用尝试练习法预习，而几何内容则适合采用实验操作法预习等。

总之，教师要指导学生学会根据具体的学习内容合理地选择和运用恰当的方法预习数学，一般以某一种（或几种）学习方法为主，辅以其他。数学的学习与其他学科比较，有它一定的特殊性。所以，对于学有余力的学生，可以自学一些与数学有关的课外知识。真正读懂，学懂一些新的知识。这比为了应付下面的学习而进行囫囵吞枣式的预习，更有实效。

总体而言，在布置预习这个问题上，要想达到预期的效果，必须要在三个方面狠下功夫，而且要做到持之以恒：一是要在指导上狠下功夫，二是要在效果上狠下功夫，三是要在方法上狠下功夫。

首先，在指导上，就是要充分发挥好教师的引领作用。

小学阶段，学生可以说才刚刚踏入知识的门槛，还没有多少自学预习的意识及能力，这时，教师的引领作用就显得尤为重要。指导指导，就是指教引导。它反映出一个综合过程，就是在教与学的过程中，教师要不断教给新知，指正错误，引导方向。它大致体现出这样一个进程，即教师首先要引领学生走进新的课程，并根据教学需要，安排好预习。安排好预习的过程，就是教师发挥好指导引领作用的重要开始。它要求教师，要根据课堂教学目的、教学要求、教学的重点难点，科学地、合理地、有针对性地设置好预习题。然后通过书面检查、课堂提问等形式了解学生预习情况，由此导入课堂教学，从而传授新知，指正错误，完成应有的课堂教学任务。所有这一过程，都不可否认的充分说明，在教学上，充分发挥好教师的指导引领作用是多么的重要，一个完整、科学严谨的课堂教学过程，将会使教学产生令人满意的教学效果，而反之，是不能收到预期教学效果的。这就要求我们教师，在教学战役上，一定要有战略思维，站得高、看得远、想得宽；在具体战术运用上，要讲究科学、讲究战法、始终具有前瞻性、引领性、主导性，学生在教师的主导引领下，觉得永远有学不完的知识，从而产生新的求知渴望，不断增强学习的浓厚兴趣。所以，我们说要在指导上狠下功夫，说到底就是如何指导的问题，值得我们每个教师结合自身情况具体探究。

其次，在效果上，就是要使学生真正扎实预习。

这里有两个重要环节：第一，教师要长期坚持，有板有眼地布置好预习，对于中高年级，一定要是书面的。第二，教师对学生的预习情况必须要进行检查，其主要形式可以是：一是书面检查，二是课前检查，三是课堂检查，四是家长访问。通过检查，目的有三个：一是培养习惯，加强督促；二是寻求家长配合；三是便于教师掌握情况，调整教案，加强教学。

需要指出的是，由于我们面临的对象是初入学习店殿堂的学生，可以说他们基本处于人生的蒙昧时期，全然不知道什么叫文化？什么叫知识？有了文化知识对自己将来会有什么好处？对人类社会会有什么好处等。他们的天性就是爱玩好动，不大愿意有什么任务、有什么负担来约束他们。因此，前面我们在布置孩子搞好预习上，虽然有做法、有手段也有目的，但那主要还是外因，作为教学的主体对象应该是学生，学生才是内因。事物的哲理告诉我们，外因是变化的条件，内因是变化的根据，外因通过内因而起作用。这就提醒我们，要想把预习的事真正变成学生自己的事，并做到扎实有效，从而变"要我学为我要学"，在小学阶段，还是一个艰难漫长的过程，需要认真探究摸索。但基本的做法应该是：一要保持外因的持续性，即教师该要采取什么做法，该要采取什么手段仍然要采取什么手段，一定要持恒不断，从外因上努力促使学生养成预习习惯，使他们逐步走入正常轨道。二要千方百计调动学生学习的积极性、主动性。这是内因，这是主体，这是根本。但如何调动？这却是我们需要认真研究的。我们要针对小孩子的年龄特点，首先恐怕还是要从最大限度地调动学生的学习兴趣入手，因为兴趣是学习最好的老师，学生对学习一旦产生了兴趣，那学习的积极性和主动性便会油然而生，一发不可收。过去那种注入式、填鸭式、满灌式的教法已经远远不能适应现代的教育教法，而寓教于乐式、启思式则需要大力推展。第二，教学的最高境界应该是因人施教。因为人与人的差别千差万别，兴趣、爱好、思维的能力、潜质等方面各不相同，因此，接受外界信息的敏感度也不相同，因而，因人施教则是最好的做法，但要做到这一点，绝非易事。但无论如何，这应该始终是我们教师努力的目标。第三，加强理想教育，发挥名人效应。中华历史，源远流长，历代名人，英才辈出，是他们撑起了中国的脊梁，使中华民族如东方巨人，永立世界民族之林。教学中要不时贯穿这些名人教育，让学生对这些名人由衷敬佩，并树立中华民族自豪感。同时，要加强革命理想教育，让他们明白，自己是祖国的未来，只有从现在起，学好真本领，将来才能接好革命的班，为中国民族的伟大复兴做出自己应有的贡献。

再次，在方法上，就是指因材因人而异，采取不同的方法，进行教学和指导。

概要方法，前有简述，不再多论。它需要具体情况具体对待，长期探索。

多年教学实践充分证明，预习和不预习，效果不一样；家长配合和不配合，效果不一样；检查和不检查，效果不一样。至于预习中，书中的例题和习题，家长大可不必辅导孩子做一遍，否则，孩子懂了，上课时就不会听课了，长期下去，不利孩子学习。

现代科学日新月异，知识的海洋博大无比。我们教师不能，也不可能教给学生所有的知识，但是我们可以教给学生获取知识的本领——学会学习，这种学习的技能一旦形成将终身受益。实践证明，只要教师能有计划地坚持不懈地指导和督促学生预习，学生定能学会预习，学会学习，随之提高的还有他们的自学能力、学习效率。

桥

滁州市创业路小学　蒋继兰[*]

　　课堂教学作为实施素质教育的主渠道，直接反映出教师进行素质教育的水平。为了能在校公开课教学中获得好评，我可谓煞费苦心，苦思冥想后终于敲定了《认钟表》一课的授课方案：以引导学生自主发现、动手操作为主线，培养学生的观察能力、动手能力和合作意识。

　　万事俱备，我踌躇满志地踏进课堂。首先创设情境，播放一段时钟嘀嗒嘀嗒走动的声音，激发学生的兴趣，然后引导学生观察钟面。一切都按预设的轨道进行，学生积极参与，情绪激昂。接下来就是让学生通过小组讨论、自主探索、合作交流等方式，认识"整时"和"大约几时"。为了让学生更加清楚地理解，我还安排学生动手操作拨出某一个时刻。在最后的学学练练中，结合学生实际，组织他们在游戏中学习。

　　铃声响了，我长吁了一口气，一节课总算顺利过去了，但是我却怎么也高兴不起来，总觉得课堂缺少了些什么。

　　听完我校各位老师的点评后，我豁然开朗了。我的这节课设计理念是对的，动机是好的，但是让学生脱离了生活去学习数学，这是多么可怕的一件事呀！

　　在小学数学教学中，越来越倡导让我们身边的数学走进课堂，让数学更多地联系实际、贴近生活。数学来源于生活，所以数学课堂的生活化是加强学生运用意识和实践能力的必要途径。

---

*　蒋继兰，先后多次荣获校级和区级先进个人表彰。

　　新《课标》实验教材的改革力度非常大，把原本枯燥乏味、死记硬背的教学内容融进了现实生活，有力地激发了学生学习数学的兴趣，增强了学生学好数学的自信心。教材呈现时一般采用了"创设问题情境——学生主动探索——建立数学模型——解释、应用和拓展"的过程，学生可自主探索，合作交流，感受生活化的数学活动。

　　在数学生活化的学习过程中，作为教师要引导学生领悟数学"源于生活，又用于生活"的道理，因此有些数学知识完全可以让学生在生活空间中学习，在实践中感知，学会解决生活实践中的问题。"学了本领就想用"，这也是孩子的天性。我们教师要创造条件，创造生活情境，让学生运用所学知识和方法，研究、探索、解决一些简单的实际问题。这样，一方面可以帮助学生增进对知识的理解，了解知识的价值；另一方面也可以增强学生学习和应用数学知识的信心。

　　现在想起来，我在设计《认钟表》这一课时就是忽略了这一点，没有给学生创设一个生活情境。因为钟表在生活中已有了广泛的应用，学生又多少有了些认知基础，让学生结合自己的生活作息时间来认识钟表，学生才能真正体会到生活与数学的联系。

　　让人人都学到"有用的数学"，把数学知识融进常见的生活场景中；让学生学会思考，学会应用，发展思维，培养能力；让学生步入"在探索中动脑，在动脑中前进，在前进中成功"的可持续发展中，这是我们在新课改中追寻的目标。"生活材料数学化，数学问题生活化"，数学老师应努力帮助学生在数学与生活之间架起一座桥梁。

趣味数学活动课的实践与思考

滁州市湖心路小学　王孝勤

摘要：2011年版的《数学课程标准》（以下简称《课标》）将学生的学习活动和教师的教学活动整合为"学与教的活动"，突出"教学活动"。教学中结合趣味数学活动课这个平台，让学生经历观察、实验、猜测、计算、推理、验证等活动过程，营造认真听讲、积极思考、动手实践、自主探索、合作交流的学习氛围，培养学生的数学素养，提高学生的综合实践能力。

关键词：数学素养　教学活动　实践能力

目前在中、小学生的课堂上，老师仍存在关注成绩、忽视兴趣这种填鸭式教学，也是当前学生厌学的主要原因。为了激发学生的学习兴趣，改变孩子的学习现状，历次课程改革再出发阶段的今天，教学中需要结合趣味数学活动课的开设和数学活动课的教学，一改平时常态课的教学模式，让学生们在趣味数学活动课的课堂上亲历动手操作、积极思考、讨论交流的学习过程，感受到学习趣味数学的乐趣，因为在这个课堂上每个孩子都能尽情地发挥个人的聪明智慧和创新意识，激发了学生的探究热情。结合《小学趣味数学活动与综合实践能力的培养》省级课题研究，现谈一谈自己的实践体会。

一　贴近生活的教学内容

一般来说，趣味数学课的内容应以数学学科的知识体系为依托，充实、吸纳一些新的数学信息，利于探索获得一定的数学思想方法的学习内容或便于活动操作得到数学结论的学习内容等。素材的选取源于教材而优于教材，注重学生喜闻乐见的生活情境，设计丰富的教学活动内容，具有广泛性、多样性和综合性。

例如，在一堂趣味数学课中，教师以导游的身份，带领学生游览本地的风景名胜琅琊山，结合景区景点，沿途设计了如下数学情景：

题1：四年级53名同学在老师的带领下坐车到琅琊山风景区游玩，已知一辆客车限坐22人，我们最少需要几辆车？

题2：琅琊山风景区门票价格：

①成人：50 元　　学生：40元。

②团体票：50人（含50人）以上，每人42元。

③买10送一（满10人送一张门票），每人45元。

你会选择哪种购票方案？为什么？

题3：为了庆祝节日，工作人员要在野芳园景区四周插40面彩旗，使每条边上的彩旗一样多，如果你是工作人员，你准备怎么设计？

题4：沿途往里走随着琅琊古寺的临近，我们耳边传来钟楼上的钟声。如果20秒敲5下，那么敲10下几秒敲完？

教学中力图让每个活动的教学都通过学生同桌（或四人）小组，或自由选择小组开展探究，适时加以引导，让学生亲历分析问题、解决问题的过程。课堂上通过群舌思辨、归纳、总结、提升，真正让学生在活动实践过程中，知识得到了巩固，能力得到了提高，思维得到了拓展，情感得到了升华；增强学生做数学意识，体验了数学的乐趣，同时较好地让学生感受到数学与日常生活的密切联系。

二　适当灵活的教学形式

数学教学活动必须建立在学生的认知发展水平和已有的知识经验基础之上，运用活动教学理论和建构主义教学理论，建立"多维主体互动"的趣味数学教学模式。郑毓信教授强调基本技能不求全但求变，趣味数学课的形式力求灵活、多样，动静结合，有游戏激趣又有动脑思考，有竞赛式又有讨论式，有个人活动又有群体活动，有动手操作又有动口训练，有课内的活动又有课外的延伸等。总之，结合不同的数学内容和教学目的，灵活运用不同的教学形式。

例如：把一个平行四边形拉成一个长方形，求什么变了？什么不变？教学中先让学生经历猜想，再结合题意自己准备学具，操作演示，通过拉一拉、量一量、算一算，验证各自的想法。教学中学生经历了观察猜测、动手操作演示、小组交流的探究过程，学生亲身体验了，动手操作了，亲历了数学思考，此时的教学无声胜有声，教学效果可想而知。

"告诉我，会忘记；看见了，可能记得；但让我体验，就会理解。"可见，教学中学生亲身实践了、体验了，自然对知识的原理就理解了、掌握了。如此教学不仅能很好地培养学生自主学习意识，发展数学能力，体验数学思考的怦然心动，促进认知与情感和谐发展，更能培养学生的数学素养。

三 形式多样的学习方式

《课标》强调数学学习重在学生学习方式的转变。为了激发学生的学习兴趣，提高学生的能力，教学中又设了以下几种教学方式：

（一）个体探究式

从活动入手，借助活动来展开教学过程，让学生在活动中学数学，引导学生主动参与、主动探索、主动思考、主动实践、主动运用，实现学生多方面能力的综合发展。

（二）问题发现式

问题是思维的起点，数学活动课应遵循"带着问题进课堂又带着问题出课堂"的思想进行设计。问题发现式是从提供情景、发现问题、分析问题、猜想问题、提出问题、解决问题、交流成果等几个方面来组织活动。如上"圆柱体表面积"一课时，学生经历动手操作、小组合作，轻松得出圆柱体表面积计算公式即侧面积加2个底面积。按照惯例像空间与图形领域内容均基本上是公式带入法解题，不需要创新思维，可解题时，有学生质疑，这样计算太烦琐，有没有更巧妙的求法？圆柱体表面积的巧妙解法就作为今天晚上的家庭作业，同学们自己探索，寻找答案，明天课上交流。由于"作业新奇", 学生兴趣盎然, 第二天趣味数学活动课上, 同学们争先恐后发表自己的见解, 在经历一番群舌思辨后, 发现了圆柱体的表面积=圆周长×（高+半径）。"新公式"的诞生, 同学们万分激动, 课后, 还围着我一个劲地问："下节课还这样上吗？""这样的数学课我们喜欢！"

（三）互动交往式

它是从改善趣味数学教学的人际交往模式和组织形式入手, 把教学活动看作师生进行的一种生命与生命的交往、沟通活动, 是一种动态发展的教与学相统一的交往活动过程, 以讨论式教学研究为主展开研讨活动。

（四）课题研究式

在当前的教学改革中, 自中学至小学相继开展了研究性学习的探索, 并已取得明显成效。现阶段我校正在进行《小学趣味数学与综合实践能力的培养研究》省级课题研究, 并进行到实施阶段。希望通过小学趣味数学活动课的教学, 真正提高学生学习兴趣, 培养学生创新精神和实践能力。

趣味数学活动课是学科性的活动课, 目的是促进数学学科课的改革, 摒弃数学学科课的弊端, 使数学教学更趋于合乎客观实际的需要; 意在培养学生学习的兴趣, 开发儿童身心潜能, 树立正确的思维和学习观, 发展学生的综合实践能力。

参考文献

1.2011年版义务教育《数学课程标准》, 北京师范大学出版社。

2.《小学数学教师》, 上海教育出版社。

3.《小学教育心理学》, 章志光主编, 中国人民大学出版社。

4.《数学课程标准解读》, 刘兼、孙晓天主编, 北京师范大学出版社。

5.《小学教学》数学版。

让思维活跃起来

——苏教版小学数学"认识角"教学思考

滁州市南谯区龙蟠小学　乔磊

摘要：小学作为教育的基础学年段，是为学生以后学习打下基础的重要时期，在课程改革的背景下，教师要充分认识到小学教育的重要性，根据小学生的心理特点与思维发展特点进行针对性的教学。本文主要以苏教版小学数学"认识角"这一教学内容为例，对苏教版小学数学的教学进行分析与思考。

关键词：小学数学　认识角

随着新课程改革的不断推进与深化，人们对教育问题也越来越重视。小学生还处于思维能力较弱或是未开发的状态，好奇心重、想象力强，教师在进行教学过程中要根据小学生的特点进行针对性的教学。数学由于具有较强的概括性与抽象性，很难被小学生掌握，因此，教师需要利用灵活多样的教学手段来活跃学生们的思维，使教学效果更加明显。

一　给学生们留下充足的思维想象空间，活跃学生的思维

小学教师在进行教学中往往会问学生们有没有明白所讲解的内容，而只要学生们回答明白了，就会迅速进入下一个知识点的讲解，没有为学生

们留下充足的想象空间。殊不知，教学过程中学生们对于知识的理解是不同的，而且对知识的反应能力与掌握情况也不甚相同，尤其是在小学生的教学过程中。因此，小学教师在对数学"认识角"这一内容进行教学时，要为学生们预留下一定的思维想象空间，使学生们有一个对知识反应和思考的过程，在提高学生们对数学"认识角"的知识要点进行把握的同时，活跃学生们的思维[①]。

二　将教学内容与生活实际相联系，活跃学生思维

教学并不是一项一成不变的过程，教师要根据学生们学习能力、教材的内容、知识的重难点与具体的教学情况等因素及时地调整教学状态与教学方式，以提高教学的质量[②]。小学生正处于好奇心强、观察能力强、联想与想象力十分丰富的年龄阶段，对现实生活中发生的事情具有浓厚的兴趣。小学教师在进行数学"认识角"的教学时，要善于运用联系实际这一教学方法，吸引学生们的注意力、激发学生们的学习兴趣，对于一些抽象性较强的概念性知识，要通过借助教学工具与实际生活中事物的方式对数学知识进行讲解与传授，让学生们能够更加容易地理解数学中关于角的知识，强化学生们对于角的认识，帮助学生们更加牢固地掌握数学中关于角的知识点，从而有效地活跃学生们的思维、提高数学教学的效率。

三　加强教师与学生和学生之间的互动，活跃学生思维

数学是一门抽象性与概括性较强、不容易被学习与掌握的学科，然而正是数学的这种特性，能够更好地锻炼和培养学生们的思维能力与认知能力，对提高学生们对数学的认知能力具有重要的意义与作用。思维的交流与碰撞作为能够有效提高小学数学教学效果，培养和提升学生们思维能力的一种方

---

① 邱德林. 论数学教学中对学生创新思维的培养[J]. 雅安职业技术学院学报，2012，15（5）：44—45.

② 郭红梅. 在小学数学教育中培养学生的创新意识[J]. 数学学习与研究，2009，12（3）：124—126.

法，对小学数学的教学具有很大的作用。然而在现阶段，虽然教学改革已经在全国范围内推广和展开，然而在很多学校中依然沿用着传统的数学教学模式，存在着教学方式单一，忽视学生主体性的问题[①]。

为了有效地提高小学数学"认识角"这一教学内容的质量，教师需要加强改变传统的教学观念与教学方法，重视对小学生独立思考能力与思维交流能力的培养。教师可以利用小组讨论的方法让学生们对所学的知识进行讨论与交流，分享学生们各自独立思考的成果，调动学生们的学习积极性、活跃数学教学课堂的氛围，在提高数学教学效果的同时活跃学生们的思维。

四 不断培养学生们的思维能力，活跃学生思维

在小学的数学教学当中，奉献与思维的流通是学生们思维交流的基础。学生们通过思维的交流与碰撞，不仅能够丰富自己的思维模式，还能够获得更多不同的思维。在这一过程中，不仅培养了学生们的思考能力与思维的活跃度，还能培养学生们互帮互助与奉献的精神，对学生们良好学习习惯与道德品质的形成具有一定的意义[②]。

为了能够更好地活跃小学数学"认识角"课堂中学生们的思维，促进学生们思维的交流与碰撞，教师必须要掌握扎实的教育教学知识、提高自己的教学能力、更新自己的教育观念，学会更为灵活丰富的教学方法，在提高教学质量的同时活跃学生们的思维。

五 结束语

随着新课改的落实与深入，人们也开始越来越重视对学生们创新能力

---

① 刘娟娟、赵东晨.苏教版小学数学教材中"解决问题的策略"的研究[J].南京晓庄学院学报，2013，14（5）：166—177.

② 张秀楼、曲丽娜.苏教版小学数学"实践与综合应用"教学的问题与对策[J].教育教学论坛，2012，14（6）：123—125.

与思维能力的培养。在教育这样的发展背景下，教师在对小学数学进行教学的过程中，必须要利用多种的教学方法与教学手段来调动学生们的学习积极性，加强对学生们独立思维的培养，活跃学生们的思维，以推进小学教学水平与教学质量的进一步提高。

让物理课堂焕发生命的活力

——实践"问题探究式"教学模式

滁州市南谯区大王初级中学　范胜柱*

　　"问题探究式"教学是以问题解决为中心，注重学生的独立钻研，有利于学生思维和创造力的培养，它重视学生获取知识的过程，该教学法改变了传统课堂教学法中由教师单向传递信息的做法，建立了师生之间的民主、平等、和谐、多向思维交流的新型关系，在探究式教学过程中，创设情景启发和贵学生自己发现并提出问题，充分设想、发表见解，进而设计实验，主动探索，创造性地解决问题。它应具有如下的特点：①问题是教学的开端。问题的存在本身就激发学生的求知欲和探究欲，这对教学的开展和创造性思维的启动是非常有利的。因此，我们在教学伊始首先创设问题情景，促使学生头脑中产生有指向性的疑问。②问题是教学的主线。问题不仅是激发学生求知欲的创造冲动的前提，而且是学生吸收知识、锻炼思维能力的前提，问题应存在于整个教学过程中，应试教学活动自始至终围绕着问题的探究和解决展开。③问题是教学的归宿。教学最终结果不应是用所授知识消灭问题，而应是在初步解决问题的基础上引发新的问题，这些新问题出现的意义不仅在于它能使教学延伸到课外，而且还在于它能最终把学生引上创造之路。其主要过程是：创设情景，提出问题，发散思考，科学猜想，设计实验，探索研究，检验猜想，得出结论，迁移运用，指导实践并在实践中能产生新的问题。

　　课程改革，就是要实现学生学习方式的根本转变，即变被动的知识灌输

---

　　*　范胜柱，一直从事物理一线教学。对学生的综合素质的培养，有独到的见解和做法。

为通过学生自主的学习、讨论和探索去发现问题、解决问题。为达到这一目的，在物理课堂教学中，以问题引导整个教学过程，引导学生自主学习、发现问题、提出问题，然后大家合作探究、解决问题，进而在巩固迁移、拓展延伸中再生问题，即把"问题"当作一堂课的出发点和归宿，培养学生的学习能力。

一 创设情境，引导学生发现问题

"学起于思，思源于疑"。从学生的经历中产生的一些实际问题进行探究，这是物理教学中所要采取的主要做法，《物理课程标准》已经明确科学探究即是学生的学习目标，又是重要的教学方式之一。将科学探究列入《课程标准》，旨在将学习重心从过分强调知识的传承和积累向知识的探究过程转化，从而培养学生的科学探究能力，实事求是的科学态度和敢于创新的探索精神。生活中时时处处有问题，每个学生都有与众不同的经历和感受。因此课堂伊始，我们在教学中可根据教学目标要求、教材内容、学生的年龄特点和个性差异，创设符合教学艺术特点的问题情境，刺激学生的探究欲望，集中学生的注意力，充分调动学生学习的积极性和主动性，使他们通过观察、体验、想象、思考，进而发现问题。

二 合作探究，引导学生解决问题

当学生从创设的情境中发现问题后，我们可根据实际需要，选择恰当的教法和学法。例如指导学生寻找、收集资料（或由我们提供部分资料）让学生来试验、研究，组织学生讨论猜想、主题探究活动等，让学生满怀兴奋与激情，寻找解决问题的途径和方法。

三 迁移应用，引导学生再生问题

新知识点形成以后，它还可以发散、深化使知识得以迁移、发展，从而对学生的能力提出较高的要求——产生并解决新的问题。我们要在认真研究教材和课程标准的基础上，选定合适的迁移点和发展点，设计开放性练习，引导学生去发现知识深层次的方法和思路或产生新的困惑、问题。

总之，在教学中，我们引导学生发现问题、思考问题、讨论问题、解决问题进而再生问题。这样不断发现、不断解决问题，将不断提高他们自主学习、合作探究的能力，在整个教学过程中，不是只关注掌握知识结论，更注重学生对知识过程的理解，坚持学生活动的互动性，让学生通过观察实验、独立思考和主动探究，逐步理解和掌握知识的发生过程和认识其内在联系，建立良好的知识和能力结构，为学生的终身发展奠定基础。

如何培养学生数学语言表达能力

滁州市会峰小学　牛家菊[*]

在小学低年级数学课堂教学中，常有孩子不主动举手发言，即使提问到他，也是愣在那里，老师急得一身汗，他却金口难开。有的孩子爱说却不会说；有的孩子发言积极，但往往是答非所问，让人哭笑不得。由于孩子年龄小，性格差异大，知识面窄，逻辑思维薄弱，表达能力也不强。古人云："言为心声，言乃说，心乃思。"

培养孩子的表达能力往往被顺理成章地认为是语文教师的责任，其实不然，数学课堂也要注意培养学生的表达能力。正确的语言表达是进行正确的数学思维的基本呈现，它直接影响着学生学习数学的积极性，影响着课堂教学效果。如何培养孩子从"敢说"到"爱说"，最后到"会说"，也是数学教学的任务。课堂教学中应根据学生的年龄及数学教材特点，想方设法，由浅入深，由直观到抽象，锻炼学生去说，让学生有条理地、完整准确地去表达。其做法如下：

一　蹲下身来亲近学生，让学生"敢说"

老师的"严厉"往往会成为阻碍学生张口说话的"绊脚石"。我在教学"4的分与合"时，课堂上我拿出4个桃子给一位学生分，学生很快就分出了

* 牛家菊：1969年出生，中学高级教师，滁州市会峰小学副校长。先后荣获"安徽省优秀教师"、"安徽省先进工作者"等荣誉称号。

4可以分成1和3。老师就说："分得真好，你拿1个桃子，老师拿3个桃子。那4就分成了1和3。"接着我继续引导，接着问："把我们手中的桃子交换一下，4又被分成了几和几呢？"我原来以为他可以马上说出4又可以分成3和1，但是他只是看着我，一脸想说又不敢说的样子，半天没把问题回答出来，这挺出乎我的意料。这时只听下面有学生小声嘀咕："他不敢拿的桃子比老师的多！"我恍然大悟，他不是不会，而是不敢说。可能在孩子眼里我是一个较严厉的老师，正因为这样，学生总是离我很远。课后我也结合自己的平时教学进行了反思，找准作为一名低年级教师的角色定位。下课后我主动与孩子们接触，和他们一起游戏，努力做到蹲下身子，多与孩子亲近，多为孩子创造"敢说"的机会。

二　创设情境，使学生"爱说"

1.创设情感情境

课堂上，教师用亲切、平等的语言最能使学生保持积极舒畅的学习心境。学生回答问题时，用"你答得很好"、"你并不比别人差"、"我相信你下次能回答得更好"等，这样做到了多鼓励，少批评；让学生以小老师的身份站在讲台上向同学解释、说明，鼓励学生发表与教师不同的意见和观点，提出与课本不同的看法等，在这样的教学情景中，让学生逐步养成敢于在课堂上大胆地发表自己的见解与看法；在有人说时，要求其余学生仔细倾听，若有不同意见，可以争辩或补充；对于讲得好的学生要给予鼓励表扬；在学生讲的过程中教师要面带微笑，耐心倾听，并适时用"说得好"、"不用急，慢慢说"等语言进行鼓励。这样，使他们品尝到成功的喜悦，使每位学生在民主、轻松、愉悦的学习氛围中乐于、敢于把自己的想法说出来，既训练了学生的口头表达能力，又激活了学生的思维。

2.创设生活情境

低年级学生的思维发展的特点是由形象思维过渡到抽象思维，所以教学中，应为学生提供一些丰富直观的材料，做有趣的数学游戏，创造"说"的情境，训练语言表达能力。我们对学生进行表达的培养要循序渐进，逐步提高，不但要考虑学生的年龄特点，而且要考虑到知识基础和认识能力，所以根据低段小学生的年龄特点和知识基础，在教学时要让数学语言生活化，生活情境数学化，密切联系生活材料，创设情境，以兴趣激发学生会说，以事例引导学生会说。在教学中，适时创设情景，引导学生在玩中说，可有效激发学生说的兴趣与热情。例如：在上一年级第一册"第几"这节课时，可以先让一组学生排好队，并做着一个自己认为最酷的姿势，然后让其他学生说说你喜欢第几个小朋友的姿势，并且说说你是从左边数还是从右边数，这样轮流说，学生的兴趣很浓。调动学生的多种感官参与学习活动，避免了枯燥乏味的训练，较好地激发了学生说话的热情。这样学生在轻松愉快的说话氛围中不知不觉学会了新的知识。通过"说"增强了学生学习数学的兴趣，优化了课堂的气氛，培养学生的思维能力，提高教学效果。

3.创设故事情境

低年级学生的思维没有条框，想象力丰富，教师应积极创设条件，正确诱导。例如，利用教材中的情景图编故事，创设形象有趣的情景，就能避免数学课的枯燥无味，让学生在浮想联翩中碰撞出思维的火花。如第一册数学《7减几》，就可以利用课后练习中的图创设故事情景：星期天是小灰鼠妈妈的生日，小灰鼠想亲手做一个妈妈最爱吃的土豆糕，以送给妈妈一个惊喜。可是家里没有土豆，小灰鼠便想起山羊爷爷前天曾挖了土豆，就去向山羊爷爷借土豆。他高高兴兴地背回了7个土豆，可是路上袋子破了一个洞。请大家说说小灰鼠回家时还剩几个土豆？并写出一个加法算式和一个减法算式，还要说说这样做的原因。问题刚提出，被故事深深吸引住的小朋友，马上展开了积极的想象和思考。有的说还剩下一个，因为掉了6个，还有一个最大的掉不下来，所以6+1=7，7-6=1。有的说还剩下0个，因为小灰鼠太高兴了，他边走边想着蛋糕，土豆都掉光了，所以0+7=7，7-7=0。还有一个学生说剩下7个，因为土豆知道小灰鼠爱妈妈，就使劲地抓住袋子，等小灰鼠到了家里才滚了下来，所以7-0=7……这样的数学语言太生动有趣，太富有童真童趣，太有个性了。在课堂上，学生想研究什么问题，要用什么方式研究，要用多种方式去尝试，教师都要最大限度地去满足学生的需求，并创造个性发展的机会和条件，这样，数学课就会充满生机和活力，学习数学就会成为一件非常有趣的事情。

三 通过引导使学生"会说"

低年级学生数学语言表达能力的培养，亦非一朝一夕之功。学生有了想说的欲望，也就能把话表达出来了，在这基础上就要训练学生"会说"即完整地说，能概括地说，数学语言有四大特点：一是简练；二是严密；三是精确；四是理想化。因此，在说话训练过程中，一定要注意培养学生良好的说话习惯。如要求学生先想后说，把话说得有条理，说得严密，说得完整；说话时声音要洪亮，语句要连贯，意思表达要准确规范等。在课堂上，我注意纠正学生不正确的表述，特别是有些小朋友常会用日常用语来表述。比如：小学生习惯把"单价、总价"说成"价格或价钱"；把"数"与"数字"混淆；把"几时、几时半"说成"几点钟、几点半"，学生通常会把3：00说成"3点"，这是口头语，应该告诉学生正确的书面语是"3时"。这些都需要教师善于引导，并多次加以训练，这样才能真正促进他们数学语言表达能力的提高。又如：在《长短》的教学中，当我出示了实物——红、蓝粉笔时，有的学生就笼统地说："红的长、蓝的短。"这是学生的生活语言。我问："谁能把话说得再完整一些？"学生又说："红粉笔长，蓝粉笔短。"这时，我又拿出一支黄粉笔，引导学生观察比较。学生又说："黄粉笔短，蓝粉笔长。"我说："刚才你们说蓝粉笔短，现在又说蓝粉笔长，到底蓝粉笔是长还是短？这三支粉笔比较，谁最长？谁最短？谁比谁长？谁比谁短？这句话怎样说合适？请小组讨论讨论！"这样，显然比一开始的语言表达要数学化。

通过一段时间的摸索，我班学生的数学表达能力得到了一定的提高，但是也存在一些问题：如仍有部分学生未达到预期效果。由于班级人数较多，课堂教学时间紧，任务重，在教学中会情不自禁地多提问那些口齿伶俐、语言表达能力强的学生，而忽视了一部分默默无闻的同学，不能让每位同学都能得到充分的语言训练机会。低年级孩子自我控制力比较差，课堂组织教学难度大，在创设情境中往往易放难收，在规定时间内有时难以完成教学任务。这些都需要我在今后的教学中不断加强新教育理念的学习，努力提高自身的教学能力和执教水平，逐步探索，力求采取多种有效途径，使学生的表达能力切实得到发展和提高。

数理不分家

——数学方法解题例析

滁州市乌衣中学　樊天国

物理学科除弄清概念、定律和做好实验外，解计算题占一定的比例。在解题中巧妙地运用数学方法，寻找捷径，就能提高解题速度与效率。现从几方面说明。

一　方程求解

例1　把两个定值电阻R_1、R_2以某种形式连接起来与电源接通，R_1消耗电功率为12W；若把两个电阻换成另一种形式连接后，仍与该电源接通，则R_1消耗电功率为27W，且通过R_2的电流为3A。求电源的电压和R_1、R_2的阻值各是多大？

解析　两个电阻连接方式有串联或并联，在第一种情况下R_1消耗功率小于第二种情况下消耗功率，因此第一种情况两个电阻连接方式为串联（图1），第二种情况两个电阻连接方式为并联（图2）。

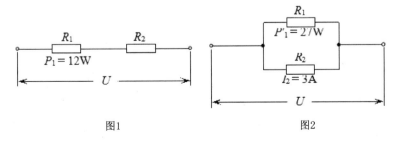

图1　　　　　　　　　　　　　图2

两个电阻串联时由 $P_1=I^2R_1$ 得 $I=\sqrt{\dfrac{P_1}{R_1}}=\sqrt{\dfrac{12}{R_1}}$ $U=\sqrt{\dfrac{12}{R_1}}$ (R_1+R_2) ①

两个电阻并联时 $P'_1=\dfrac{U_2}{R_1}$ 得 $U=\sqrt{P'_1R_1}=\sqrt{27R_1}$ ……………… ②

又 $U=I_2R_2=3R_2$ …………… ③

由①②③得 $\sqrt{\dfrac{12}{R_1}}$ $(R_1+R_2)=\sqrt{27R_1}=3R_2$

从 $\sqrt{27R_1}=3R_2$ 得 $R_1=\dfrac{1}{3}R_2^2$

代入 $\sqrt{\dfrac{12}{R_1}}$ $(R_1+R_2)=3R_2$式中化简得

$$5R_2^4-24R_2^3-36R_2^2=0$$
$$R_2^2(5R_2^2-24R_2-36)=0$$
$$R_2^2(R_2-6)(5R_2+6)=0$$

$R_{21}=0$ 、$R_{22}=-\dfrac{6}{5}$ （不合题意，舍去），$R_{23}=6\Omega$ 即 $R_2=6\Omega$

同理求得 $R_1=12\Omega$，$U=18V$

例2 在图3所示电路中，电源电压保持不变，调节滑动变阻器使电压表的示数为10V时，变阻器的功率为10W；调节滑动变阻器到另一位置时，电压表的示数为5V，此时变阻器的功率为7.5W。求：

（1）电阻R的阻值。

（2）电源电压U。

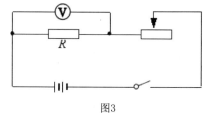

图3

解析 在前一种情况下电阻R的电压 $U_1=10V$，滑动变阻器的功率 $P_1=10$ W

通过R的电流 $I=\dfrac{U_1}{R}=\dfrac{10}{R}$

$$P_1=IU_2=I(U-U_1)=\dfrac{10}{R}(U-10)=10 \quad\cdots\cdots\cdots\cdots\cdots\cdots\cdots ①$$

在后一种情况下，电阻R的电压 $U'_1=5V$，滑动变阻器功率 $P'_1=7.5W$，

同理 $I'=\dfrac{U'_1}{R}=\dfrac{5}{R}$ $P'_1=I'U'_2=I'(U-U'_1)=(U-5)=7.5 \cdots\cdots ②$

解方程组得 $R=10\Omega$，$U=20V$

二　几何求解

例3　有一杠杆在 B 端挂一重物 G，在 A 端用一最小的力 F 使杠杆平衡，问力的方向如何？

解析　由杠杆原理知，动力臂越长动力就越小，力臂是支点到力的作用线的垂直距离。

设杠杆的支点在图4中的 O 点处，则力作用在 A 点有两种情况，一是力 F 方向与 OA 垂直；二是力 F_1、F_2 方向不与 OA 垂直。从图中可知，这三个力的力臂分别为 OA、OA_1、OA_2。

由几何知识知，A、A_1、A_2、O 点共圆，OA 为直径是最长的弦，且 $OA > OA_1 > OA$，故 F 最小。

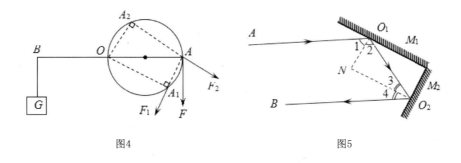

图4　　　　　　　　　　　　　　　　　图5

例4　当入射光线不论以什么角度射到两块互相垂直的平面镜上，光线在经两次反射后，都能与入射光线平行反回，为什么？

解析　如图5，假设入射光线 AO_1 经平面镜 M_1、M_2 两次反射后平行返回，则光线 AO_1 一定平行光线 O_2B

分别作法线 O_1N、O_2N

∵ 两平面镜垂直，则 $O_1N \perp O_2N$

∴　$\angle 2 + \angle 3 = 90°$

又　$\angle 2 = \angle 1$　$\angle 4 = \angle 3$　　　　∴　$\angle 1 + \angle 2 + \angle 3 + \angle 4 = 180°$

即　$\angle AO_1O_2 + \angle O_1O_2B = 180°$　∴　$AO_1 /\!/ O_2B$

此题的结果，就是自行车尾灯的结构原理。

三　极值求解

例5　有一滑动变阻器R，它的最大阻值是$100\,\Omega$，当滑片P滑至何位置时，a、b间阻值最大（图6），求出其阻值。

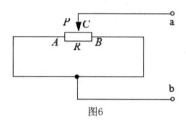

图6

解析　当滑片在C处时，这时R分两段R_{AC}、R_{BC}且并联，则

$$R_{ab} = \frac{R_{AC}R_{BC}}{R_{AC}+R_{BC}} = \frac{R_{AC}(100-R_{AC})}{100} = \frac{1}{100} - (R_{AC}-50)^2 + 25$$

由数学知识可知，上面的一元二次函数有极大值，当$R_{AC}-50=0$时，R_{ab}为极大值，即$R_{AC}=50$时（滑片P在AB中点），$R_{ab}=25\,\Omega$。

四　数学推导

例6　用一轻直棒做成杠杆，两端挂质量不等的同种实心金属球，杠杆处于平衡状态，当把两金属球同时浸没水中时，杠杆还能平衡吗？

解析　设金属球质量分别为m_1、m_2，两力臂分别为l_1、l_2

据杠杆平衡原理，有$m_1gl_1 = m_2gl_2$

当两球浸没水中时，两球受到浮力分别为F_1、F_2，这时加在杠杆两端的力分别为m_1g-F_1、m_2g-F_2，若能推导出等式$(m_1g-F_1)l_1 = (m_2g-F_2)l_2$，就能证明杠杆是否平衡。

$$\because F_1 = \rho_水gV_1 = \rho_水g\frac{m_1}{\rho_球} \qquad F_2 = \rho_水gV_2 = \rho_水g\frac{m_2}{\rho_球}$$

$$\therefore \frac{(m_1g-F_1)l_1}{(m_2g-F_2)l_2} = \frac{(m_1g-r_水g\frac{m_1}{r_球})l_1}{(m_2g-r_水g\frac{m_2}{r_球})l_2} = \frac{(1-\frac{r_水}{r_球})m_1lg_1}{(1-\frac{r_水}{r_球})m_2lg_2} = \frac{m_1lg_1}{m_2lg_2} = 1$$

$\therefore\;\left(m_1g-F_1\right)l_1=\left(m_2g-F_2\right)l_2$

即当把两金属球同时浸没水中时，杠杆还能平衡。

以上题例表明，在物理学科中运用数学工具，是必不可少的。俗话说得好"数理不分家"，有些物理问题，只要恰到好处地进行演算、推导、证明，就能迅速、简捷解决问题。

"数学课外活动"的组织与实施

滁州市第六中学　柴树云*

2001年教育部颁布的《全日制义务教育课程标准（实验稿）》及《全日制普通高级中学课程计划（实验修订稿）》中，综合实践活动课是必修课，为此，我校把课外活动实践课列入教学计划。至此，两年来，我校数学教研组对数学课外活动课进行深入探讨与研究，积累一定的经验，初步形成一套教学模式，介绍如下：

一　对数学课外活动定位

数学课外活动是学生在老师指导下，通过教学的多种方式，以学生学习的兴趣和内在需要为基础，介绍数学人文知识，普及数学思想方法，探究数学问题及数学实际应用，培养学生的数学兴趣，提高学生的素养，实现学生主体能力发展的教学模式。

二　把握数学课外活动的特点

(1)趣味性：数学课外活动要能激励学生学习的积极性和能动性，内容应丰富多彩，拓宽学生的数学知识面，实现学生为主体能力的发展。

---

* 柴树云，中学高级教师，滁州市骨干教师，现任滁州六中教导主任，南谯区数学兼职教研员。发表论文有十余篇，在省市论文评比中多次获奖。负责两项省级课题均已结题。

(2)实践性：数学课外活动要能提供学生多种动手和实验的机会，弥补课堂教学的不足，数学探究性活动是数学活动课中的重要部分。

(3)开放性：①活动内容开放；②活动过程开放；③活动空间开放，不一定在教室内；④师生关系开放，教师是引路人，也是学习者、倾听者；⑤结果开放，不一定人人结果同一。

(4)阶段性：学生活动内容，根据年级划分不同层次。

三　明确数学课外活动应遵循的教学原则（参考文）

(1)目标性原则——数学课外活动内容，目标要符合中学数学教育目标和中学生身心发展。

(2)人文性和趣味性原则——知识内容丰富，开展形式多样。

(3)普及性和特长性原则——尽量人人参与，在此基础上，按学生的兴趣取向、能力进行分组活动。

(4)统一性和开放性原则——活动安排有统一组织，活动内容、形式开放。

(5)指导性和自主性原则——活动必须有老师引导和启发、学生活动能主动参与。

(6)实践性和创造性原则——教师指导学生进行探究性活动和研究性学习，要能符合实际，又要考虑学生能力，在此基础上，学生有所新发现、新收获。

(7)阶段量力性与个别性差异原别——不同年级数学课外活动内容和形式不同，在同一年级仍考虑个别学生的兴趣、爱好，进行分组。

(8)可操作性——活动有组织、有目标、有计划，实施活动有提纲和要求，有引导，活动全过程有评价机制等。

四　数学课外活动的组织

(1)数学课外活动的组织结构，以年级为单位，分为初一到高三6个年级组，每个年级组设有数学兴趣活动小组、数学竞赛小组、教学探究性活动（初中部）或研究性学习小组（高中部）。

(2)数学课外活动的组成人员，各班学生根据自己的志趣，在数学课任老师引导下，填报数学活动卡，根据活动卡按6∶1.5∶2.5把每班学生分配到本年级组中的兴趣活动小组、竞赛小组、探究性学习活动小组，每个年级组的三个活动小组，由本年级的数学教师（初中部每年级2名教师；高中部每年级3名教师）分工、合作、负责。

(3)数学课外活动的时间，学校安排每周三下午第四节课。

(4)数学课外活动的次数，每学期每个年级中，兴趣小组初中部有15次，高中部有18次；竞赛小组初中部有10次，高中部有15次；探究性学习活动小组初中部有4次，高中部有6次。

五　数学课外活动的实施

1.开展数学课外活动的一般方式

(1)数学兴趣活动小组活动的方式

●学习问题讨论会——教师把课堂中和作业中出现的问题，集中拿出来与学生讨论（初、高中）。

●趣味数学活动会——教师专题引导，学生讨论研究（初中）。

●读书活动会——教师指导查阅或介绍，学生阅读记笔记（初、高中）。

●游戏活动会——教师确定形式，学生主持节目（游戏、相声、小品、魔术）（初中）。

●讲故事比赛会——教师与学生共同参与，学生主持（初中）。

●实验演示会——教师给专题，学生准备、演示，教师与学生共同讨论（高中）。

●手工制作展示会——教师选专题，学生准备、展示（初、高中）。

●学生经验交流会——每次活动后，学生写经验或体会，然后在会上交流，教师评定出"优"、"良"、"一般"（初、高中）。

(2)数学竞赛小组活动的方式

●专题讲座——教师讲解有关奥数基础知识（初、高中）。

●数学基础知识竞赛——要评出一、二、三等奖，教师讲评（初、高中）。

●数学智力竞赛——要评出一、二、三等奖，教师讲评（初、高中）。

●数学奥林匹克竞赛——要评出一、二、三等奖，教师讲评（初、高中）。

●数学思想方法交流会——教师指导，学生撰写，会上交流，教师评定出"优"、"良"、"一般"（初、高中）。

●问题探讨会——教师选题，学生活动探求，在教师引导中，学生达到问题解决的效果（初、高中）。

(3)数学探究性活动和研究性学习小组的活动方式

●数学应用知识竞赛——评出"优"、"良"、"一般"（初、高中）。

●数学建模比赛——评出"优"、"良"、"一般"（初、高中）。

●数学探究活动及研究性学习——教师引导"问题产生"，学生"发现问题"，师生确定主题，实施合作活动，学生整合资料汇报、教师组织交流（初、高中）。

●数学小论文交流会——教师指导，学生撰写，教师评定出"优"、"良"、"一般"（初、高中）。

2活动内容

(1)数学兴趣小组活动内容

●学习问题讨论会——课本学习当中出现的问题。

●读书活动会——①对初中部学生介绍古代中外数学家，对高中部学生介绍近当代中外数学家【赵爽、刘徽、祖冲之、祖暅、李治、秦九韶、杨辉、朱世杰、郭守敬、程大位、梅文鼎、李善兰（古代）、姜立夫、陈建功、熊庆来、苏步青、江泽涵、许宝騄、华罗庚、陈省身、吴文俊、杨乐、张广厚、陈景润（当代）；阿基米德、欧几里德、塔塔里亚、伽罗华、欧拉、笛卡儿、牛顿、高斯等】；②对初中学生介绍中国古代数学成就，如勾股定理、"祖率"、"祖暅定理"、"杨辉三角"方程术、天元术、中国剩余定理、算盘的发明等。对高中学生介绍国外的数学成就及其应用：如欧几里德的《几何原本》、笛卡儿的坐标系，提供解决平面图形重要理论，是中学生必修内容；又如牛顿的力学理论与微积分同时形成；"非欧氏几何"诞生；爱因斯坦建立现代物理基本理论：相对论和广义相对论；伽罗华的"群论"在百年后为物理学中"守恒定理"找到了解释工具等；现在数学已成为各学科研究的重要工具，如化学的研究、生物及生命科学的研究、经济学的研究、历史学的研究等都离不开数学工具；③对高中部学生介绍数学发展史的重大转折和里程碑事件（如"三次数学危机"、几何作图三大问题、《几何原本》、解析几何建立、微积分发明、非欧氏几何诞生、五次方程不可解与群论、集合论和数学基础、计算机与计算机数学等）。

●趣味数学讨论会——主要内容有：生活中数学（小明母亲存款到期后是继续存款还是取后再存款划算？）；数的进位制（手指与十进制、二进制与计算机）；速度与巧算（如高斯速算"$1+2+\cdots100$"；爱迪生巧算玻璃泡的体积等）；逻辑趣题（如罗索悖论）；数学之谜（如欧拉与幻方）；趣味几何（图形剪拼，如剪拼验证三角形内角和定理，剪拼面积证明勾股定理等，渐近线、摆线、函数图像等欣赏）。

●游戏活动会——主要内容有：数字游戏（如观察"数字漩涡"和"123黑洞"、找孪生数等），数字谜语（如题：双手十指——实数，考试舞弊——假分数，再见吧，妈妈——分母等），数学魔术（如扑克牌中数学，用二进制做生肖卡片猜12生肖等）。

●讲故事比赛会——主要内容有：数学家的故事（如拿破仑分圆、笛卡儿梦绘坐标系、泰勒智测"金字塔"的高、塔塔里亚智解三次方程、明可夫斯基轻视"四色定理"、欧拉巧解"农妇卖蛋"问题、女数学家埃米·诺特等）；数学童话故事（如分牛传说，韩信点兵等）；数学之最；数学小品。

④实验与制作主要项目有：投币实验、扔针求竹、莫比乌斯带等等。

(2)数学与竞赛活动小组内容：

①数学史话；②数学趣题（如"哥尼斯堡七桥"问题、费尔马问题、"四色定理"、兔子繁殖问题、"3x+1"问题、希尔伯特旅馆等）；③奥数专题讲座。

(3)数学探究性活动和研究性学习活动小组内容：

①源于课本中探究性活动和研究性学习内容（初、高中部）；

②与身边生活有关内容（如"足球场上射门"问题、"排球场上击球"问题、学生公寓"洗衣服"节水问题、《幸运52》栏目猜价问题）（高中部）。

六 学校制定数学课外活动评价机制

(1)各年级组聘用数学课外活动教师，由学校分管校长审核。

(2)每个年级组中3个数学活动小组的每学期活动计划，由教导处审核。

(3)每个年级组中3个活动小组活动落实情况，由分管年级的领导不定期抽查，进行记录，列入老师考核。

(4)教师开展每次活动要有提纲，由数学教研组长审核。

(5)建立数学课外活动小组名册，每次活动进行考勤登记。

(6)开展对兴趣活动小组评定，建立学习体会与效果考查记录和教师评定的记录。

(7)开展对竞赛小组活动评比，每次评出一、二、三等奖，记录学生学籍档案。

(8)开展对探究性活动小组评定，有活动记录和小论文。

七 数学课外活动教学的效果

(1)数学课外活动教学改变了学生的学习方式，融洽了师生关系，唤起了学生学习数学的信心。学校在问卷调查(1000份)数学课外活动的实施情况（初中部每个年级各发放100份；高中部每个年级各发放200份）中，有90%的学生认为数学课外活动开展得好，了解了很多有趣的数学知识，对数学有更深的认识；有88%的学生对数学感到有了兴趣，同比两年前提高了16%；有85%的学生想努力学习数学，提高数学成绩；有82%的学生认为对数学学习有了进步，同时对"优等生"解决了"吃不饱"的问题，提高了数学能力，培养了创新精神，我校高中部有3名同学撰写的小论文在滁州市各中学进行交流。

(2)教师在数学课外活动中提高了业务素质和科研能力。本人在课外活动教学中撰写了一篇"由洗衣服引发的一次探究性活动"，发表于《中学数学教学参考》（2001年第9期）上。

(3)数学课外活动的开展，促进了课堂教学质量的提高。2003年中考，我校薛庆亮、王凯的数学成绩名列滁州市南谯区2、3名，校人均分84.2分，列本区人均分第3名；2003年高考中，我校有28名学生达本科线，其中有10人达重点线，数学成绩均在100分以上。

参考文献

1.何明：《中学数擘课外活动的组织与实施》，《数学教育学报》2001年第10期。

2.黄金声：《初中数学活动课再探》，《中学数学教学参考》1999年第5期。

谈初中数学教学质量的整体提高

滁州市第六中学　吴海军[*]

滁州市黄泥初级中学　陈松[*]

一　做学生的良师益友

消除教师和学生之间的心理障碍，是教师帮助学生重新起飞的开始。学生往往有自卑心理，他们往往因数学成绩不理想而愧于见教师，更不会主动地向教师提问，长此以往问题就越聚越多，思想负担越来越重，学习就越困难。因此，教师要关心和理解学生，平时要常找他们交心，多给他们一点情感，通过自己的言行向学生传递亲切、理解和信任的信息，做学生的良师益友。

二　调动学生学习的自觉性

心理学告诉我们，近期目标短暂但直接，长远目标持久却间接，教师应注意把近期目标和长远目标结合起来，加强目的教育，帮助学生克服意志障碍，如数学课上，教师可通过有说服力的数据和图片资料进行国情教育和爱国主义教育。在应用题教学中，让知识应用于学生生活实际，使书本知识走上社会，走进学生家庭，使他们体验到数学知识的重要作用。因此，教师要通过耐心细致的思想工作强化学生的目的教育，帮助学生确立远大理想，并

---

[*]　吴海军，中学一级教师，一直从事中学数学教学工作，教学经验丰富。

[*]　陈松：中学一级教师，多篇论文在市区评比中获奖。

在此基础上逐步形成科学的世界观，使学习成为学生内在的迫切需要，从而激发学生的学习动力，培养学生学习的自觉性。

三　培养学生学习的主观能动性

1.课堂提问，精心设计

课堂提问对激发学生积极思维，集中学生的注意力，引发新知识，活跃课堂气氛，检查教学诸环节的落实情况等，都起着十分重要的作用。教师在备课时，应紧扣教材，精心设计合理新颖的问题，这是调动学生学习积极性，有效获得知识的较好方法之一。平时教学中注意以下三点：

(1)课前提问。我们要创设问题情境，使学生主动地、积极地参与教学。如在学习"三角形三边关系"一节内容时，我先拿出预先准备好的三根细木棍，使之拼成一个三角形，然后将其中一根折断，使之剩余部分与其他两根不能再拼成三角形，提问学生，现在这三根木棍为什么不能拼成三角形呢？吊住了学生胃口，使学生带着问题积极地参与到教学中，激起学生的思维浪花，增强学生的求知欲。

(2)课间提问。课间提问，随机应变，时机把握得好，能使学生产生惊诧感，又能切中问题实质，使之留下深刻印象。如在学习"顺次连接四边形各边中点，所得四边形是平行四边形"时，因势利导，随机应变地提问：连接长方形各边中点，会有什么新的发现吗？如连接菱形、正方形、等腰梯形各边中点，又会得到什么结论呢？当学生解决完以上问题时，又进一步提问：当一般四边形的两条对角线满足什么条件时，顺次连接各边中点所得的四边形是菱形？矩形？正方形？引导学生不断展开想象，不断解决问题。

(3)讲课结束，善用"伏笔"。为了激发学生继续学习的热情，教师要设法在新课结束前设计有悬念的提问，为下一课设下"伏笔"，如学习了二次函数$y=ax^2$的图像和性质这一节后，教师在小结时让学生回答$y=x^2$的图像和性质，然后提问：若原二次函数变为$y=(x+2)^2$，请问这两个函数之间有什么关系？同学们可否画一画图像，从中发现两图像的位置有何关系？这种新旧知识的过渡能起到承上启下的作用。

2.联系教材，激发兴趣

教师在教学中应当注意坚持理论联系实际的问题，如讲解相似三角形时，可设疑：如何测量大树、铁塔、大山的高度？讲应用题时可设置市场经济中应用问题，将生活实际问题引入课堂，迅速点燃学生的思维火花，使学生认识数学知识的价值，自然就产生了学习兴趣，学生的学习兴趣越浓，就越会产生"我要学"的良好学习态度，就会产生越学越有劲的主动学习氛围。

3.运用类比，揭示本质

引导学生把所要研究的新问题和与之有关的原有知识、方法进行比较，使学生认识到它们的共同特点和规律，从而以熟悉的方法和知识去解决新问题。类比有利于发展求同思维，培养学生举一反三、触类旁通的能力，促进知识能力的有效迁移，能揭示问题的本质，使学生能自信地正视问题。

4.题型分类，归纳方法

数学教学，一定要在单元讲完之后，首先要求学生归纳出本单元的知识点，然后引导学生结合各知识点，就课本上配备的练习、习题、复习题进行分门别类，总结出应掌握的各类题型的解题思路和各种基本方法，目的是让学生从"题海"中跳出来，这样做是教给学生"猎枪"而不是"猎物"，所以各单元每类题型的常用解法，要通过练习题详细讲解，让学生真正掌握，并能保证较熟练地使用。

四　让学生体验成功，增强学好数学的自信心

体验是人类的一种心理感受，与个体的经历有着密切的关系，它不仅对学生的感性认识有帮助，而且在发展学生的情感意志和动机等方面有独特作用，学生大都认为自己能力差，不太相信自己会成功，他们很少把自己的成功归因于能力，而更多归因于运气和任务容易。因此，在教学中要注意培养他们的自我效能感，教师要发现学生个体的特点、优点和潜能，给他们创造成功的机会，让他们体验获取数学知识的愉悦和满足，创设让他们表现自己才能的机会，才能使他们更喜欢数学，对学生进行成功心理的激励，鼓励学生相信自己的能力，增强他们学好数学的自信心。

皖东地区农业资源利用及其机制转换分析

滁州市南谯区章广中学　贺开家

滁州师范专科学校地理系　戴仕宝

　　摘要：文章首先总结分析了皖东地区的自然环境特征；然后详细论述了该地区农业资源利用现状与存在的问题，并提出了相应的对策；最后从生产方式的转变、农业制度的安排以及农业市场机制的培育三个方面论述了皖东地区实现农业资源的利用机制转换的途径与方法。

　　关键词：农业资源利用机制转换　皖东地区

　　中图分类号：F062.1

　　文献标识码：A

　　文章编号：1009 - 04ix (2003) 01 - 0041 - 02

　　皖东地区位于安徽省东部，包括滁州市及其下辖的二区二市四县，总面积1398.7km²。该区位于长江、淮河之间，地貌类型属江淮丘陵区，地势自西北向东倾斜，主要地貌类型为丘陵(53.68%)、残岗地(34.27%)、沿河平畈(7.55%)、圩区(4.5%)。该区气候属北亚热带季风气候，年平均气温14.4℃—16.5℃，无霜期220d，年日照数2217.6h，年均降水量1031.2mm。境内以西部的皇甫山、磨盘山为分水岭，将全区分属长江、淮河两个流域，主要水系有淮河和长江下游北岸的支流滁河等。

　　皖东地区是一个传统的农业区，也是安徽省的一个农业大区。多样的地形和适宜的气候为皖东地区发展农业生产提供了较好的条件。

一　土地资源

（一）土地资源的利用现状

由图1、图2可以看出，无论是种植面积还是总产量，具于f前列的均是稻谷、小麦和油料，在总体上表现出皖东地区在农业生产上具有长江中下游平原（稻谷和油料）和黄淮海地区（小麦）的过渡特征。这一方面反映了皖东地区的自然地理状况特征，另一方面也反映了皖东地区人文特征（饮食和农业生产传统）的过渡性。值得注意的是，皖东地区耕作制度与长江中下游平原地区（冬油菜，夏稻谷）非常相似，而与黄淮海地区的冬麦、夏棉（薯）的耕作制度不同。

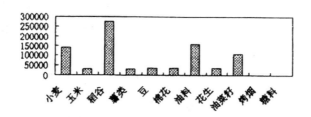

图1　皖东地区主要农作物总产量（单位：吨）

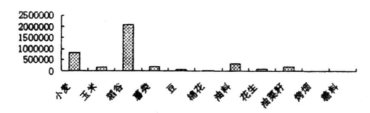

图2　皖东地区主要农作物种植面积（单位：公顷）

（二）存在的问题

土地使用权过度分散，土地利用方向单一，产业结构不合理。目前，滁州市平均每农户经营的耕地面积不到0.6ha.，且很多地方（尤其是圩区如来安的三城、明光的泊头等）农作物种植单一，基本是稻、麦或油菜。即便在岗间阶地，也是如此。与本地区的地形(丘陵，岗地占87.95%)比较，可以看出种植结构很不合理。因此，"压粮扩经"、"水改旱"势在必行。

二 水资源

（一）现状

皖东地区年均降水量1031.2mm，地表水资源总量为33.5亿ml，湖泊面积为319km²。从水体利用上看，养殖总面积为64148ha，其中水库21470ha、湖泊13801ha，池塘26914ha。总体来看，皖东地区的水体利用率较高，如湖泊的养殖面积达总面积的46%。

（二）存在的问题及对策

水资源总量不足，解决措施不利。皖东地区干旱灾害十分频繁，其中的一个重要原因是皖东地区的地形以丘陵、岗地为主，涵养水源的能力有限，同时缺乏大型水库选址条件，两侧长江和淮河的支流水系存蓄能力不够[①]。解决的措施除了要采取必要的工程措施外，建立高效的水资源利用体制十分必要。一是要大力发展节水型农业，坚决执行"压粮扩经"、"水改旱"政策；二是要用经济杠杆调节水资源的使用，扩大农业用水收费的范围，采取灵活的措施，增强对水利投入的积极性。

三 生物资源

（一）现状

皖东地区已开发利用的生物资源主要包括植物资源、水生生物资源以及其他生物资源。本地区野生植物资源种类丰富，有乔木灌木81科401属，竹类15种，中药材植物212科605种。除已被广泛种植的传统植物外，还有许多植物资源可以利用。如茶叶、菊花、野韭菜等[②]。

---

① 戴仕宝，郑平建：《皖东地区水资源可持续利用研究》，《资源开发与市场》1999年第9期。

② 滁州市地方志办公室：《滁州市志》，方志出版社2000年，第25—29页。

（二）存在的问题及对策

目前，生物资源利用存在的主要问题是很多生产项目还处在试验、探索或初步发展阶段，利用的深度和广度不够，没有把种植资源优势转化为经济优势、市场优势。解决的措施主要是要在"特色"和"绿色"上做文章，以市场需求为核心，运用各种市场经济手段扩大市场规模、强化品牌意识。

（三）农业资源利用机制转换分析

由上所述，皖东地区作为安徽省的一个农业大区在农业资源利用上还存在许多问题，农业生产还处于传统的惯性力作用的模式下。为摆脱农业生产的落后局面，解决好"三农问题"，制定相关的政策并采取切实可行的措施（如上文所述）是非常必要的。但更重要的，笔者以为，是要从社会主义市场经济制度出发，以现代市场经济学理论和方法来研究农业资源利用转换机制问题，并采取相应的措施。

从经济学的角度看，一种经济资源的利用程度和方式，不仅取决于一定的生产力条件，也决定于一定的市场条件。不同的市场条件下，资源的利用程度和效率也不相同。因此，作为经济资源的农业资源的利用机制转换就不仅涉及生产方式的转变，也涉及农业制度安排以及农业市场机制的培育。

实现农业资源利用机制转换，在生产上主要是要调整和转变传统的农业生产方式。即：①要由偏重数量和速度增长，转变到在继续保持一定的数量和增长速度的同时，主要依靠优化产业和产品结构，发挥资源的整体功能，提高增长的质量和效益；②要由偏重资源的外延开发，转变到在不忽视资源的外延开发的同时，注重资源与环境保护，并主要依靠提高资源利用率和环境持续发展能力，在向农业生产的深度开发，增加产量的同时，提高效率和效益。

实现农业资源利用机制转换，在制度安排上，要建立农业资源合理流动的机制，由市场机制实现资源配置，以充分发挥资源的使用效率，并要实现农业资源的保值、增值。这主要涉及到土地资源利用的规模化，水利资源利用的节约化和利用制度的多样化，农业规模经济既是我们的目标也是农业发展的必然结果。目前，皖东地区农业土地使用权的过度分散的状态已对农业生产的发展和科技的推广造成很大的制约。皖东地区是我国农业"大包干"的发源地。现在，由"大包干"这种制度革新带来的动力作用已大大减弱，而规模经济效益逐渐得到认同。因此，土地化整为零、以家庭承包制和以家庭劳动力为劳动力生产资料的经营方式将被土地相对集中、家庭承包和使用雇佣劳动力以及各种形式的联合生产代替。所以，在土地使用权和所有权问题上，有必要采取类似国家近年来对国有企业实行的"抓大放小"的政策，以使市场机制在配置土地资源上真正发挥作用。实行"抓大放小"，可以在继续实行现有土地法规和政策的前提下，对局部土地的使用权以拍卖的方式实行有限的私有化。对拥有土地使用权的经营户要按照工商企业法规进行管理，对土地经营不善者要依法进行破产清算，收回其经营权。在这一过程中，要特别注意科学评估土地经营者对土地基础性投资的经济价值，以调动土地经营者对改良土地、整田修路等基础性投资的积极性。这既实现了土地的市场化，又能提高皖东地区土地资源的利用效率[1]。

皖东地区水资源缺乏，对农业发展的制约作用越发明显。转变水资源的利用机制，一是要大力推广节水农业，压缩水田面积，尤其是要有步骤有计划减少水稻的种植面积；二是要采取灵活的措施，引入市场化机制。如近年来在定远、明光等县、市的做法就很值得推广。他们的主要思路是以合同的形式对河湖塘坝以及小型的水利设施实行全面的承包制，实行用水付费，具体费用在政府的指导下由农户与承包人协商解决，同时规定承包人有对农户供水的义务和责任。这样，一方面可以节约用水，提高了水资源的利用效率；另一方面扩大了水利设施的投资渠道，增加了水利投入的积极性，确保了水资源的可持续利用，实现了农业水资源利用的机制转换。

实现农业资源利用机制转换，在农业市场机制的培育方面，除了要建立农业资源合理流动的机制外，还要特别注重培育农产品营销市场和农资市场[2]。目前，皖东地区的主要大宗农产品均出现了过剩的现象，摆脱增产不增收的尴尬局面迫在眉睫。因此，建立区域性的大宗农产品市场十分必要。为确保市场的成功运作，可在专业市场的基础上逐步建立起综合的农产品交易市场（包括农资市场），笔者认为，首先建立花生专业市场是一个可行性的策略。皖东地区的花生种植面积现已达4万ha（而且还有进一步扩大的可能），总产量达11万吨，花生种植已被列为滁州市农业结构调整的"五旱"种植之首。而目前花生的销售还处于一种自发的状态，大多是农民自产自销。销售

---

[1]　戴仕宝：《农业市场化与中国农业可持续发展》，《当代经济研究》2001年增刊。

[2]　陈宗胜，陈胜：《中国农业市场化进程测度》，《经济学家》1999年第15期。

的范围集中在皖东地区的周边地区，西为合肥，南为皖南，东为南京。可以说花生在皖东地区已形成了种植特色和优势，还没有形成产品特色和经济优势。因此，建立花生的专业市场十分必要。一方面专业市场的建立有助于进一步扩大销售范围，降低交易成本，增加农民的经济效益，充实地方财政；另一方面，通过扩大花生的种植面积，可以促进"水改旱"这一滁州市农业发展的基本方针的落实，有利于稳定农业生产，抗旱减灾。

（四）结论

实现农业资源利用机制的转换，就其本质来说是一项改造传统农业生产系统的综合系统工程。在这一综合系统工程中，农业资源利用是核心，以现代一般经济产品的生产过程来考察农业生产，我们可以发现传统农业生产的最大弱点就是把农业生产过程等同于产品的生产过程，把农业的生产周期等同于作物的生命周期。因此，改造传统农业，实现农业资源利用机制的转换，就是要在研究农业资源利用即产品的生产过程的基础上，着重研究农产品的流通过程，并以市场流通促进农业资源利用的优化。具体来说就是要以市场为导向，以效益为原则，树立大农业的观念，坚持因地制宜、科学规划、合理利用，改变"土地=耕地"、"农业=粮食"的思维模式，实行农、林、牧有机地结合，山、水、田、林、路综合治理，以实现农业资源的可持续利用和农业经济的可持续发展。

物理思维能力的培养

滁州市乌衣中学　樊天国

在初中物理教学中，对学生进行思维能力的培养是分层次的逐步提高的过程。有意识地经常对学生进行思维能力的培养与思维方法的训练，是提高学生智力水平、科学素质、逐步建立科学世界观的重要途径。

高士其指出："思维的科学是培养人才的科学"，"国家的竞争、社会的竞争归根结底是人才的竞争，而人才培养成才，其关键在于思维，在于科学的思维。"从物理学发展史来看，一些重要结论是科学家创造性思维的结果，在科学技术迅猛发展，知识爆炸的今天，应认识到思维能力培养的重要性。

本文就初中物理教学，结合具体实例，谈谈对学生进行物理思维能力的培养和思维方法的训练问题。

一　形象思维能力的培养

形象思维又叫直觉思维，它是创造性思维的萌芽，而创新发现是形象思维的高级阶段。从初二起始阶段，主要对学生进行形象思维能力的培养，通过具体的物理现象的叙述，感知反映的特征，根据实验得出的结果来描述一些结论，把研究对象的本质和规律的直观感受或直接估断，生动地和能动地给出直观的结合与表述。

根据这种思维特点，教学中注重这种能力的培养，为更深层次的思维活动打好基础。如在光学中，通过手电筒发出的光柱使学生感知光在空气中沿直线传播，再演示光在水中、玻璃中沿直线传播，通过这些具体现象由学生自行得出结论：光在同一种均匀物质中是沿直线传播的。对凸透镜成像特点，先让学生做分组实验，从物距五种情况，观察成像特点，填入下表：

通过实验的感知素材，提出几个问题，训练学生的思维。

（1）什么情况下成实像（分放大、缩小、等大）？

（2）什么情况下成虚像？

物距	成像情况			物距
	实 或 虚	正立或倒立	放大或缩小	
$u>2f$	实像	倒立	缩小	$f<v<2f$
$u=2f$	实像	倒立	等大	$v=2f$
$f<u<2f$	实像	倒立	放大	$v>2f$
$u=f$	不成像			
$u<f$	虚像	正立	放大	

（3）在成实像中，物距增大时像距如何变化？像的大小如何变？

（4）由（3）分析放电影时使银幕上像变大，放映机怎样移动？照相时使像变大，相机怎样移动？

由凸透镜成像情况的直接感知，提出以上问题，发挥学生主动性，从实验结果的直观印象到练习的思维过程，把知识掌握牢，培养学生把实验上升到理论知识，促使思维水平的提高，使形象思维有所发展。

从思维发展的过程看，初中学生的形象思维向抽象思维过渡，加强概念教学则是帮助学生实现这种转化过渡的极好训练过程。物理概念内容丰富，它来源于实际中，教学中应借助于演示和学生实验的易于直观形象为基础，实现形象思维到抽象思维的飞跃，理解概念的含义并掌握概念的抽象本质属性，进而能运用概念去得到不能直接感知的性质。

二　抽象思维能力的培养

随着学生对物理知识掌握逐渐增多，培养学生由实验事实分析、概括出有关规律，向抽象思维过程发展。教师在传授知识、学生理解概念都是运用抽象思维，教学中渗透比较、分类、推理、概括等抽象思维方法的训练。

磁场一节是很抽象的，在实际传授中，学生对磁场及磁场是物质的接受能力差。磁场是看不见摸不着的，不能直接感知它的存在，必须通过间接反映。通过演示磁场间相互作用，观察两磁极在没有接触时，就有力的作用，它们的相互作用是间接的，间接作用是通过磁场进行的，采用铁屑在磁场周围以磁感应线形式分布情况，从而认识磁场的存在，通过抽象思维得出磁场是一种特殊物质。

研究直线运动采用分类的方法，学生阅读课文，由他们归纳两种比较运动快慢的定义方法，加深对速度的认识。密度概念在初中相当抽象，课堂上采用分析、比较得出两条结论：同种物质所组成的物体的质量与体积的比值是相同的；不同物质所组成的物体的质量与体积比值是不同的。为了概括这两点引入密度概念，使学生由具体到抽象。

抽象思维能力不断增强，要进行理论分析或推导的引导，理论推导在课本已有实例，如"浮力产生的原理和阿基米德原理"内容中，给出了从理论上推导出阿基米德原理与实验得出原理一致。讲述实例后，在物体沉浮条件内容中，可训练学生推导一例：

实心铁块放入水里为什么下沉？

推导：当铁块浸没水里受到浮力

$$F = \rho_{水} g V$$

重力　$G = \rho_{铁} g V$

$$F - G = \rho_{水} g V - \rho_{铁} g V = (\rho_{水} - \rho_{铁}) g V < 0$$

即$F < G$，所以铁块下沉。

继而推导出实心物体在液体中浮沉取决于它们的密度大小。

在进行物理定性分析中，也常用推导。

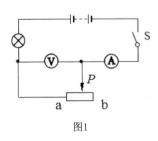

图1

如图1所示的电路中，当闭合电键S，将滑动变阻器的滑片P向b端滑动时安培表与伏特表的示数将如何变化？灯泡亮度怎样变化？

这样的问题既不是定量计算，也不是单纯的判断，而是把有关物理概念、公式综合进行推导，用变化的观点做出定性的判断过程。

学物理推理是必不可少的，在牛顿第一运动定律之前，伽利略得出的结论就是一种重要的思维方式——推理。通过小车从斜面顶端下滑到不同平面，观察小车前进距离情况，分析运动物体受到阻力越小，运动距离越长，进一步推理得出：一切运动着的物体在没有受到外力作用的时候，它的速度将保持不变，并且一直运动下去。

教学中应强调理论性抽象思维水平，而不是经验性抽象思维水平。理论性抽象思维得到发展时，才能在分析、综合各种问题中解决问题。

三　逆向思维能力的培养

逆向思维问题是教学中的一个难点，有些人在茫茫题海中找各种类型题，然后寻求解决方法，造成学生机械的记忆和被动模仿，思维固定在教师的框框之内，在心理学上叫思维定式。要克服思维定式的消极影响，培养学生思维的灵活性，应经常注意培养逆向思维，养成从不同角度去认识、分析、理解知识的习惯，提高实际解决问题的能力。因此教学中必须重视逆向思维习惯的培养。

逆向思维给初中生启迪是法拉第电磁感应现象，在这之前奥斯特发现了电流的磁效应，既然电流能产生磁，那么磁能不能产生电流呢？法拉第经过十年的探索，终于发现电磁感应现象，使人类社会进入电气时代。

在讲解例题时，充分利用素材进行逆向思维训练。如有一题：

一只打足气的轮胎的体积$0.1m^3$，重约30N，若将一重1600N的物体放在轮胎上面，再放入水中，物体是浮在水面还是沉入水底？

大多数学生按正向思维计算：（$g = 10$ N/Kg）

$$F_浮 = \rho_水 gV = 10^3 \times 10 \times 0.1 = 1000 \text{ N}$$

$$G = G_1 + G_2 = 30 + 1600 = 1630 \text{ N}$$

$$G > F_浮 \text{物体沉入水底}$$

错误的原因是形成单向片面的认识，只注意由此及彼而忽视由彼及此，学生考虑排水量是$0.1m^3$，没有把物体体积也包括在内。纠正错误必须通过逆向思维。

（1）物体与轮胎若是悬浮水中

$$F_{浮} = G$$

$$V_{排} = V/（\rho_{水}g）= 1630/（10^3 \times 10）= 0.163\ \text{m}^3$$

$$V_{物} = V_{排} - V_{轮胎} = 0.163 - 0.1 = 0.063\ \text{m}^3$$

（2）物体若浮在水面 $V_{物} > 0.063\ \text{m}^3$

（3）物体与轮胎若沉入水底 $V_{物} < 0.063\ \text{m}^3$

物体的浮沉要看其体积的大小，当物体体积大于0.063m³时，浮在水面；等于0.063 m³时悬浮在水里；小于0.063 m³时沉入水底。

经常进行这样训练，为培养学生逆向思维习惯创造条件，克服正向思维惯性影响逆向思维的建立。教学中有意识培养与训练是一个十分重要的环节。

四 发散思维能力的培养

培养发散思维，启发独立思考，培养思维的广阔性，并结合课本内容，灵活运用所学的基础知识，注意发展发散性思维。

如图2所示的电路中，小灯泡L的规格为"6V 6W"，它与一电阻R并联，当电键S闭合后，电流表示数2A，这时小灯泡恰能正常发光，根据以上条件一共可求出几个物理量？并把它们的结果计算出来。

这不是一般的计算题，直接标明求什么量，而这样提出问题，能促使学生思维活跃。此题经思索后一共能求出八个物理量：

（1）电源及电阻R两端电压

$$U = 6\ V$$

（2）灯泡L的电阻

$$R_{L} = U^2/P = 6^2/2 = 18\ \Omega$$

（3）电阻R的阻值

$$R = U/I = 6/2 = 3\ \Omega$$

（4）电路的总电阻

$$R_{总} = R_{L} R/（R_{L} + R）$$
$$= 18 \times 3/（18 + 3）= 18/7\ \Omega$$

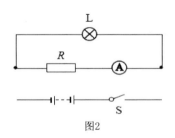

图2

（5）通过灯泡L 的电流

$$I_L = U/R_L = 6/18 = 1/3 \text{ A}$$

（6）电路的总电流

$$I = I_L + I_R = 1/3 + 2 = 7/3 \text{ A}$$

（7）电阻R消耗的功率

$$P_R = I_R{}^2 R = 2^2 \times 3 = 12 \text{ W}$$

（8）电源消耗的总功率

$$P = UI = 6 \times 7/3 = 14 \text{ W}$$

发散性思维的训练，能提高学生综合分析问题的能力，习题选择一是针对性地编选，二是利用课本习题改编。如：一金属块挂在弹簧秤上，在空气中称时示数为27 N；把它浸没水中称时示数为17 N，它受到的浮力是____N。这道填空题的答案是显而易见的，若把后一句换成"根据条件，一共能求出几个物理量？"经过改编后，增大习题容量，引导学生积极思考。

总之，在教学中，结合物理学科特点，培养学生科学思维能力，通过讲解、提问、习题等形式进行训练，提高思维的灵活性、多样性，使学生应变能力增强，从而达到深刻理解物理概念，正确应用物理知识。

物体受力分析及计算

滁州市乌衣中学　樊天国

一　力的种类

力按不同情况分类不同，如果按力的性质分，可分为：重力、弹力、摩擦力、分子力、电磁力等；如果按力的效果分，可分为：动力、阻力、压力、支持力、拉力等。下面先分析最常见的三种力：

1.重力

由地球对物体的吸引而产生，方向竖直向下，与物体运动状态无关，作用在物体的重心。大小与质量成正比 $G = mg$。

2.弹力

相互接触且发生弹性形变的两物体间产生的力，其方向与使力物体的形变方向相反，总是垂直于接触面指向受力物体或沿绳指向绳子收缩的方向。对于弹簧弹力，其大小 $F = kx$；而非弹簧类弹力由物体受其他力和运动状态来求出。

3.摩擦力

相互接触且发生弹性形变的两物体间发生相对运动或有相对运动的趋势时产生的力，其方向总与相对运动或相对运动趋势方向相反。滑动摩擦其大小为 $f = \mu F_N$，其中 F_N 为接触面的弹力；静摩擦力的大小由物体所受其他力和运动状态来求出。

存在弹力不一定存在摩擦力，而有摩擦力物体间一定存在弹力，且摩擦力的方向和弹力方向垂直。弹力、摩擦力是否存在及方向判断，除直接判断外，还可用假设法，所谓假设法就是假设没有此力，看物体的状态是否改变，如果不变则不存在，反之则存在此力。

二 力的合成与分解

1.求合力的方法有两种

（1）用力的图示根据平行四边形定则，直接作出合力的大小和方向。

（2）利用数学工具，如正弦定理和余弦定理来解三角形求合力，这种方法在具体的计算中用得最多。

2.求一个已知力的分力

先根据力的实际作用效果，确定两个分力的方向，然后根据实际分力的方向作出平行四边形，根据平行四边形定则和数学知识求两个分力的大小。这与求合力的方法正好相反。

三 物体在共点力作用下的平衡

1.共点力

几个力如果都作用在物体的同一点或者它们的作用线相交于一点，则这几个力称为共点力。

2.平衡条件

如果物体在共点力作用下保持静止或匀速直线运动状态，在这种情况下平衡条件是$F_合 = 0$（或$Fx_合 = 0$，$Fy_合 = 0$）。

3.解题步骤与方法

首先确定研究的对象，是哪个物体或者是物体的哪个部分；再分析物体受力情况，画出受力的图示；第三步进行正交分解，根据平衡条件列出$Fx_合 = 0$、$Fy_合 = 0$。或者利用多边形原理，即多个力作用于一点，如果平衡，则以各力矢量首尾相接，将围成一个封闭的多边形，若是三个力则围成一个三角形；最后用数学工具进行求解。

受力分析的两种常见方式是"整体法"和"隔离法"。"整体法"就是把整个系统作为一个研究对象来分析；"隔离法"就是把系统中各个部分隔离出来，作为一个独立体来分析。在不考虑物体之间的相互作用时，优先考虑用整体法，若要求物体间的作用力，必须考虑用隔离法，用隔离法就要以作用力的那个作用面将物体隔离开来。

四　物体受力分析及计算

例1　作出图1所示各物体的受力图示（球表面光滑）。

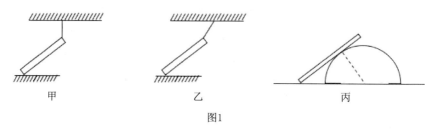

图1

解析：首先作出重力G，再作出弹力，最后看物体有无运动或有无运动趋势来确定摩擦力。如图甲无摩擦力，而图乙、丙都有摩擦力，应注意，作图时不能多作力也不能少作力。各物体受力如图2所示。

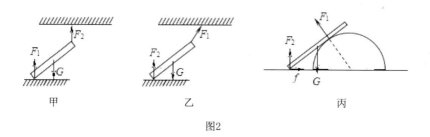

图2

例2　有六根直径相同的钢管，按图3所示堆叠在水平的水泥面上，试分别作出A、B、C、D各钢管受力图。

解析：各钢管都受重力作用；不同钢管堆放位置不同，所受弹力也不同；而在边缘的C管有运动趋势，它还受摩擦力作用。

A受重力G_A，以及相接触的B、E对A的弹力F_{BA}、F_{EA}，其中弹力方向沿两球的连心线；B受重力G_B，C、D对B的支持力F_{CB}、F_{DB}，A对B的压力F_{ABC}；C

受重力G_C，水泥面对C的支持力N_C，B对C的压力F_{BC}，摩擦力f；D受重力G_D，水泥面对D的支持力N_D，B、E对D的压力F_{BD}、F_{ED}。钢管的受力图如图4。

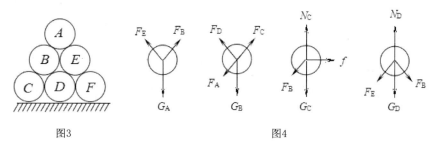

图3　　　　　　　　　　　　图4

例3　如图5甲所示，已知人的质量大于物体A的质量，滑轮摩擦不计，当人拉着绳向右移动一段距离后，人与物体仍保持静止，则地面对人的摩擦力、人对地面的压力、绳子的拉力各如何变化？

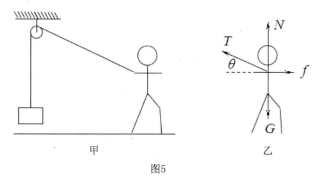

甲　　　　　　　　　乙

图5

解析：把人隔离出来分析，人受重力G，地面的支持力N，摩擦力f和绳子的拉力T，如图5乙所示。当人向右移动时T始终不变，θ角变小。

$f = T\cos\theta$　　θ角减小，因此f增大，

又　$N + T\sin\theta = G$

即　$N = G - T\sin\theta$

θ角减小，N增大，由牛顿第三定律知人对地面压力增大。

详解最廉价的ADSL共享上网方案，实现较理想的网络教室运行环境

滁州市南谯区大柳初级中学　马恩辉*

摘要：借着国家"农远"项目和省"校校通"工程实施之东风，我们大柳初级中学也有了网络教室，有网络教室了，自然就想上网，根据我校经济窘困的现状，我们只能用ADSL上网。既要少花钱，又要所有电脑都能上网，且上网后又要不影响教师机对学生机的控制。本文详细地介绍了最廉价的ADSL共享上网方案，实现了较理想的网络教室运行环境。

关键词：ADSL　共享上网　网络教室

借着国家"农远"项目和省"校校通"工程实施之东风，我区最小的镇——滁州市南谯区大柳镇的大柳初级中学也有了64台微机的微机房，可是有网络不能上网几乎等于没有网络。要上网最好是用10M速度的光纤上网，我们乡下上这样的网一年要花1.5万—2万元的银子，对于乡下初级中学来说简直就是天文数字，就是买一块网卡也要算了又算。

我们又想上网，只得每月花200元钱上ADSL网了。既然上了网，我们就想让机房的所有机子都能上网，买路由器呗，没钱！用wingate设置共享代理服务器，还要一个服务器昼夜工作，每月电费也够可以的。

穷就穷凑合吧，每个机子都通过ADSL链接呼叫上网，我们教室网络的结

---

* 马恩辉，现在南谯区大柳初级中学任教，有多篇论文获省市级奖。

构很简单，如下图所示：

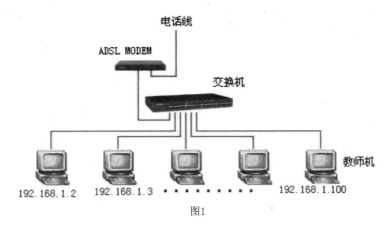

图1

开通ADSL的电话线接进ADSL猫，再用一根RJ-45以太网线把ADSL猫和交换机相连接，教师机和学生机都是单网卡的，把它们的网卡各自用RJ-45以太网线再连到交换机上，每个PC机都上网了。

我们的网络教室就这样上网了，用了一段时间感觉"手动呼叫"上网实在不爽，更麻烦的是学生机一旦在"迈拓电子教室教师机"启动前上了网，就不能登录教师机，自然我就无法控制孩子们进行正常教学了；有两个上网慢的机子即使不上网也不能登录教师机，先前我以为是网线的水晶头做得不好，又重做了两三次，还是无法登录教师机，这才断定是这两块网卡的性能不好。

我校用的ADSL MODEM是中兴831（ZTE ZXDSL 831），这款猫自带路由程序，我想要能用它来实现路由那就太好了，我通过在网上查找相关文章，再加上自己在创新，终于解决了用中兴831路由我校局域网所用机器的目的，由此带来的好处超出我的想象：好处之一是不用再花钱买路由设备；好处之二是我事先没有充分想到的惊喜，居然路由后学生机都齐刷刷地登录上了教师机，就连不上外网时也不能登录"迈拓电子教室教师机"的两台老大难机子也都能正常登录教师机了。（原理：用ADSL路由以后，ADSL MODEM相当于一个PC机，起到了代理服务器作用，它负责对外网通讯；而各机网卡负责对内网通讯，从而避免了先前内外网信号通过一块网卡处理造成的学生机难登录教师机的情况。）

现在我就来详细说一下如何用中兴831来实现路由。中兴831的默认网关是192.168.1.1，管理员用户名是ZXDSL，密码也是ZXDSL。我们可以在浏览器地址栏中打入http://192.168.1.1，就进入了如下界面：

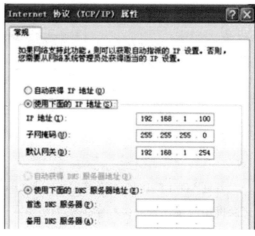

图2   图3

注意哟！如果不能进入此界面，请打开本地连接属性对话框，为你正在操作的电脑指定地址，指定的IP地址要与ADSL MODEM的网关地址在同一网段，并不能与猫的网关地址相同（即IP地址的前3个相同，最后一个数不同），如上图3所示：

此时你再次在浏览器地址栏中打入http://192.168.1.1，怎么样了？噢！可进入图2界面了。此时再输入用户名ZXDSL，密码也ZXDSL，就可进入猫的设置界面。

图4

要特别注意的是，你要在高级设置中把中兴831的默认网关192.168.1.1改成你的局域网的网关，例如我就把它改成了192.168.1.254，如下图4所示。以后要重新设置路由的话，你就要以这个新网关进入ADSL猫中。

在中兴831MODEN中集成了动

态地址分配DHCP服务器，如果你的网络中电脑都指定了IP地址，我们可以进入高级设置中不选启用地态地址分配DHCP服务器，如下图5所示。

如果没有为每个电脑指定IP地址，则一定要选中启用DHCP服务器，让该服务器为每台电脑动态地分配一个IP地址，如图6所示。

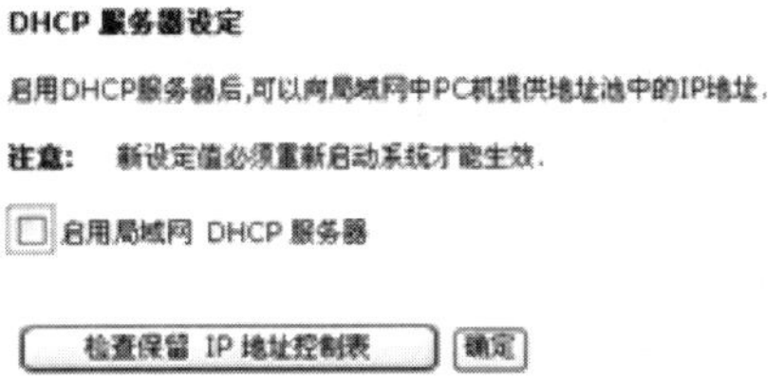

DHCP 服务器设定

启用DHCP服务器后，可以向局域网中PC机提供地址池中的IP地址。

注意：新设定值必须重新启动系统才能生效。

☐ 启用局域网 DHCP 服务器

（ 检查保留 IP 地址控制表 ） 确定

图5

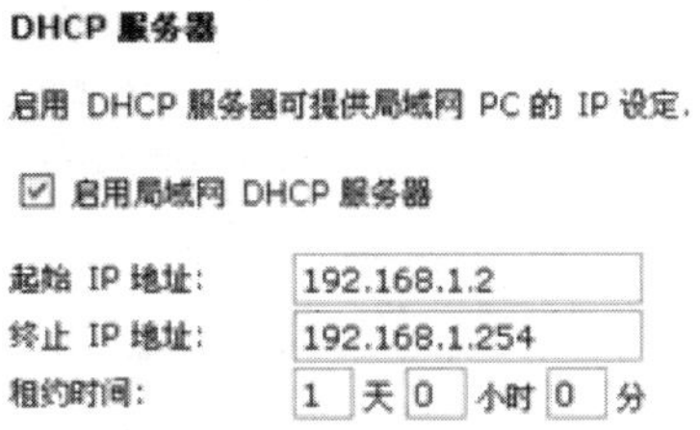

DHCP 服务器

启用 DHCP 服务器可提供局域网 PC 的 IP 设定.

☑ 启用局域网 DHCP 服务器

起始 IP 地址：　192.168.1.2

终止 IP 地址：　192.168.1.254

相约时间：　　1 天 0 小时 0 分

图6

还要说明的就是，我们要设定域名解析服务器地址，如下图7所示，各地DNS服务器地址可上网查询，或用在命令提示符下输入ipconfig －all命令的方法获得，以我的电脑为例，如图8所示。

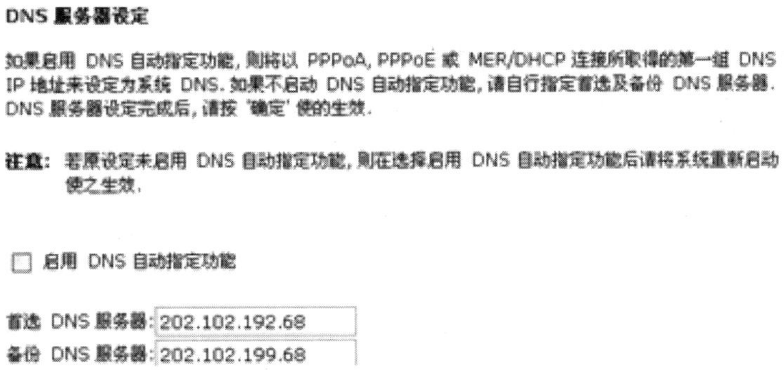

DNS 服务器设定

如果启用 DNS 自动指定功能，则将以 PPPoA, PPPoE 或 MER/DHCP 连接所取得的第一组 DNS IP 地址来设定为系统 DNS. 如果不启动 DNS 自动指定功能，请自行指定首选及备份 DNS 服务器.
DNS 服务器设定完成后，请按 '确定' 使它生效.

注意：若原设定未启用 DNS 自动指定功能，则在选择启用 DNS 自动指定功能后请将系统重新启动使之生效.

☐ 启用 DNS 自动指定功能

首选 DNS 服务器：202.102.192.68
备份 DNS 服务器：202.102.199.68

图7

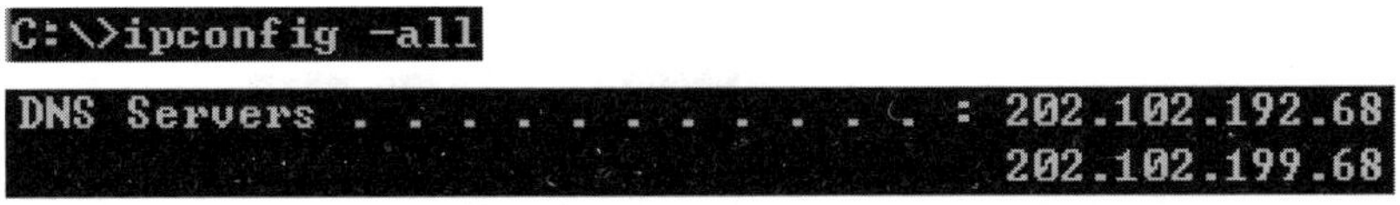

```
C:\>ipconfig -all

DNS Servers . . . . . . . . . . . : 202.102.192.68
                                    202.102.199.68
```

图8

注意：如果为每台电脑指定了IP地址，又不启用DHCP服务器，则本地链接属性中的DNS服务器地址也要填入，才能正常上网。

再进入快速设定选项，把下网中的广域网连接设定中的默认虚拟路径编号（VPI）"8"和虚拟通道编号（VCI）"35"改成你当地的网络服务商使用的编号。如下图9所示：

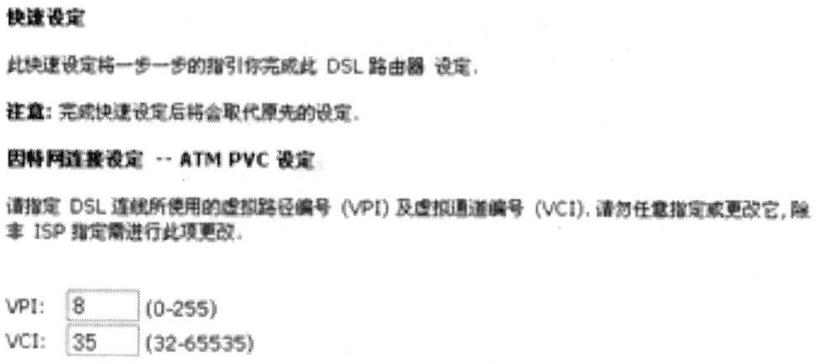

快速设定

此快速设定将一步一步的指引你完成此 DSL 路由器 设定.

注意：完成快速设定后将会取代原先的设定.

因特网连接设定 -- ATM PVC 设定

请指定 DSL 连线所使用的虚拟路径编号 (VPI) 及虚拟通道编号 (VCI)，请勿任意指定或更改它，除非 ISP 指定需进行此项更改.

VPI: 8 (0-255)
VCI: 35 (32-65535)

图9

这你可以向当地ISP服务商通过关系说些好话获得，也可通过别的途径获得：如问同行或上网查询或根据ADSL猫中列出的几组PVC／VCI参数分别试一试，看用哪组能路由，则能路由的那组就是了。

广域网连接设定选用PPPOE点对点传输协议，如下图10所示：

广域网IP设定为自动获取，如下图11所示：

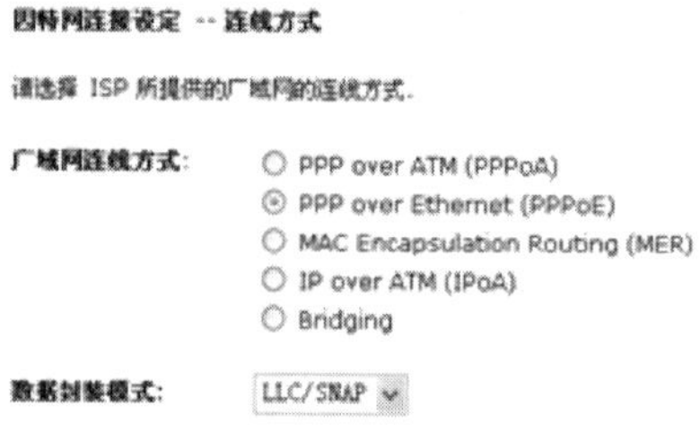

因特网连接设定 -- 连线方式

请选择 ISP 所提供的广域网的连线方式.

广域网连线方式：
○ PPP over ATM (PPPoA)
⊙ PPP over Ethernet (PPPoE)
○ MAC Encapsulation Routing (MER)
○ IP over ATM (IPoA)
○ Bridging

数据封装模式： LLC/SNAP

图10

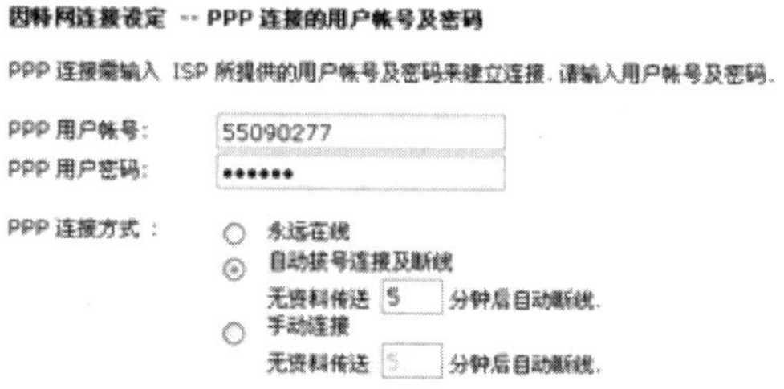

因特网连接设定 -- PPP 连接的用户帐号及密码

PPP 连接需输入 ISP 所提供的用户帐号及密码来建立连接. 请输入用户帐号及密码.

PPP 用户帐号： 55090277
PPP 用户密码： ●●●●●●

PPP 连接方式：
○ 永远在线
⊙ 自动拨号连接及断线
　　无资料传送 5 分钟后自动断线.
○ 手动连接
　　无资料传送 5 分钟后自动断线.

图11

请注意：我们一定要选中启用网络地址NAT功能，这样才能使网络中的电脑以同一个地址对外网访问。

最后设定ISP所提供的用户账号和密码，如下图所示：

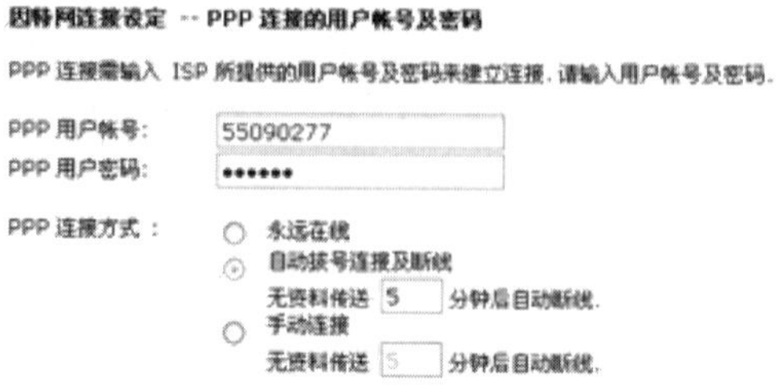

这里我选自动拨号连接及断

因特网连接设定 -- PPP 连接的用户帐号及密码

PPP 连接需输入 ISP 所提供的用户帐号及密码来建立连接. 请输入用户帐号及密码.

PPP 用户帐号： 55090277
PPP 用户密码： ●●●●●●

PPP 连接方式：
○ 永远在线
⊙ 自动拨号连接及断线
　　无资料传送 5 分钟后自动断线.
○ 手动连接
　　无资料传送 5 分钟后自动断线.

图12

线项，为别人着想嘛，不要占着位子不做事，影响别人的上网速度。

以上都设置完成并保存后，再重启一下ADSL，啊！这时我的机房所有机子都可自动上网了，真爽！！更爽的是学生机在我的"迈拓电子教室"启动之前上网就不能登录"电子教室教师机"的现象不存在了，更使我感到高兴的是就连那两台无论上不上网都不能登录"电子教室教师机"的老大难电脑，现在也居然能登录"电子教室教师机"了，上课时无论何时只要我的"电子教室教师机"一启动，"教师机"界面就齐刷刷的一遍通亮，我可以很方便控制所有的学生机了。

最后要说的是，这种最经济的上网方案，2M的ADSL带宽只有在15台以下的电脑同时上网时速度还可以，在60—70台同时上时每台的速度是很慢的。要想速度快起来，就要多花钱开通更高的ADSL带宽，或花更高的代价用光纤上网。不花些钱网络教室的上网速度总是不能令人满意的。

参考文献

《浅析ADSL在局域网中的共享上网配置》，新浪网科技版2002年6月28日。

小学数学简约式课堂教学模式浅析

滁州市会峰小学　牛家菊

摘要：在多年的小学数学教学实践中，我深切体会课堂教学模式是完成教学目的的框架和手段，好的课堂教学模式起到四两拨千斤的效果，相反，不仅教学目的达不到，学生还难有数学兴趣。我在教学中形成的小学数学"简约式"教学模式，帮助我轻松完成新课标的教学任务。

关键词：小学教学式　简约式　课堂教学模式

一　教学目标简明化，给学生明确方向

目标是课堂教学的核心和灵魂，统率着教学的全过程，决定着课堂教学效果的高低优劣，简明的教学目标正是简明高效课堂的保证。俗话说，简单到极致就是美丽。简明教学目标的制定，首先是简化目标依据，新课标针对不同年级、不同学科、不同科目等，设置了许多教学目标，作为学校和教师，应该做到围绕新课标要求，分段设置、分开实施。但是在教学实践中，关系到一个班级、一堂课，就抓住最直接、最明确的依据，而不是面面俱到。其次是简化表达语言，直接告诉学生学什么，什么是重点；明确教师教什么，不教什么，让学生一听就懂，一看就知，只有这样，教师和学生才能在数学课堂教学中轻装上阵。确定了这一简明的教学目标，接下来要紧紧围绕教学目标，以学生的视角，思考要学什么、不学什么，让学生在预习中发现问题，在课堂中引导学生解决问题，这样才能真正实现"用教材教"。

二　教学方法简单化，让学生轻松参与

所谓"教无定法"，我是一个忠实的课改者，曾不断地尝试过多种课堂教学方法，但是效果并不明显。为什么呢？因为我忽略了最简单也是最重要的教学方法——讲授法。我给自己的教学方法定下一个规则，能用一种方法完成的不用两种，能用两种完成的不用三种，一堂课最多不能超过三种教学方法。一堂课只有45分钟时间，如果教学方法多了，势必转移了学生的注意力，淡化了教学目标，学生往往陶醉在教学方法中，很容易舍本逐末。比如我在教学《容积和容积单位》一课中，我直接告诉学生该堂课教学目标就是：不同茶杯盛水量不一样，我们怎么计算。我采用的方法更简单，就是课堂上准备大、中、小三个茶杯和正方体，直接把水分别倒在其中，让学生观察，然后提出问题，让学生回答。整个教学过程只用了15分钟时间，全班的学生全部学会了什么是容积及容积的计量单位。之所以这样，首先是学生对容积的实践是知道的，只是在概念上认识不到位，解决这一问题就是告知；其次是教师对教材的钻研是深入的，把抽象的概念转化为通俗易懂的名词或认识的事物，更容易让学生接受。与其把精力花在方法研究上，不如把精力用在化繁为简上，这样做就是实现新课标提出的抓住45分钟精髓所在。在《概念》、《垂直》、《平行线》等课堂教学中，我就是以"傻瓜式"教学法为主，只是简单地运用了"背—解—用"方法，先让学生在预习中把概念背熟，课堂上解析3道题，学生课中练习3道题，完了，就是这么简单，单元测试情况效果也很好。针对不同的教学目标，我往往采取的教学方法不同，但是，就一堂课而言，方法很是单一，不会让学生眼花缭乱、手忙脚乱的。

三　教学检测简练化，为学生真正减负

叶澜教授曾经说过，基础教育要求教师在做教学设计时，首先要认真分析本学科对于学生而言独特的发展价值，而不是首先把握这节课教学的知识重点与难点，因为教学对学生的价值不应该停留在此。这句话应该让我们深思"为什么布置课外作业"、"布置什么作业"、"怎样布置作业"、"怎

样评价作业"。我认为：一是减少总量，有些老师认为学生作业量达到一定阶段会发生质的变化，在这里，我肯定地说，如果依靠量变取得质变，那也是变坏，不会朝着好的方向发展，因为，大量的练习只是机械重复，导致学生没有自主学习的时间和创新的机会，内心学习就会是一潭死水，最终劳而无功。

二是注重质量，作业选题要精练，针对不同的学生，选择不同的类型、题型，让学生独立完成，选题的主体不是教师，而是学生，自愿选题，才能对症下药，才能起到有的放矢、因材施教。在布置《分数的意义》作业中，因为"一个整体"较为抽象，部分学生课堂上及时接受不了，我停止了对新课的讲授，而是转为作业训练，把"一个整体"、"6个苹果一个整体"和"一盘围棋一个整体"作为三道作业题，让学生自己选择，分别举例说明，学生很快就找到了"分数"的感觉，再回头上新课，也就不是难事了。

三是把准时间，我不提倡多布置课外作业，即使有，极大部分孩子在30分钟内就能完成。课外是孩子发散思维最活跃的时间，是孩子创新创造最佳时间，如果用老师强加的课外作业加以束缚，长此以往，孩子没有自己的空间和时间，就会对学习产生厌烦，不可能对学习产生兴趣。而真正作业时间，我是放在课堂15分钟，通过课堂练习，可以带动所有学生得到事实上比较公平的同一训练。例如在《小数的意义》课堂作业巩固训练中，我设置了三个问题：一是0.6里有几个0.1？想一想，你能得出哪些一位小数？二是你能感受到生活中哪些带小数的意义？三是联系具体量解释对小数的理解。问题难易程度逐步加深，对不同学生而言，理解的层面不同，但通过课堂训练，至少可以缩减他们对小数的意义理解的差距，整体提升教学水平。

小学数学教学中运用数学知识
解决实际问题浅谈

滁州市南谯区黄泥岗镇中心小学　张咏红*

数学具有丰富的内涵，它具体表现在灵活运用之中。特别是小学数学，它作为一门基础性学科，有着其特殊的应用价值，能活学还不够，还应在活学的基础上学会活用，使数学知识真正为我们的学习、生活服务。在小学数学教学中，从小就应该培养学生应用数学知识解决实际问题的能力，使学生从小就能体会到数学的丰富的内涵。具体的教学过程中，如何实施呢？主要有以下两个方面。

一　让数学知识贴近生活，用于生活

在学习了米、厘米以及如何进行测量之后，让学生运用掌握的数学知识解决生活中的实际问题。如测量身高、测量手臂伸开的长度、测量一步的长度、测量教室门的宽度以及测量窗户的宽度等活动，以此加深学生对厘米和米的理解，巩固用刻度尺量物体长度的方法，同时，使学生获得日常生活中一些常识性数据。特别是使学生通过对自己身体高度的测量，感觉自己正在成长的快乐。在这个活动中既提高了学生的兴趣，又培养了学生实际测量的能力，让学生在生活中学、在生活中用。为了增强学生实践能力，在测量工

---

* 张咏红，滁州市优秀少先队辅导员。所指导的学生多次在省、市区读书活动、文艺汇演等比赛中获奖。

具的选择上，从教学用的三角尺到办公用的直尺，再到施工用的长卷尺，都可以让学生使用，让学生从中真切感受到"尺有所短，寸有所长"中所蕴含的哲理。

二 增强策略意识，提高解决实际问题的效率

在现代社会里做任何工作或者解决任何问题，为了提高效率，都要讲究策略，所以在数学教学中应重视策略研究。如教"可能性"时，我曾设计了这样一道实践练习题，"要过'六一'儿童节了，洋洋要为班里的同学准备一个摸奖游戏，其中准备了1个白球、2个黄球、6个绿球，设有6个奖：1个一等奖、2个二等奖、3个三等奖；奖品有铅笔、铅笔盒、足球（奖品由洋洋根据设奖数购买）。现在洋洋要请同学们帮他设计一个摸球有奖游戏规则，你能帮帮他吗？"学生在看到题目后，经过讨论都能确定摸到白球为一等奖，摸到黄球为二等奖，摸到绿球为三等奖；但在奖品的分配上出现了分歧，这时老师作为指导者告诉学生在奖品的分配上要考虑奖品的价钱，学生再次经过热烈的讨论，最后确定了摸球有奖游戏规则：摸到白球的获一等奖，奖励一个足球；摸到黄球为二等奖，奖励一个铅笔盒；摸到绿球为三等奖，奖励一支铅笔。根据这些规则，洋洋去购买了一个足球，两个铅笔盒，三支铅笔，使摸奖游戏得以顺利开展。这样的结合实际运用开展教学，使学生的思维更加活跃，创造意识和策略意识有所增强，解决实际问题的能力也有所提高。

兴趣是学好数学最好的帮手

滁州市南谯区乌衣初级中学　朱成法[*]

摘要：在广大中学生中一直流传着"几何难，代数繁"这样的说法，使得很多学生怕数学、厌数学。"兴趣是最好的老师"。一旦学生对数学产生了兴趣，他们就会调动自己各方面的积极性和潜能，排除外界干扰，主动地去感知事物，对事物进行细致的观察，从中收获到由此而带来的成功和喜悦。这种喜悦反过来又促进了学生对数学学习的兴趣。

关键词：形象教育手段　设疑练习　考试表扬

中图分类号：G632

文献标识码：A

文章编号：1002-2139(2009)-08-0198-01

对数学学习兴趣的培养，我总结了以下几点：

一　运用形象教育手段激发学生的学习兴趣

数学学科的特点是具有极强的抽象性和逻辑性，若能变"抽象"为"形象"，易于学生理解，再由"形象"上升为"抽象"，便能调动学生学习的积极性，激发学生学习的兴趣，这就需要运用现代的教育手段，利用计算机、投影仪或者自制教具等辅助教学，达到教学目的。

---

[*]　朱成法，有两篇论文在CN刊物上发表，多篇论文获市区级奖。

二　创设愉悦情境，激发学习兴趣

愉悦和谐的教学环境是促使学生全面发展的必要条件。教学时，可不断设疑，说话尽量幽默、风趣，活跃课堂气氛，创造良好的学习情境。教师应充分发挥教学的优势和内在美，科学地、创造性地组织教学内容和实施教学过程。优美的语言，美观的板书能给人留下美好难忘的印象，既能大大提高教学效果，又能给学生一种美的感觉。

三　巧妙设疑，科学设计提问引发兴趣

古人言"学起于思，思起于疑"。在数学领域，绝大部分知识对学生来说都是有疑问的东西。"疑"是学习的需要，是思维的开端。只有学生对某一知识产生疑问，才能激发他们的求知欲和探索新知的兴趣。科学的提问能引起学生层层深入、津津乐道地认真思考，促使学生有价值地进行思维活动。

四　理论与实践相结合，让学生感到需要，培养兴趣

兴趣是在需要的基础上，在生活、实践过程中逐步形成和发展起来的。经常引导学生观察和解决一些实际中的数学问题，是培养学生数学兴趣的一种重要方法。

五　精心安排练习与考试，培养兴趣

教师恰当地设计一些开放型、有难度的练习，不仅能促进学生对新知的巩固、深化和发展，而且还有利于调动他们的学习积极性。数学题目千变万化，各种各样，如果教师不了解学生的实际情况，出偏题、怪题，让学生在考试中碰壁，长此以往，只能有极少数的学生能适应教学，而大部分的学生的数学兴趣会降低，不可能增强，尽管"失败乃成功之母"，但我更相信"成功为成功之母"。考试时题目量小一些，难度低一些，使大多数的学生

能考个满意的分数，可以调动学生学习积极性，让他们体验到成功的喜悦，品尝到成功的乐趣，逐步培养兴趣。

六 适时给予表扬，培养兴趣

渴望得到赏识、尊重和赞美，是人们内心深处的一种心理需求。作为教师，要随时注意发现学生的点滴进步，及时给予鼓励和表扬，不要吝啬自己赞美的语言，一句赞美的话，往往会使学生情绪振奋，兴趣倍增。

教学有法，教无定法，贵在得法。我们要用不同的方法，选择合适的教法，激发和培养学生学习数学的兴趣，开发智力，训练思维，培养能力，使学生真正成为学习的主人。

参考文献

1.李秉德主编：《教学论》，人民教育出版社。
2.土立嘉，张金飞主编：《新课标初中数学探索性教学实例》，宁波出版社。
3.潘志新，郑正林主编：《探索足迹》，婺城区教育科学研究所。
4.林崇德，郑全全，俞国良：《人际关系心理学》，人民教育出版社。

一道容易误解的中考题

滁州市南谯区教育局教研室　严礽斌

安徽省2006年课改实验区初中毕业考试数学试卷的选择题中的第10小题是一道学生容易错误解答的数学题。

例题：下图是由10把相同的折扇组成的"蝶恋花"（图1）和梅花图案（图2）（图中的折扇无重叠），则梅花图案中的五角星的五个锐角均为（　　）

A. 36 C° 　　　 B. 42C° 　　　 C. 45C° 　　　 D. 48C°

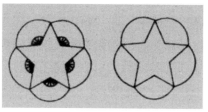

图1　　　　　　　　　　　　图2

此题设计立意新颖，独具匠心，充分体现了数学新《课标》"有效的数学学习活动不能单纯地依赖模仿与记忆，动手实践、自主探索与合作交流是学生学习数学的重要方式"的基本理念。"蝶恋花"图案提供了已知条件"扇形的圆心角为120°"的暗示，梅花图案中的五角星不是课本中多次出现的正五角星，多数考生看到试卷后，误认为是正五角星，不假思索地错选A，以致本题的答题正确率很低，从9500多份试卷中，随机抽取300份试卷进行样本统计：有232名学生选A，占77.3%，有36名学生选B或C，占12%，只有32名学生选D，占10.7%。多数学生选A答案的原因是平时有太多的对正五角星的了解和认识（如北师大版八年级下册总复习题第38题：求五角星五个"角"的和等），形成思维定式，他们没有很好地审清题意，分析已知条件，其实，作为选择题中的压轴题并没有这么简单，下面结合我的思考，给出本题的四种解法，仅供参考。

解法一：如图3，连JF、FG、GH、HI、IJ，则JFGHI为正五边形，∴∠JIH=108°，∵∠AIE=120°，∴∠AIJ=∠EIH=$\frac{1}{2}$(360°−108°−120°)=66°，∴∠JAI=180°−2∠AIJ=48°

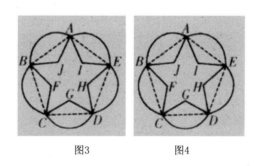

图3　　　　　图4

解法二：如图4，连AB、BC、CD、DE、EA，则ABCDE为正五边形，∴∠BAE=108°，∴△ABJ、△AEI为全等的等腰三角形且∠AJB=∠AIE=120°，∴∠BAJ=∠EAI=$\frac{1}{2}$(180°−120°)=30°，∠JAI=108°−∠BAJ−∠EAI=108°−30°−30°=48°

解法三：如图5，连AG、EF交于O，连JO、IO，由图形的轴对称性，AG、EF为对称轴，∠EIO=∠AIO=∠AJO=$\frac{1}{2}$（360°−120°）=120°，∠EOI=∠AOI=∠AOJ=$\frac{1}{2}$∠AOE=$\frac{1}{2}×\frac{1}{5}×360°=36°$，∴∠OAI=180°−∠AIO−∠AOI=180°−120°−36°=24°，∴∠JAI=2∠OAI=2×24°=48°

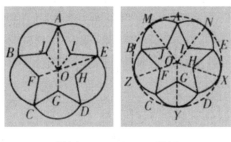

图(5)　　　　图(6)

解法四：如图6，取$\overset{\frown}{AB}$、$\overset{\frown}{AE}$的中点M、N，连MJ、N并延长交于O点，

∵J、I分别是$\overset{\frown}{AB}$、$\overset{\frown}{AE}$所在圆的圆心，∴以MO为半径，O为圆心的圆与各扇形弧相切（d = R − r ⟺ 两圆内切）切点为M、N、X、y、Z，连OZ、OY、OX，则它们分别过F、G、H点

∴ $\angle MON = \dfrac{1}{5} \times 360° = 72°$，

$\angle AIN = \dfrac{1}{2} \times 120° = 60° = \angle AJM$，

∴ $\angle AIO = \angle AJO = 120°$，

∴ $\angle JAI = 360° - \angle AJO - \angle AIO - \angle JOI = 360° - 120° - 120° - 72° = 48°$

以生为本，经营高效课堂

——《公倍数和公因数》教学的前思后想

滁州市南谯区珠龙中心小学 潘小玲[*]

一 推陈出新，教材已先行

与传统教材相比，小学数学新课程标准对同一领域内部知识点的学习顺序进行了调整。根据数学的本质和学生的认知规律，新课标教材从有利于学生理解和掌握的角度出发，提供了轻负担、高质量的教学内容。其教学目标和教学内容突出了从具体向抽象，注重数学源于生活、服务生活的特点，真正实现了"提高数学素养，降低学习难度"的目标，这是教材人性化的重大革新。"公倍数和公因数"的知识编排便是一个很好的例证。

1.通过具体情境引入概念适时恰当

体验过传统教材的教师都深有体会，传统教材是通过列举逐一引出公倍数、最小公倍数、公因数、最大公因数的概念，在"纯数学"的范畴内经历概念的形成过程，加之概念繁多、雷同，诸如因数→公因数→最大公因数；倍数→公倍数→最小公倍数；质数→互质数；质因数→分解质因数……教师在枯燥乏味的教学活动中越教越难，学生越学越糊涂。新教材打破了传统教材的编排格局，在知识重组的同时，在概念的形成上做出了重大的革新。它结合了具体的生活情境，首先安排了用长方形纸片铺正方形的活动，让学生

* 潘小玲，多篇教学论文在市、区论文比赛中获奖，其中《以生为本，经营高效课堂》在国家级教育期刊《小学教学设计》刊登。

通过观察、操作、分析、比较并讨论，在合作中公倍数和公因数的概念呼之欲出，水到渠成，教师只需作及时的小结，学生易于理解，便于接受。

2.方法多样性利于学生思维广度的发展

求最小公倍数和最大公因数的方法多样。传统教材把重点放在"短除法"上，重点是一"求"字；新课标教材采用多种方法列举，讲求的是一个"找"字。两相比较，"短除法"牵扯的知识点多，不易理解，舍本求末，有很大的局限性，并不适合大多学生。"列举法"更能加深对概念的理解，采取多种多样的找法，在练习中比较，由简到难，加快了知识模型的建构，并促进了学生思维广度的发展，在不知不觉中完成教学目标。

二 避短扬长，教师应创新

有比较，方有鉴别。几年前，我执教了一堂"求两个数的最大公约数"的公开课的失败和无奈让我记忆犹新。面对新课改后的同一教学内容，教学之后，感触很多，有成功之处，也有许多不足，对此我深有体会。

1.求最小公倍数，我力推"翻倍法"

学习的目的不是掌握，而是应用。数学的特点决定了每个知识点不是单独存在的，每个知识点都是数学大厦上的一砖一瓦，保证着整个"大厦"的完整。公倍数和公因数的教学是通分、约分教学的基础，通分、约分又是分数加减法的垫石，环环相扣中，它们的重要性不言而喻。如何快捷地找到、找准最小公倍数和最大公因数呢？教师是学生学习的引领者，他不但要引领学生除了学会，还要选优。经过多年摸索，我认为在众多的方法中，真正适合孩子们的，最便捷的求最小公倍数的方法是"翻倍法"。举例说明：求6和8的最小公倍数，我们先看8（较大数）本身是不是6（较小数）的倍数？不是；我们再看16（8的倍数）是不是6的倍数？依然不是；就看24（8的3倍）是不是6的倍数？是，那24就是6和8的最小公倍数。此法，我在教学中也称之为一般方法。

为什么说这种方法最优？

(1)快捷。通过口算就能解决，快速求出结果。

(2)易懂、便于长久记忆。与概念一脉相承，比短除法便于理解。

教学实践证明，翻倍法的使用提高了孩子们求最小公倍数的速度，并使后面的通分教学变得简单，分数加减法也轻松达标，同时也增强了孩子们的学习自信心和兴趣。

2.源于生活的知识能更好地服务生活

让数学回归生活，是《数学课程标准》倡导的新理念。学生是从自己的生活实践开始学习公倍数和公因数的，数学也应为生活实践提供理论依据。解决实际问题是传统教材这一教学内容的教学重难点，新课标下会是什么样的局面呢？为此，在教学中我尝试设置了一道例题：

暑假期间小华和小芳都去参加游泳训练。小华每3天去一次，小芳每5天去一次，7月31日两人都参加了训练，几月几日他们又一起参加训练？

这道题一出示，同学们就纷纷举手，表示这是学过的知识，可以用一一列举的方法进行整理。首先我对学生的想法表示肯定，并要求他们按自己的想法完成，我适时板书：

小华：7月31日、3日、6日、9日、12日、15日、18日……

小芳：7月31日、5日、10日、15日、20日、25日……

我喜欢让学生在轻读、慢读中思考，这次我仍采用了这种方法。仅仅一遍，学生就脱口而出：他们又一起去要经过的天数是3和5的公倍数。我不动声色，让他们再读一遍这些数据，没读完，已经有人迫不及待地喊出：经过的天数是3和5的最小公倍数。经验告诉我，眼睛是心灵的窗口，现在"窗口"闪闪发亮，我无须再说，只是赞许地望着他们，作一简单的及时小结。

学有价值的数学，新课改真正让数学成为解决问题的工具，在这一点上，它无疑是成功的。

3.只有吃透教材，创造性地使用教材，才能设计出流畅的教学环节

教学并不是一帆风顺的。找最小公倍数和最大公因数有两种特殊的情况。新课标教材将这项内容安排在练习当中，作为一般方法的补充说明。由于新教材此时还未学到公因数的概念，我在参阅《教师教学用书》后，在进行最小公倍数的教学时，便没有对其中的规律作进一步的抽象概括，只是告诉学生：有时两个数的最小公倍数就是较大数；有时两个数的最小公倍数就是它们的乘积。问题出现于巩固练习时，由于没有深入地理解，作完整的总结，严重影响了答题的速度和正确率，并增加了教师分析的难度。

前车之鉴，教学最大公因数时，我充分调动了学生们的积极性，鼓励他们观察思考，并适时启发点拨，在学生已有的知识基础上，抽象的规律自然而然地从学生的口中表达出来。亡羊补牢，为时不晚。我再要求学生回头完善求最小公倍数的特殊情况。新课上完了，但总觉得求最小公倍数两种特殊情况这一知识点讲得不够透彻，虽然及时做了补充，但新课时的缺憾是难以弥补的。

《数学课程标准》指出："不同内容的教学有各自的规律，应该根据不同的教学内容，采取合适的教学策略。"在充分吃透教材后，我想：下次教学时我将创造性地使用教材，把公因数的教学放在公倍数之前。

由洗衣服引发的一次探究性活动

滁州市第六中学　柴树云

一　问题提出

我校于2001年3月被滁州市教委授予"研究型课程实施的农村实验学校"，学校要求高中部师生积极开展研究型课程的教与学活动。作为一名初中数学教师，本人也积极思考如何在初中学生中开展研究型课程教学，针对我校要求广大师生要注意节约用水、用电的规定，本人观察到住校生在洗衣服时，存在很多同学一直放着水漂洗衣服的现象，因此，指导初一(4)班数学兴趣小组同学去思考：能否用尽量少的水把衣服漂洗干净呢？

二　活动目的

教师通过指导学生对漂洗衣服用水的思考，进一步组织、引导学生去探究此活动，学生通过动手实践，观察现象，进而思考问题、探究解决问题，目的是培养学生的动手能力、观察能力，进而学会用数学知识去解决问题的能力，从而培养他们应用数学知识的意识，激发他们探究实践问题的热情。

三　活动方法

动手、观察、讨论、思考、分析、总结。

四　活动材料

衬衫、洗衣粉、托盘天平、盆、桶、杆秤、卷尺等。

五　活动准备

收集一些灰尘，准备一定量的水。

六　活动步骤

1.分组、分工

4—5人为一组，各组自选组长。经过讨论，每组取两件相同普通衬衫，第1人用托盘天平两次称取灰尘0.5克，第2人把灰尘分别揉进每件衬衫中，第1人再用托盘天平两次称取洗衣粉2克（按各种洗衣粉使用说明称取，比如用雕牌洗衣粉需1克即可），第3人用3升水来洗涤这两件衬衫，拧干，使拧干的衬衫上含有1升水（只要称取每盆中余留的水约为2千克即可，因为1升水重1千克），第4人记录数据。

2.观察、讨论

双方对比实验：每组给定各10升的两桶水来漂洗这两件衬衫：一种是，直接在桶中漂洗；另一种是，把一桶水分成两盆，分两次漂洗，发现：一桶水分成两盆漂洗衣服，第一盆水洗下来较脏，但第二盆水洗下来明显干净。注意测定衬衫漂洗前后每次拧干后总含有1升水。

讨论：能否认为把一桶10升的水分成两盆漂洗衣服更干净呢？

3.思考、分析

教师指出，在漂洗衣服前每件衬衫含有灰尘及洗衣粉量为2.5克，要说明哪种漂洗方案好，即要分析哪种漂洗后衣服含有灰尘和洗衣粉量小，然后要求各组展开讨论，分析数据，演算数据，得出结论，这个过程可给学生一到两天的时间去进行。

4.交流、比较

经过各组学生讨论及算出数据，要求各组派一名代表向老师和其他各组介绍讨论结果及分析演算的过程结果。

5.评价、总结

教师对各组的讨论、分析、演算过程及结果给予评价。

教师总结：这个实验结果是通过科学数据验证的，故其结论的正确性就有了科学的保证，这个实验的结果可建立一个数学模型来证明。

假定一桶水有M升，漂洗前衬衫上有m克污物，并且假设衬衫漂洗前后总有1升水，按第一种方案，把衬衫放在一桶水里，经过充分漂洗后，污物均匀分布在水中，那么桶内共有(M+1)升水，每1升水含有污物 $m \div (M+1) = \dfrac{m}{M+1}$（克）。因为拧干后衬衫上留有1升水，所以用这种方案漂洗衣服，拧干后衬衫上还留着污物 $\dfrac{m}{M+1}$（克）。

按第二种方案，把水分成两盆，每盆 $\dfrac{M}{2}$，那么通过第一盆水漂洗，拧干后衬衫上留的污物有 $m \div \left(\dfrac{M}{2} + 1 \right) = \dfrac{2m}{M+2}$（克）。通过第二盆水漂洗，拧干后衬衫上还留着污物 $\dfrac{2m}{M+2} \div \left(\dfrac{M}{2} + 1 \right) = \dfrac{4m}{M+1}$（克）。

于是，问题归根于比较两个分式 $\dfrac{m}{M+1}$ 与 $\dfrac{4m}{(M+2)^2}$ 的大小。则由

$$\frac{m}{M+1} - \frac{4m}{(M+2)^2} = \frac{[(M+2)^2 - 4(M+1)] \cdot m}{(M+1)(M+2)^2} = \frac{mM^2}{(M+1)(M+2)^2} > 0$$

由此可见，一桶水漂洗，衬衫上留着的污物多，不干净；分成两盆洗，衬衫上留着的污物少，干净。

七 活动引申

我们自然想到：(1)漂洗衣服，用水越多，漂洗得越干净，以这种方法来漂洗衣服会浪费大量的水。(2)给一定量的水（至少须大于衣服含水量），分多次漂洗衣服，漂洗次数越多，衣服也会越干净，但这种想法是不可能无

限次进行下去的，首先因为水是一定量的；其次，利用这种方法，若用手来漂洗衣服，会消耗人的太多时间和能量，若改为用洗衣机漂洗，漂洗次数越多，电损耗就越多，如何确定漂洗衣服合理的用水量和次数呢？以手工漂洗来说，假定50升水中含有1克污物为干净水，即含有1升水的衣服附着0.02克污物为干净衣物。现对含有1升水上有0.5克污物的一件较脏衬衫进行漂洗实验，探讨漂洗该件衬衫的合理用水量和次数，若假定当地人均月收入为600元，则1分钟可收入0.0138元，一次漂洗一件衬衫约需1分钟，即漂洗一件衬衫一次约花费劳动价值0.0138元，当地自来水厂收取水费以每1000升1.5元的标准计算，

由漂洗衣服次数、污物和用水量关系式 $\dfrac{n^n m}{(M+n)^n}=\dfrac{1}{50}$ [m为污物（克），n为漂洗次数，M为用水量（升）]，得 $\left[\dfrac{1}{\frac{M}{n}+1}\right]^n=\dfrac{1}{50m}$ 即 $\dfrac{M}{n}+1=\sqrt[n]{50m}$ ，

∴M=$(\sqrt[n]{50m}-1)\cdot n$，即M=$(\sqrt[n]{25}-1)\cdot n$

当n=1时，M=24（升），此人直接用24升水一次漂洗该件衬衫，花费劳动力价值为0.0138元，付水费为 $\dfrac{24}{1000}\times 1.5=0.036$（元），合计价值为0.0498元；

当n=2时，M=$(\sqrt{25}-1)\times 2=8$（升），此人只要用8升的水分2次漂洗即可，花费劳动力价值为 $0.0138\times 2=0.0276$（元），付水费 $\left(\dfrac{8}{1000}\right)\times 1.5=0.012$（元），合计价值为0.0396元；

当n=3时，M=$(\sqrt[3]{25}-1)\times 3=5.772$（升），此人只要用5.772升水分3次漂洗即可，花费劳动力价值为 $0.0138\times 3=0.0414$（元），付水费为 $\left(\dfrac{5.772}{1000}\right)\times 1.5=0.00866$（元），合计价值为0.050元；

当n=4时，M=$(\sqrt[4]{25}-1)\times 4=4.944$（升），此人只要用4.944升水分4次漂洗即可，花费劳动力价值约为 $0.0138\times 4=0.0552$（元），付水费约为 $\left(\dfrac{4.944}{1000}\right)\times 1.5=0.007416$（元），合计价值约为0.0626元。

漂洗次数增加，用水量在减少，然而分4次漂洗时，漂洗每次只需1.236升水，就不好进行漂洗了。

由上面数据可看出，对该件衣服漂洗两次即可达到干净要求，而且最

经济实惠，此人就节约水费而言，两次漂洗比一次漂洗衣服，可节省0.036元−0.012元=0.024元，若1人一天要洗两件衣服，节省0.048元。我校700名住校生1天洗衣服可节省水费33.6元，若一学期按20周、一周按5天计算，则一学期可节省水费33.6×20×5=3360(元)，这可是不小的数字呀！

有机化学计算解题方法归类

滁州市沙河中学　李康云

在解有机化学计算题时，采用化学思维方法和数学思维方法，将会提高解题技巧，加快解题速度。下面是几种常见的解有机化学计算题技巧方法及举例分析。

一　终态法

对于连续进行的多步反应，采用叠加的方法，将各步反应变成一个总反应，直接找到反应物与反应物或反应物与生成物之间的关系，使解题过程大为简化。

例1 将一定量的O_2、CH_4、Na_2O_2密封于一密闭容器中，在120℃条件下，用电火花引燃气体，反应结束后，若容器内压强为零，由此得出O_2、CH_4、Na_2O_2的物质的量之比应是多少？

解析：容器中的压强为零，说明没有气体剩余，反应终态全部为固体，即为Na_2CO_3和NaOH，用终态法则可写出总反应方程式为

$O_2+2CH_4+6Na_2O_2=2Na_2CO_3+8NaOH$

因此O_2、CH_4、Na_2O_2的物质的量之比应是1：2：6。

二　转化法

把陌生的问题转化为熟悉的问题，从而发现规律，快速解题。

例2 已知甲醇和乙酸的混合物中，氧元素占总质量的51.2%，则氢元素占总质量的质量分数为多少?

解析：可通过如下转化$CH_4OH \rightarrow CH_4O \rightarrow (CO)H_4$

$$CH_3COOH \rightarrow C_2H_4O_2 \rightarrow (CO)_2H_4$$

$$w(C) = 51.2\% \times 12/16 = 38.4\%$$

$$w(H) = 1 - 51.2\% - 38.4\% = 10.4\%$$

三　差量法

由反应方程式求出一个差量，由题目已知条件求出另一个差量，然后与方程式中任一项列比例求解，运用此法，解完后应将答案代入检验。

例3 常温常压下，20mL某气态烃与同温同压下的过量氧气70 mL混合，点燃爆炸后，恢复到原来状况，其体积为50mL。求此烃可能的分子式。

解析：设烃的分子式为C_xH_y，

$$C_xH_y + (x+\frac{y}{4})O_2 \rightarrow xCO_2 + \frac{y}{2}H_2O \qquad \triangle V$$

$$1 \qquad\qquad 1 + \frac{y}{4}$$

20 mL　　　90 mL − 50 mL=40 mL

$$20(1+\frac{y}{4}) = 40 \qquad\qquad y = 4$$

若烃为烷烃，则y=2x+2=4，x=1，即CH_4；

若烃为烯烃，则y=2x=4，x=2，即C_2H_4；

若烃为炔烃，则y=2x−2=4，x=3，即C_3H_4。

检验：20mLCH_4或C_2H_4分别充分燃烧需O_2体积均小于70 mL符合题意，而20mL C_3H_4充分燃烧需O_2体积大于70mL，与题意不符，应舍去。所以，此气态烃的分子式可能是CH_4或C_2H_4。

四　平均值法

常见的给出平均值的量有原子量、式量、密度、溶质的质量分数、物质的量浓度、反应热等。所谓平均值法就是已知混合物某个量的一个平均值，要用到平均值确定物质的组成、名称或种类等，该方法的原理是：若两个未知量的平均值为a，则必有一个量大于a，另一个量小于a，或者两个量相等均等于a。

例4 某混合气体由两种气态烃组成，取22.4 L混合气体完全燃烧后得到4.48 L CO_2（气体均在标准状况下测定）和3.6 g水，则这两种气体可能是（　　）。

A. CH_4或C_3H_6　　B. CH_2或C_3H_4　　C. C_2H_4或C_3H_4　　D. C_2H_2或C_2H_6

解析：混合气体的物质的量为$\dfrac{22.4L}{22.4L/mol}$=0.1mol，含碳、氢物质的量分别

为n(C)=$\dfrac{4.48L}{22.4L/mol}$=0.2mo，n(H)=$\dfrac{3.6g}{18g/mol}$×2=0.4 mol

故该混合物的平均分子式为C_2H_2，B、D选项正确。

五　比例法

相同状况下，利用燃烧产物CO_2和H_2O的体积比可确定碳、氢最简整数比；并利用有机物蒸气、CO_2和水蒸气体积比可确定一个分子中含有碳、氢原子的个数。若有机物为烃，利用前者只能写出最简式，利用后者可写出分子式。

例5 某烃完全燃烧时，消耗的氧气与生成CO_2的体积比为4∶3，该烃能使酸性高锰酸钾溶液褪色，不能使溴水褪色，则该烃的分子式可能为（　　）。

A. C_3H_4　　　　B. C_7H_8　　　　C. C_9H_{12}　　　　D. C_8H_{10}

解析：烃燃烧产物为CO_2和H_2O，两者所含氧之和与消耗的氧气一致，若消耗4 mol O_2，则有3mol CO_2，水中含氧原子：8 mol－6 mol =2 mol，故C∶H=3∶4。因不知烃的式量，由此比例只能写出最简式C_3H_4，符合该最简式的选项有A和C，又由烃的性质排除A。

宇宙中的四种基本力

滁州市乌衣中学　樊天国

江西安福山庄中学　徐金妹

根据现代科学研究的成果，迄今为止人们按力的基本性质，把各种形式的力归纳为四种基本力，即万有引力、电磁力、弱力、强力，其中万有引力和电磁力广泛地存在于宏观、微观现象中，而弱力和强力则仅仅存在于比原子核更深层次的微观领域中，物理学中一切现象和一切相互作用，都是这四种基本力的结果。

在四种基本力中，万有引力是最弱的力，它是物质间最普遍存在的一种力，牛顿于17世纪用万有引力定律描述这种作用。引力在单个原子中，比电磁力要弱几万万亿倍，由于引力作用的强度很弱，它在我们身体里被忽略，但我们身体都能感觉到地球的引力，在微观世界中通常可以不考虑，但是如果物体的质量很大，万有引力就显示出来，在宇宙中几乎对它没有限制，它将会以多胜少，最终统治宇宙，因此在电中性的天体和宇宙等宏观领域，万有引力常常起决定性作用，地球有颗卫星——月亮，它的引力给不断自转的地球减速，在以往40多亿年里，月球至少使地球自转速度减慢一半，这给今天人类带来好处，因为地球过快地旋转所引发太多的地震、火山和狂风都会给人类带来灾害。构成我们生命的主要是电磁力，强力和弱力被封闭着，人们举起重物时，就是肌肉中电磁力与地球引力作抗衡，人们很多的锻炼方法，就是利用地球引力来增长我们肌肉中电磁力的能量。带电粒子间的相互作用，就是通过电磁场传递，通常所说分子间作用力、摩擦力、弹力等，实质上都是电磁力的表现。

电磁力是目前人们研究得最多、认识最为深刻、应用也非常广泛的一种力，电磁力是一种非常温和而美好的力，它天生就有正和负，永远不会过分，所谓阴阳生万物，因此它构成宇宙中最丰富的演化，包括生命。

弱力能使中子衰变为质子，并稀放出射线，人们对于弱力研究开始于β衰变现象的研究，电磁力比弱力强度大1000倍，弱力的作用范围很短，它只发生在比原子核更深层次的微观世界中，主要存在于基本粒子的衰变过程，我们知道原子是由原子核和绕核高速运动的电子组成，原子核中的质子都带正电，它们相互排斥。显然，这种斥力不能使原子核构成一个稳定系统，要使它们能结合在一起，成为稳定的系统，必须有一种力，这就是在核子之间存在着一种更强的相互吸引的强力，它存在强子（质子、中子、∏介子等）中，这种力只在原子核直径范围起作用，超过这个范围，强力作用就很快减小而接近零。

从宏观的宇宙天体到微观的基本粒子，存在着这四种基本力，如果以引力为1，那么这四种力相对强度之比为：引力：电磁力：弱力：强力=1：1037：1030：1040。按照它们作用距离的长短，万有引力和电磁力为"远程力"，它们的作用范围是无限远，广泛地表现在宏观与微观现象中，弱力的作用范围是10—15m，强力作用范围10—16 m，这两种力为"短程力"，在原子半径10—19m的数量级范围，弱力和强力是不起作用的。在宇宙中天体之间作用是万有引力，而基本粒子很轻，引力作用特别小，我们认为在基本粒子之间只有后三种力。

我们的宇宙星光灿烂，其中蕴藏着物质运动的伟大力量，而物质中蕴藏着这四种基本力，它们却决定着宇宙的一切，宇宙中的超新星的质量很大，一些大的超新星爆炸之后，将会产生引力的奇迹——黑洞，巨大的引力把物质化为无形，把电子压入质子中去，于是质子全变成中子，而中子之间没有电磁力的排斥，原子核可以相互紧紧挨在一起，这就形成最致密的物质——中子星，它1立方厘米的质量达1亿吨，巨大的引力连光都被它吸到表面，如果把地球压缩成一个核桃就是黑洞，因为地球是强力和电磁力支撑的天体，黑洞的存在已经被证实，而超新星是宇宙中这四种力配合的杰作。

参考文献

《初级中学教师教学用书·物理》，上海科学技术出版社2002年版。

中学数学理解性教学中情感教育的实践分析与实施策略

滁州市第六中学　柴树云

摘要：学生的理解性学习过程是以学生心理活动为基础的认知活动与情感活动不断统一的过程，中学数学理解性教学应是融入情感教育的创造性教学，针对中学数学理解性教学目标在实践中的认知领域与情感因素、情感领域的心理因素与条件、应用领域与情感关系的分析，表明学生对数学知识理解、建构及应用，关键是学生能主动参与学习过程，在体验过程中感悟与思考，从而实施数学理解性教学，应采用"情境—问题"教学模式，运用探究性学习、自主性学习、合作性学习、说课学习、鼓励性评价策略。

关键词：中学教学　理解性教学　情感教育

一　问题提出

在数学学习的过程中，理解是掌握知识与技能、培养能力、运用知识解决问题的关键。在实际的数学教学过程中应如何把握好理解性教学呢？

心理学研究表明："外部刺激，当它唤起主体的情感活动时，就更容易成为注意的中心，体验的中心，就能在大脑皮质上形成优势兴奋中心，从而深化理解和记忆。相反，则不能唤起情感活动，主体对它漠不关心。"[1]在数

---

[1]　索云旺，童嘉森，吴万辉，王立峰，王宇明：《论数学体验及其生成》，《数学教育》2004年第13期。

学学习的活动中，如果没有理解因素的参与，学生的学习任务很难完成，同样，如果没有情感因素的参与，学生的学习活动很难发生或难以维持。情绪障碍影响学生对数学的正确理解，如心情焦虑的学生在数学课上表达自己对数学问题的分析能力明显不如心情轻松的学生。在数学教学目标上，新课程把过程性目标、情感体验目标摆在知识技能目标同等重要地位，所以，数学理解性教学是融入情感教育的创造性教学，是认识活动和情感活动不断统一的过程，是实现人的认知结构和人性结构良好发展的过程。

但在具体教学实施中不尽如人意，学生反映数学无味，大部分学生感到数学课堂死气沉沉，有压抑感，这种现象固然与数学学科自身因素有关，但更重要的原因是教师教学中缺乏情感教育，缺乏针对数学理解性教学中实施情感教育的实践做出具体分析研究，并提出相应的实施策略。

二 数学理解性教学实践中情感分析

数学理解性教学目标可分三个领域：认知领域、情感领域、应用领域。

（一）认知领域中客观条件与主体心理情感因素分析

建构主义学习观认为，理解应是学习者主动建构内部心理表征的过程。在数学理解性学习中，对数学概念的抽象性与概括性的理解需要学习者有热情与想象，对数学公式、定理等严谨性的理解需要学习者有发现、思维、体验等过程；数学结论的精确性与结构美及其之间和谐性需要学习者有情趣与对美的追求；数学问题的复杂性需要学习者有锲而不舍的精神和科学的方法；数学知识的系统性和学习过程的艰巨性更需要学习者有顽强的意志力和坚定的信心，所以，学习者对认知领域建构需要学习者有良好的数学观与情感体验。

社会情境学理解观强调，理解是个体与环境交互过程中建构的一种交互状态，由于主体心理发展水平和认知经验不尽相同，所以主体在认知领域理解建构中有成功也有失败，长期学习导致一些学习者喜欢数学，一些学习者害怕数学。在数学理解性教育中，首先要关注个体，当个体的认知经验结构不良时，教师应及时帮助修补；当个体的情绪消极时，教师应及时给予调节。其次，要理解一个数学问题是怎样提出来的，一个数学概念是怎样形成的，一个数学结论是怎样获得和应用的，学生体验数学活动充满探索与创造，在获得深刻理解中，感受数学的乐趣，锻炼克服困难的意志，建立自信心，形成科学学习的态度。

（二）主体情感领域中心理因素与外在条件分析

在课堂教学中，陈骏[1]根据学生心理变化将学生大致分为四类：积极参与型，独立自主型，依赖型，流离型。

1.积极参与型

在学习中表现为积极主动思考、自信、乐于与他人沟通，善于自我调控，有利于教师实施理解性教学活动，反过来，积极参与型学生又依赖于教师实施和谐的课堂教学环境，要求：①教师从教"结论"转变为强调"过程"；②教师必须营造一种互勉、互信、轻松活跃的课堂学习氛围；③教师树立榜样作用，让学生敬慕和信任，否则，用奴役性教学方法，学生没有独立思考空间，可导致师生间存在较大的心理距离，师生间难以互相理解，难以积极配合，学生难以参与到"理解性"教学中去，这样学生很快会丧失课堂兴趣。

2.独立自主型

从学习表现上看，该类型学生对数学有较大自信心、意志力、乐于独立思考、要求自己严格，在数学理解性教学中，面对该类型学生应注意：①不能过于施加压力，否则易产生过度焦虑，影响学习。认知心理学家布鲁纳通过实验指出："让学生始终处于紧张状态，不利于学生一般学习"[2]；②从学习效率上看，不能只强调刻苦钻研，遇到困难数学问题一钻到底的精神是可赞的，但学习的"心理成本"[3]较大，会造成过早地消耗"成长成本"；③在自主探索过程中，合作交流、关注情感参与是有必要的，一个学生解决不了的数学问题，经过合作交流可能得到解决，即使已解决的数学问题，因为各种解决问题的方法、途径可能不一样，通过交流，可以相互学习更多的知识。

3.依赖型

在学习过程中常表现为缺乏自信心、上课中按部就班、缺乏自主性学习行为，究其原因：从学校教育方面看，数学学习内容由初中低年级数式的

---

① 陈骏：《论数学课堂学生心理调控》，《数学教育学报》2003年第12期。

② 施良方：《学习论》，人民教育出版社2000年版。

③ 王新民：《关于数学教学效率意识的分析》2006年第15期。

运算及简单方程的解法开始，主要内容都有明显步骤可循。教师习惯于课堂上多讲题型，课后让学生做大量重复练习，有意无意地强化了学生的机械记忆，助长学生套用模式，忽略数学学习思想、情感的体验。久而久之，学生习惯于各种题型的操作与演练，依赖于老师指导下的解题，在数学理解性教学课堂上，必须坚持学生是主体原则，更多鼓励这类学生在数学学习中主动参与体验、树立自信心、自主地完成学习任务。

4.流离型

该类型学生在课堂上常表现思想走神或做小动作或讲话，更有甚者上课睡觉，对老师的教学内容不感兴趣，甚至厌恶，究其心理原因：①学习目标不明确，缺乏理想；②学习成绩差，常受到他人歧视；③学习上遇到困难，怕动脑筋；④不敢与他人交流，怕被人讥笑；⑤成绩始终提不上去，陷于痛苦之中；⑥在学习中常被指责和嘲讽，产生自卑。

哲学诠释学理解观倡导在师生相互理解与自我理解同时生命意义得以实现，针对流离型学生，在理解性教学中，要求：①加强流离生情感教育，用教师热情激励他们学习热情，用教师爱心关爱其学习过程；②培养流离生的良好学习习惯，学会养成学思结合、虚心好问、追求领悟、乐此不疲等习惯；③调动流离生学习积极性，稳定听课注意力，巧设问题情境，形成问题链，教师应细致入微、细心体察，及时对其帮扶，激发其积极参与，与人合作交流、主动探索；④注重培养其课后实践与反思，运用所学知识解决教材上的基础题，从中获取成功的感受，增强学习信心，另外，要求其反思是否对当天学习内容感兴趣，能否保持良好的学习情绪。

（三）主体的数学应用领域与情感的关系

在数学新课程理解性教学中，不仅要注重知识来龙去脉，还要为学生创设"实习场"，让学生在现实生活中发现问题、提出问题、解决问题。

波利亚指出："一个涌上脑际的念头，倘若毫无困难地通过一些明显行动就达到了所求的目标，那就不产生问题。然而，倘若我想不出这样的行动来，那就产生了问题……所谓一个问题就是意味去找这样的行动。"[①] 所以能发现问题和提出问题，关键是对生活现象持有想法的态度。

---

① ［美］乔治·波利亚：《数学的发现》，刘景麟，曹之江，邹清莲译，科学出版社2006年版，第127页。

问题解决对广大学生是一件很困难的事情，这不是说学生掌握基本知识、基本技能差，而是需要学生思维的创造性。

其一，与学生在课堂上学习方式和学习认知态度有关，一方面，教师把数学应用等同于会解应用题来看待，要求学生掌握训练技能，应付各种考试；另一方面，学生本人对数学应用只注重考分，只要掌握操作就可以，从而没有得到自身的体验与感悟。

其二，与解题灵感和情感的倾向有关，如伟大的数学家欧拉把"哥尼斯堡七桥问题"转化为一个"一笔画"问题，传为佳话，体现了欧拉超人的捕捉实际信息的能力，体现了一个数学家非凡的灵感感悟，灵感来自情感的倾向最初的瞬间感觉，所以面对不熟悉的问题情境，要寻找出解题策略，不仅依赖解题者的知识和经验，进行类比、归纳猜想等，更需要解题者有较高情感的敏感度：注意、感知、洞察、判断、思维灵活性等。

其三，面对实际问题，探索解题思路，还需要有挑战困难的愿望，克服困难的意志。面对困难，一些学生变得焦虑、紧张、信心不强，解题自然也不会继续进行。

三　实施数学理解性教学与情感教育的对策

（一）采用"情境——问题"教学模式

围绕所要学习的数学主题，选取或创设合适的问题情境，最好能触及学生情感和意志领域，并能满足学生的心理需求，激发学生积极参与体验。

（二）运用探究性学习策略

在"情境——问题"中进行探究活动，体验解决数学问题的过程，不管成功还是失败，让学生体会发现问题的兴奋感，分析与解决问题的苦与乐。

（三）运用自主学习策略

在"情境——问题"的探究活动中，让学生自主地观察、实验（尝试）、归纳猜想、类比、验证、推理等探索，让学生建构真正理解，激发学生对数学产生热情，克服依赖性。

（四）运用合作交流学习策略

在"情境——问题"教学中，鼓励合作交流、发表见解、取长补短，丰富自己的学习经验，提高学习效率，加深感情，增进理解。

（五）运用说课学习策略

在"情境——问题"探究活动中，鼓励学生针对问题情境善作表达，展现学生对数学信息和其他信息的把握水平，要求对问题解决过程做出表达，呈现自己解决问题的思路、过程和结果，要了解学生的数学思维方式和过程，便于从中发现和分析学生的理解状况，做到有的放矢，要关注学生学习中的感受、情绪，促进学生学习数学的兴趣和自信心。

（六）运用鼓励性评价策略

在"情境——问题"模式教学中，鼓励学生要敢想、敢做、敢说，要关注学生的学习结果，给学生肯定性评价，让他们看到自己参与学习后取得的进步和成绩。更要关注他们在数学活动中所表现出来的情感态度，通过鼓励性评价帮助学生认识自我，建立信心。

四　理解性教学与情感教育的反思

第一，在理解性教学中，强调体验与情感的教育，决不意味着忽略建构知识的理解意义，知识及能力是人生发展的重要基石。

第二，理解性教学要考虑情感接受的程度，如"函数"教学，就要求理解要有阶段过程。

第三，贯彻理解性教学与情感教育要依赖教师的学识与信念。

第四，贯彻理解性教学与情感教育还需小班制推行，否则，班级教学只能演变为"大讲课"或"满堂乱"了。

第五，运用现代网络教育，推行理解性教学与情感教育是一个值得尝试与探讨的教学模式，有待继续研究。

转化数学"学困生"的几点做法

滁州市南谯区乌衣初级中学　朱成法

摘要：学困生由于学习成绩较差，学习进步不大，对学习容易产生逆反的情绪，从而对学习丧失信心，转化学困生，是提高整体教学水平的一大关键问题。要想提高教学的质量，就必须加强对学困生的帮助和指导，使学困生的水平得到提高。下面是我在帮助学困生学好数学的过程中的一些做法。

关键词：学困生　数学教学

一　分清"学困"产生的原因

帮助"学困生"，首先必须了解和熟悉他们学习困难的原因，只有这样才有可能找到解决问题的方法。于是，我通过与他们本人交谈了解情况。经过调查研究发现数学学习较困难的学生，除了少数学生由于智力问题学不好外，其他主要原因不外以下几种：由于低年级时学习方法不得当，没有及时补救；有些同学缺乏独立思考能力，阅读能力不强；有些同学是由于生病误课，再加上爱面子，遇到不懂的问题也不肯请教别人；还有一些同学是由于父母不和等原因导致成绩差……针对不同原因应采取不同补救措施。

二　激发学习数学兴趣

兴趣是推动学生学习的动力，学生如果能在学习数学中产生兴趣，就会形成较强的求知欲，就能积极主动地学习。培养学生数学学习兴趣的途径很多，如让学生积极参与教学活动，并让其体验到成功的愉悦；创设一个适度的学习竞赛环境；发挥趣味数学的作用；提高教师自身的教学艺术；多采用"有进步"、"你真棒"、"你真行"、"太好了，下次继续努力"等鼓励的话等。

三　教学内容降低迁移坡度

在讲解较复杂的计算和综合较强的题目时，尽力深入浅出，化繁为简，分散难点，把综合题解剖成若干简单的小问题，这样做既减轻了"学困生"的负担，也把难于理解的问题变成可以掌握的知识。如在新课的引入练习中，注意新旧知识的联系，以旧引新，新中有旧，为"学困生"探索新知、迁移转化做好各方面的准备（包括知识、技能、方法、态度等）。如"学困生"掌握了三角形面积的推导方法，在学习梯形面积时，利用拼合图形这一方法自觉迁移到梯形面积的推导上来；在学习了整数加法运算定律的基础上，迁移到学习小数加法的简便运算上。在新课的巩固练习中要注意练习的坡度要由小到大，由易到难，形式要多样化，如基本练习、变式练习、混合练习等。

四　注重情感教育

"学困生"的情感都较丰富，他们需要教师对他们多关心、多爱护，当他们有所成绩时，需要教师的鼓励和肯定，应该及时予以表扬。只要"学困生"接受教师，那就会极大地调动他们学习的积极性，从而达到自主学习的目的。所以，在实际教学中，教师在学生中不仅要注意自己的形象，为人师表，而且还要注意对"学困生"实行情感方面的教育。充分肯定"学困生"的优点，肯定他们的微小进步，促使他们积极主动地学习。实践证明，教师以和蔼的态度对待学生来加强师生的感情交流，对培养学生的学习兴趣，提高教学效果起着十分重要的作用。为了能使"学困生"的数学水平走向一个新的台阶，我在班上让学生结对子，请一名优生帮助辅导一名"学困生"，帮助他们克服学习上的困难，弥补知识上的漏洞，并对他们加以方法上的指导，消除畏难情绪，提高学习数学的兴趣。通过理顺教材内容，辅导学习方法，纠正练习错误等形式，逐步克服了"学困生"的厌学情绪，减少了他们的错误，学习成绩都有不同程度的提高。教学中，我能注意在讲解新知识前，尽可能详细地复习相关的旧知识，为"学困生"扫除学习的障碍，使他们觉得学好数学并不是一件难事，从而激发了他们向上的热情和学习的兴趣。兴趣的培养和发展，激发了"学困生"的学习自觉性，并转化为学习的动力，以致提高了学习的效率。

五　培养学生学习习惯，传授正确学习方法，提高解题能力

首先，在布置作业时，要注意难易程度，要注意加强对学困生的辅导、转化，督促他们认真完成布置的作业。对作业做得较好或作业有所进步的学困生，要及时给予表扬鼓励。要注意克服急躁冒进的情绪，如对学困生加大、加重作业量的做法。对待学困生，要放低要求，采取循序渐进的原则，谆谆诱导的方法，从起点开始，耐心地辅导他们一点一滴地补习功课，让他们逐步提高。

其次，大部分学困生学习被动，依赖性强。往往对数学概念、公式、定理、法则死记硬背，不愿动脑筋，一遇到问题就问老师，甚至扔在一边不管；教师在解答问题时，也要注意启发式教学方式的应用，逐步让他们自己动脑，引导他们分析问题，解答问题。不要给他们现成答案，要随时纠正他们在分析解答中出现的错误，逐步培养他们独立完成作业的习惯。

再次，应该用辩证的观点教育学困生，对学困生不仅要关心爱护和耐心细致地辅导，而且还要与严格要求相结合，不少学困生之所以成为学困生的一个很重要的原因就是因为学习意志不强，生活懒惰，上课迟到或逃学，自习课不来，上课思想经常不集中、开小差，作业不及时完成或抄袭，根本没有预习、复习等所造成的。因此要特别注意检查学困生的作业完成情况，在教学过程中，要对他们提出严格的要求，督促他们认真学习。

六　认真把好考试关，注意培养"学困生"的自信心和自尊心

要有意识地出一些较易的题目，培养他们的信心，让他们尝到甜头，使他们意识到自己也是可以学好的。在考试前应对学生提出明确、具体的要

求，对"学困生"知识的薄弱点进行个别辅导，这样还可使有些"学困生"经过努力也有得较高分的机会，让他们有成就感，逐步改变他们头脑中在学习上总是比别人差一等的印象，从而培养了他们的自信心和自尊心。激励他们积极争取，努力向上，从而达到转化"学困生"的目的。

古人云："不积跬步无以至千里，不积小河无以成大江。"学习也是一样的，"学困生"之所以学习不好就是没有脚踏实地，一步一个脚印地学。他们这边失一点数学概念，那边丢一个定理、公式，从而越来越跟不上，越来越厌烦学习，学习成绩也就越来越差。但只要我们在实际教学中认真、细心地引导培养，那么我们的汗水定会得到回报的。

参考文献

1.李石杰：《全面推进素质教育，努力提高教育质量》，《桂林市教育学院院报》2000年。

2.段宝霞：《培养和提高高校教师信息素养的策略》，《当代教育论坛》。

3.余县义：《中学教师教学督导机制的构建与探析》，《法制于社会》2006年。

4.李向东：《构建教学质量保障体系，全面提高人才培养》，《焦作大学学报》。

5.杨振秀：《教师教育培养模式改革与课程体系的构建》，《廊坊师范学院学报》2004年。

自然界水的变化与循环

滁州市乌衣中学　樊天国

自然界的一切物质都在不停地运动与变化着，水在自然界也是如此。我们所说水的运动就是水在自然界的循环，水的变化就是水的物态变化。

当空气中的水蒸气升入高空时，水蒸气温度降低液化成小水滴或者凝华成小冰晶，这些微小的小水滴和小冰晶，能被空气中的上升气流托起，形成浮云，所以云是大量的小水滴和小冰晶组合而成的。在一定条件下，就会凝结成比云中小水滴大许多的大水滴，这时气流无法支持，就会下降。在下降的过程中，冰晶融化成水滴，与原来的水滴一起下降到地面，就形成了雨。

雪是天气较冷时，大气温度低于0℃时，水蒸气直接凝华成的微小晶体叫冰晶，而不是液体的凝固。冰晶在大气中随着气流上下翻腾，水蒸气不断凝华成固态，聚集起来变得足够大，并结成六角形的冰晶即雪花。气候等条件不同，雪花的形状也不同，雪花形状还有针状、柱状或不规则形状，雪花的大小取决于温度，由于雪花是水的结晶，能向各个方向反射光，所以雪花是白色。下雨和下雪的过程统称为降水。

当过冷的水滴碰撞在冰晶上，就形成霰，霰在积雪之中，随气流的升降，不断与雪花、小水滴合并，形成透明与不透明交替的冰块，它下落时其外层受热融化成水，并彼此结合，如果上升气流很强，就会再升入高空，在其表面凝结一层冰壳。经过这样多次上下翻腾，结合成较大的冰块；当气流托不住它时落到地面，就是冰雹。高空中温度与地面的温度是不同的，在夏天有冰雹就是这个道理。

露是在天气较热的时候，空气中大量的水蒸气于清晨前遇到温度较低的树叶、草木等，液化成小水珠附着在这些物体表面。如果地面附近空气中有许多浮尘，水蒸气在浮尘上液化成小水珠，这些小水珠悬浮在地面附近空气中就是雾。露和雾的形成都是自然界的液化现象。

古诗有"叶落乌蹄霜满天"，真实的霜不是从天上降下来的，而是由于空气中的水蒸气受冷直接凝华而成的。冬天的夜晚，地面的温度迅速降低到0℃以下，空气中的水蒸气就会迅速凝华形成固态的小晶体，即霜。我们在冬天早晨会看到地面的土块和砖头上面有霜，窗户玻璃内部有霜都是凝华而成的。

自然界中的水在永不停息地循环着，水的循环包括小循环和大循环。因为地表水中海水占97%，陆地上的江河、湖泊、土壤、冰川中的水只占3%，所以我们把海洋作为水循环的起点，由于太阳的照射，阳光晒暖了海洋，水变成了水蒸气升到空中，水蒸气经过变化以降水形式下落，它的三分之二重新落到海洋里，这就是水的小循环。

海洋水蒸气还有1/3被大气流动带入陆地上空，陆地上植物的蒸腾产生水蒸气，河面和地面的水分蒸发也产生水蒸气，这些水蒸气升入高空，在陆地上空遇冷凝结后以降水形式落到地面。一部分直接变为小溪，许多小溪汇合形成江河，又流入大海。"黄河之水天上来"，生动形象地说明了陆地上水的来源。另一部分渗入地下，慢慢汇集成地下水，地下水在岩石和土壤的空隙中慢慢流动，有的流到河流变成河水，有的从地下慢慢流入海洋。还有一部分被地面植物截流，或通过植物和地面重新蒸发到空中。从海洋蒸发后被大气带入陆地的水，最终又通过各种途径重新返回海洋，水的这种循环叫大循环。

地球是一个大水球，地球表面的70%以上是海洋。正是由于水的物态变化，加上大气的流动和地球引力的作用，致使水在自然界永不停息地往复循环。使自然界的水广泛分布，为动物和植物提供生活条件，从而使得地球充满生机。

集中学生注意力优化课堂教学

滁州市南谯区黄泥岗镇中心小学　汪丽萍　李志兵

著名教育家苏霍姆林斯基说：“注意是学习的门户，没有注意的参加，不可能有稳定的心理反应，也难以完成认知过程。因此，注意力的培养显得尤为重要，要想全面开发学生的智力，就必须培养学生的注意力。”从这个意义上说，我们只有打开注意力的这扇门户，智慧的阳光才能洒满心田。注意力是学生学习和生活的基本能力。注意力的好坏将直接影响学生的长远发展。因此，在小学数学课堂教学中，必须加强对学生注意力的培养，训练学生良好的注意品质。

一　用科学的方法提高学生的注意力

在小学课堂教学中，我们要根据学生的心理、生理及年龄等特点，激发学生学习兴趣，调动其积极性和求知欲。“教师应充分利用学生的生活经验，设计生动有趣、直观形象的数学教学活动，如运用讲故事、做游戏、直观演示、模拟表演等，激发学生的学习兴趣，让学生在生动具体的情境中理解和认识数学知识。”教师在唤回学生无意注意和有意注意的同时，也刺激了学生的大脑兴奋中枢，使学生处于兴奋状态，迅速进入角色，主动参与课堂活动，实现提高课堂教学效率的目的。教学“运算律”后，我出示一组由易到难的练习，让学生分组进行闯关比赛。学生在一次次的闯关中获得积分，学生在既紧张又刺激的氛围中完成了既定的学习任务，增进了集体荣誉感和可贵的团队精神，觉得有趣，积极踊跃，另一方面为了获胜而努力把握每一次机会。这样，每个学生都能集中注意力参与活动，不仅有效地避免了课堂上的"走神"现象，而且避免了枯燥机械的练习，在竞赛中培养了学习兴趣。

二　用丰富知识吸引学生的注意力

现在的学生所接触的事物越来越多，只靠书本知识已经不能满足他们的需要。他们渴望了解更多的知识。这就需要教师掌握更多的知识。同时，在新教材中，教学知识点特别分散，小学学科间的界限已经不再十分明显，这需要教师掌握更多的知识。在平时的教学中，只要我在上课中穿插一些有趣有用的课外知识，哪怕只有一点点，绝大部分的学生会立即表现出浓厚的兴趣。此刻，学生的注意力处于高度集中状态，课堂效率自然就高了。所以，教师应该在这方面进行积累。这是因为你给学生的知识越多，学生就越容易感兴趣，课上注意力也就越集中。同时，学生会对教师产生一种钦佩之情，增强了教师在学生中的威信。因为学生亲你、信你、敬你，他们甚至把你当成了偶像，愿意在你的引领下学习、思考、交流、讨论，优化课堂教学就有了保证。

当然，作为一名优秀教师，只有丰富的文化知识还不行，更需要有精深的专业知识。因为学生上课还是要掌握教材所要求掌握的内容。要解决这个问题，就需要用精深的专业知识来引导学生。不要小看这个引导，俗话说：火车跑得快，全靠头来带。这个引导的好坏，完全取决于教师。假如你没有精深的专业知识，即使口才再好，也讲不出什么内容，那么，学生作为学习的主体，参与起来就不可能很轻松，这时学生的注意力集中不起来，课堂效率可想而知。

三　用幽默的语言集中学生的注意力

"教师口中的语言是一个强有力的工具，就像演奏家手中的乐器、画家手中的颜料、雕塑家手中的刻刀和大理石一样。没有乐器就没有音乐，没有颜料和画笔就没有绘画，没有大理石和刻刀就没有雕塑。同样，没有活生生的、深入人心的动人语言，就没有学校，没有教育。语言就仿佛是一座桥梁，教育科学就是通过这座桥梁变成教师的教学艺术和教学能力的。"课堂上，教师幽默的、富有童趣的语言会像一块大磁铁一样，能把学生的目光吸引过来，激发学生的学习兴趣。教师在课堂上需要不断地思考，多了解学生在学习时的心理，才会使自己的课堂气氛生动活泼，提高学生的注意力。教学要有幽默感，能使学生在笑声中领悟其中所蕴含的丰富知识。当学生的注意力不集中时，教师可在恰当的时机用幽默风趣的语言吸引学生注意，打破课堂的沉闷，活跃气氛。我在教学"乘法分配率"时，利用爸爸、妈妈和"我"比作a、b、c三个不同的数。这样把$(a+b) \times c = a \times c + b \times c$这个公式形象地说成了：爸爸和妈妈爱我=爸爸爱我+妈妈爱我，让学生在笑声中轻松地理解了乘法分配率。

四　用真挚情感强化学生的注意力

情感是人对客观事物的态度和体验，它是一种比较复杂的、高级的心理活动现象。数学教师的情感主要体现于对自己的教育对象的热爱之中，体现于对数学学科和数学教学工作的热爱之中。教学过程既是师生信息交流的双向过程，也是师生间情感交流的双向过程。如果说一个教师和学生只是简单的教和学的关系的话，那么这个教师肯定是个不成功的教师。如果你在上课时能通过各种途径加强师生交流，比如一个赞许的目光、一句表扬的话语、一个鼓励的微笑，让学生充分感受到教师的情感，学生一定会喜欢这样的教师，课堂教学效果势必十分明显。

教学既是一门艺术，也是一门科学，需要我们不断地探索、创新。只有这样，才能掌握教学规律，提高教学质量。我们只有读懂学生的心灵，了解他们的需求，才能吸引学生的注意力。作为一名教师，我们要采取灵活多变、行之有效的方法，把学生的注意力吸引到学习活动上来，让学生在轻松、愉快中学习！

探讨如何提高小学数学课堂提问的有效性

滁州市南谯区常山中心小学　代鸣凤*

在小学数学教学中进行提问是一启发式的教学方式，必须掌握一定的技巧，经过精心设计的提问可以激发学生的学习兴趣，对提高学生的逻辑思维能力有很大帮助，是促进教师教学质量提高的有效途径。

一　立足于学生已掌握的知识点，提高问题的针对性

问题的设计必须要考虑到学生的实际情况，特别是是否在学生的能力范围之内。如果提问的内容远远在学生实际掌握的知识之外，那么无论是对于学生还是教师来说，都是毫无价值的。如果提问的内容过于浅易，学生很容易就能回答，那么问题也是无效的。在问题的设计上，教师必须要在充分了解学生知识掌握的基础上，再进行有针对性的提问。

1.明确提问的目的。在设计问题时，教师必须要明确这个问题是为了实现哪一个目标的。比如有些教师喜欢通过提问的方式，引出课堂的内容，这一种铺垫式提问旨在将学生的视线从上一节课的知识点上转移到新的知识点上。因此，这一类问题的设计要能让学生一眼便辨别出今天所要讲的内容，问题简单但对新的知识点有高度的概括性。有些教师喜欢利用提问的方式，顺承一节课中知识点与知识点之间的间隔，这种承上启下的提问可以将学生的思维比较自

---

*　代鸣凤，1984年8月任教，主要从事小学数学教学工作。

然地过渡，减少思维的跳跃性，有效提高学生的注意力。另外，还有些教师喜欢通过提问的方式，深化学习过的知识点，通过理论与实践相结合，帮助学生更深入地了解知识点，强化记忆。这一类问题往往具有一定的挑战性和创新性，重在激发学生的探索精神，培养学生的知识运用能力。

我们可以发现，各种提问的目的存在着很大的差异性，自然在问题的设计上也有一定的不同。因此，教师必须要结合自己的目的来设计问题，只有这样，才能提高问题的针对性。

2.明确提问的对象。学生自然是教师问题的对象，但我们不能忽略的是，受主客观因素的影响，学生之间的能力水平存在着很大的差异，具有很强的层次性。教师在提问的设计上也要注意因材施教，根据学生的实际情况，有区别性地设计问题。对于有些能力较弱的学生，设计的问题要注重扎实他们的基础知识，比如"你认为0是偶数吗？"；对于能力较强的学生，设计的问题要强调对其的启发性，比如"在相遇问题中，除了用工程问题来解答，还有其他的什么方法吗？"教师要针对不同的学生设计不同的问题，这样才能提高问题的针对性，有效地解决不同学生之间存在着的不同的问题。

二　立足于学生的心理发展程度，充分发挥学生的自主性

很多学生都表示，教师在课堂上的提问往往会给他们带来紧迫感和压迫感。在实际的课堂中，教师一说要提问，教室里就鸦雀无声，学生在心里默默祈祷不要叫到自己。通过调查发现，这主要归咎于两大原因：首先，教师提的问题，学生根本就无从下手；其次，学生害怕回答错误会受到老师的批评和学生的嘲讽。因此，教师在设计问题的时候，不仅要着眼于学生能力水平的实际，还要重视学生的心理接受能力，不断调整提问的方式，让学生在较自由和放松的环境下充分发挥学习的自主性。

比如，让学生在回答的过程中阐述自己的看法，因为解题或者学习的过程都是被学生的思想所左右，了解学生的心理，对其也有帮助。当学生回答问题出现错误的时候，老师要给予纠正，纠正的过程中应该注意用语，不要出现"这题你都不会？""榆木脑袋"等用语，可以婉转些，如"这个思想比较独特，但是不全面"、"回答的有意思"等用语，除此之外，还需要注

重"问题设计贴近生活"。

1.问题设计贴近生活

数学源于生活，并为生活服务，教师在问题的设计上更要注意这一点。贴近生活的问题，能够有效地吸引学生的注意力，从而激发学生的探索欲望，培养学生解决问题的能力。学生对这一类问题具有较高的敏感度，即使回答不出，也不会手足无措，至少可以凭借生活经验，有解题的方向。

2.教师要端正提问的态度

教师在提问的过程中必须要端正态度，对于回答错误和回答不了的学生要进行循循善诱，指明解题的方向，加强引导，适时鼓励，切不可采取冷眼相对或批评的态度，否则学生极易受这种恶劣态度的影响，下一次不敢回答甚至拒绝回答。教师在提问题时必须要诚恳、亲切，从而缓解学生紧张、不安的心理，切忌摆出一副"非要回答出来不可"的表情，否则会加深学生的恐惧心理，造成他们心理上的负担，甚至对他们以后的生活造成阴影。当教师以企盼、热情等积极的情感投入到学生身上时，学生会被这一种无形的力量所感染，从而以更加饱满的热情投入到学习中去，敢于思考、勇于思索，在数学的道路上便能一步一个脚印地扎实基础，甚至发挥主体性，开辟新的道路。

三 及时追问，强化学生对数学知识的认识

在小学数学教学中，教师起初的提问是为激发学生的学习兴趣，引导学生对问题进行认真的研究和分析，激发学生探索解决问题方法的动力。在教学过程中，教师对某一问题在关键处或疑难处进行追问或补问，可以让学生理解概念或问题的本质，强化学生对数学问题的认识和理解。

例如，教师在讲解"平均数"时，列出了下面的数据：上学期期中考试我们班的数学平均成绩是85分，期末考试数学的平均成绩是89分。接着提出问题："上学期期中考试我们班的数学平均成绩是85分，是不是每个学生的数学成绩都是85分呢？"引导学生对平均数的意义进行思考，然后讲解平均数的具体意义，使学生能够对平均数的知识有一个正确的认识和了解。

四 创新解疑，培养学生的创新能力

在小学数学教学中，教师向学生提出问题是为了激发学生的学习兴趣，调动学生学习的积极性和主动性。这只是数学教学的开始，而"问题解决"才是数学教学的重要环节。教师要耐心地引导学生创造性地解决数学问题，培养学生的思维能力、分析和解决问题的能力及创造能力。在教学中，如何鼓励学生，并使学生自身的潜能得到最大限度的发挥，使学生能够充分感受到问题解决给自己带来的成就感和愉悦感，是广大数学教育工作者一直以来研究的重要问题。教师在教学中要善于鼓励学生多思考、多动手，积极主动地探索出解决问题的最好方法。

如对学生所提问题"圆柱上下两个底面的面积相等吗？"，教师不应直接告诉学生答案，而应有意识地引导学生动手操作，让他们对自己的圆柱模型进行自主操作。学生通过剪、叠等各种不同的方法验证问题的答案是否正确，然后对该问题展开激烈的讨论，并对其认真研究和分析之后，验证了问题"圆柱上下两个底面的面积是相等的"是正确的结论。教师采用这样的教学策略，不仅没有扼杀学生的创造性，还有助于培养学生的动手能力、思维能力及创造能力，进而实现提高数学教学质量的目的。

五 结语

提问，就像一门艺术，它讲究的不仅仅是提问的内容，更是提问的形式。因此，教师一方面要不断创新，精心设计问题，让学生能够在有效提问中感受到知识的博大精深，为更好地汲取知识营养打下扎实的基础；另一方面，要调整提问的形式和态度，让学生敢于回答、争相回答，从而形成良好的学习氛围。

参考文献

1.施益新：《小学数学课堂提问的误区.和应对策略》，《小学教学研究》，2010年第2期。

2.王昌君：《浅谈小学数学教学要重视提问能力的培养》，《科教创新》，2010年第12期。

3.张士清：《课堂语言艺术基本功训练》，杭州大学出版社。

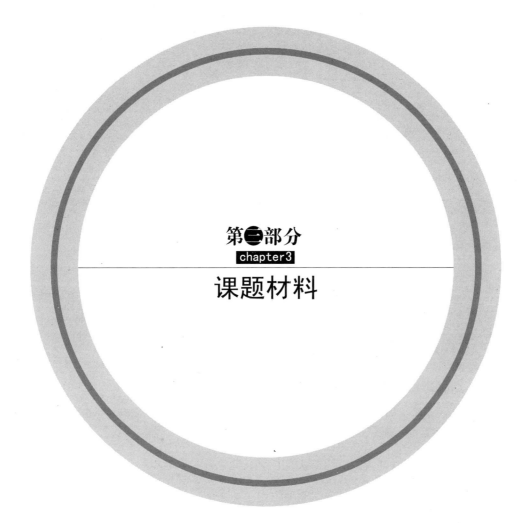

第三部分
chapter3

课题材料

《小学生武术操的创编及教学、推广》开题报告

安徽省教育科学规划课题

课题名称：小学生武术操的创编及教学、推广

课题批准号：JG11132

课题承担人：吴维峰　李拥军　高波

安徽省教育科学规划领导小组办公室

所在单位：滁州市逸夫小学*、市教育局教研室

---

*　"习惯塑造品格，兴趣培育特长，活动锻炼能力"，滁州市逸夫小学坚持走创办人民满意学校之路，努力探索，不懈追求，树立以学生发展为本，以创新精神为价值取向的人才观、教学观和质量关。通过活动系列化的德育工程、生动活泼的学科教学、丰富多彩的课外活动，让每一个学生都得到适合其特点的最优化发展，为学生的终身发展奠定主动学习和主题人格的坚实基础。

学校占地面积14757平方米，现有12个教学班，平均班额不超过46人。现有教师42人，其中中级及以上职称教师23人，高于规定学历教师30人，学历达标率100%。学校先后被安徽省体育局授予"省级青少年体育俱乐部"，2007—2012年连续五年被评为"全国亿万学生阳光体育冬季长跑活动先进学校"，被滁州市委、市政府授予"市级文明单位"，被滁州市委宣传部表彰为"爱国主义教育读书活动先进学校"，被南谯区政府表彰为"教育系统先进集体"，被南谯区教育体育局表彰为"优秀学校"，被滁州市教育局表彰为"留守儿童之家示范学校"，被南谯区教育体育局授予"教育科研先进单位"等。

学校将继续坚持打造品牌，以点带面，从体育的崛起，带动"五育"并举。以体育德、以体益智、以体强志、以体养性、以体兴校，使学校形成鲜明的办学风格，在发展学生特长的基础上，将其拓展成学校的办学个性，成为全面深化素质教育，提高教育质量的高效载体，最终实现特色学校、品牌学校的目标。

一 开题活动简况

时间：2011年12月22日(星期四)上午9:00

地点：滁州市逸夫小学北楼二楼会议室

与会人员：滁州市教育局教研室副主任孙如新、南谯区教育局教研室主任严礽斌、滁州市教育局教研室体育教研员李拥军、滁州二中团委书记陶军、学校领导班子成员、课题组全体成员。

主持人：严礽斌

二 开题报告要点

1.题目

小学生武术操的创编及教学、推广

2.背景

中国传统的体育文化正受到各种新兴的体育文化的冲击，而武术这一惊艳世界的体育文化项目，却在少年儿童当中没有跆拳道、乒乓球、篮球等项目普及，并非是武术项目本身有缺点，而是武术在少年儿童阶段文化的熏陶上没有成型的推广体系，我们认为通过本课题的研究，为武术在校园文化的建设，以及推广起到一定的作用。通过我们自编的武术操，记录组内研究探讨、综合创编、课堂推广、形成校园传统文化风景的一系列师生互动过程的实录方式，激发学生对武术的兴趣，达到校园传统体育文化的形成。

滁州市是武术运动之乡，曾经培养出马玲娟等世界冠军，但是近年来武术运动的发展却遇到瓶颈，武术的群众文化基础日益薄弱，大街小巷里已不见往日孩子习武的热闹场面。我们将利用体育教师的自身特长优势，在校园体育课堂上开展武术基本技术教学及在课外活动中开展武术操的群体性武术活动，把传统武术项目发扬光大，让学生了解武术，到亲身体验武术给自己带来的快乐。

3.课题研究的理论支撑

小学体育课程标准 武术教材 教育教学相关理论

4.课题研究目的

（1）通过团队合作达到研究、创作、探讨、推广、成型的过程并以影像的形式进行记录。

（2）通过研究武术动作节奏，分析操化特点，创编一至两套既有武术特色又易于推广练习的武术操，完成校园广播操特色化、传统化，构建校园的传统体育文化特色。

（3）利用学校的各种平台建设校园传统体育文化体系，形成民族特色校园环境氛围，打造特色校园文化品牌。把逸夫小学打造成武术特色学校，把和课题组成员相关的学校的武术操普及开来。

（4）通过校园传统体育文化的形成，使学生喜爱武术，热爱武术操运动形式，通过武术教学让一批学生喜爱武术运动，成为武术运动的后备人才。

5.研究对象

滁州市逸夫小学、滁州市琅琊路小学、滁州市二小、滁州市三小、明光市逸夫小学

6.研究方法

问卷调查法 文献资料法 行动研究法

7.课题研究内容：

（1）通过问卷调查：初步了解逸夫小学、琅琊路小学等相关实验校的学生及家长对武术运动的了解情况以及体育教师的基本情况。

（2）利用团队通过对武术操的研究、创编，完成既拥有武术风格特色又符合学生运动锻炼的操化运动方式，初步形成我市独有的一套特色武术操。

（3）通过体育教师对自编武术操的课堂教学，力争实验校大部分学生能完成武术操的表演。

（4）完成一套科学的可推广的武术广播操，同时加上武术操挂图和图解，制作成DVD光盘。

（5）通过对全市小学体育教师武术操的培训，让本套武术操在全市小学推广成为我市小学大课间一道靓丽的风景线。

（6）举办全市小学武术教学观摩研讨活动，把武术教学纳入到校本教材当中。培养一批武术课堂教学的骨干教师。

（7）跟踪研究逸夫小学武术队队员成长情况、家长支持情况及今后的发

展情况，为滁州青少年武术运动在省运会上取得好成绩做好准备。

8.课题组成员

组长：吴维峰 李拥军 高波

成员：周树龙 方祖文 陈艳 王杨 储德刚 董早早 王爱华 张勇 丁荷花 杨莉 张希

9.资料准备及科研手段

充分利用市教研室和相关学校网络资源、多媒体教室、综合活动室、校园广播系统、校园文化墙、影印录系统等，以研发逸夫小学武术特色的广播操为起点，记录组内研究探讨、综合创编、课堂普及、校外推广，形成校园传统文化风景的一系列师生互动过程的实录方式。

10.经费保障

学校将根据实际需要，购买必要的器材、资料，提供课题研究人员的活动经费保障等。

11.分工

组长：吴维峰：负责课题的统筹、规划，协调各部门各机构的工作。

李拥军：研究报告的申请、阶段目标的设计、武术操推广中有关活动的组织以及具体落实等工作。

高波：负责武术操的创编，负责课题的规划设计、阶段总结、结题报告的撰写、结题的规划设计以及具体指导计划实施情况，上研讨课。

成员：陈艳、王杨：参与武术操修改、普及推广，负责落实计划的实施，撰写论文、经验总结，开展教研活动，上好研讨课。

周树龙、方祖文：负责武术操背景音乐的剪接编配，撰写论文、经验总结，开展教研活动，上好研讨课。

储德刚、王爱华：负责校园文化环境的设计、创作，负责落实计划的实施，撰写论文、经验总结，开展教研活动，上好研讨课。

董早早：负责记录组内研究探讨、综合创编、课堂推广、形成校园传统文化风景的全过程，并进行剪辑形成影像资料。

张勇、丁荷花：负责本校的武术操的教学工作、大课间的组织及教学反思等文字材料。

12.课题研究进度预期

（1）准备阶段（2011年1月—2011年8月）

①对课题提出方案的学习、考证，研究适合学校实施的方案，确定课题。

②学习有关教育教学方面的论文，了解当前教育大环境，适应当今教育形式的需要，以明确本课题研究的理论依据和实践意义。

（2）实施阶段（2011年9月—2012年12月）

①课题组教师进行计划实施、调研，定期进行课题研究总结，撰写课题实验报告，撰写阶段小结。

②收集、整顿调研、实施报告，分析研究总结，上教研课、研讨课。

③撰写阶段性总结报告，落实下阶段研究任务。

（3）总结阶段（2013年1月—2013年3月）

①反复实验，多次论证，成果推广，全面总结评议。

②形成成果性报告，填写鉴定报告书，提交结题申请。

13.课题最终成果

（1）武术操教学案例1册；

（2）大型武术自编操表演；

（3）课题组成员科研成果1册；

（4）武术操教学光盘、教师用书1套；

（5）结题报告1份。

课题主持人签名：＿＿＿＿＿＿＿＿

年　月　日

三　重要变更

为课题研究需要，增加部分实验校从而增加课题组成员有利于研究的广度和深度。特增加滁州市青少年活动中心周树龙主任、滁州市琅琊路小学张勇、滁州市第二小学杨莉、滁州市第三小学张希、明光市逸夫小学丁何花老师。

课题主持人签名：＿＿＿＿＿＿＿＿

年　月　日

四 所在单位意见

盖章

年 月 日

《小学生武术操的创编、教学及推广》
课题结题报告

安徽省教育科学规划课题（JG11132）

安徽省滁州市逸夫小学
《小学生武术操的创编、教学及推广》课题组

一 课题研究的背景

在文化、体育各项精神文明建设大发展时期，武术作为国粹这一惊艳世界的体育文化项目，却在少年儿童当中没有跆拳道、乒乓球、篮球等项目普及，并非是武术项目本身有缺点，而是武术在少年儿童阶段文化的熏陶上没有成型的推广体系，我们认为通过本课题的研究，为武术在校园体育文化的建设，以及推广起到一定的作用。通过我们自编的武术操，记录组内研究探讨、综合创编、课堂推广、形成校园传统文化特色的一系列师生互动过程的实录方式，激发学生对武术运动的兴趣，形成校园传统体育文化氛围。

滁州是武术运动之乡，涌现了许多优秀的武术人才，滁州籍武术运动员马灵娟在全国第十一届运动会上为安徽夺得武术项目枪剑全能金牌、多哈亚运会枪剑全能冠军、世界武术锦标赛冠军等，但是近年来武术运动的发展却遇到瓶颈，武术的群众文化基础日益薄弱，以校园武术文化特色建设带动社会武术文化发展是否是一条可行之路，值得我们探索与思考；通过发展自编武术操提高青少年对武术的兴趣爱好，对推广武术运动的普及具有重要意义。

二 研究方向

（1）通过研究武术动作节奏，分析操化特点，创编一套既有武术特色又易于推广练习的广播操，完成校园广播操特色化、传统化，构建校园的武术文化特点，加强武术运动的群众化尤其是在青少年中的发展基础，推广武术项目普及。

（2）利用学校的各种平台建设校园武术文化体系，形成具有武术特色校园环境氛围，打造特色校园文化品牌，把逸夫小学打造成武术特色学校。

（3）通过校园武术文化特色的形成，使学生喜爱武术，热爱武术操运动形式，通过武术教学让一批学生喜爱武术运动。

（4）以对本校武术队员的成长跟踪，形成统计研究资料，为武术在小学业余训练的发展提供有利依据。

三 研究目标

（1）通过对武术操的研究、创编，完成既拥有武术风格特色又符合学生运动锻炼的操化运动方式，形成我校独有的一套特色武术操体系并能不断更新。

（2）通过对自编武术操的校园推广达到校园传统体育文化的形成，建设具有武术特色的校园体育文化。

（3）完成一套科学的可推广的武术广播操。

（4）形成独特的校园传统体育文化氛围。

（5）通过跟踪研究我校武术队队员成长情况，家长支持情况的调查研究等，学校领导及其他教师对推广武术的态度等，分析业余武术训练对学生成长、发展的一系列影响，总结出利于学生成长、发展的推广方法。

四 研究方法

本课题总体采用行动研究策略，具体采用总体设计，互相协调，以点带面,逐步完善发展。

（1）文献研究和观察法：结合学科特点，借鉴已有的研究成果和经验教训，找到新的生长点，为课题研究提供理论框架和方法论。

（2）问卷调查法：对实验对象进行"自主程度"和"创新能力"问卷调查，问卷调查表在有关专家的指导下进行设计，对实验对象进行实验前后效果问卷调查和组织专家对教学效果全面评估。

（3）实验研究法：全校选择2套广播操开展实验研究。每天不同的广播操进行对比。通过调查问卷的形式，比较学生对新开发的武术操的兴趣与"希望风帆"广播操的不同态度，从而得出改进意见。

五　研究手段

1.理论联系实际，创编武术校本教材，激励学生自我发展

在武术操研究开发过程中，我们始终把民族特色放在首位，既考虑武术的礼仪融入，又考虑锻炼身体的全面性，在我们研究的武术操《英姿少年》中，通过开始的对武术抱拳礼的分解，研究动作节拍与动作速度关系，演变成预备节的动作，让武术礼仪在本操的一开始就体现出来，又通过针对锻炼身体的全面性的各环节设计，完成既有武术风格，又便于学练的武术操形式。本套操共有8节，重点、难点各不相同：预备节的重、难点是武术礼仪抱拳礼的分解掌握；伸展运动的重、难点是身体姿态的调整，对提高挺拔竖脊系统有一定的促进作用；肩胸运动的重、难点是帮助如何掌握虚步与亮掌的上下肢协调运动；踢腿运动的重、难点是通过腿的弹收完成对学生平衡能力的提高以及促进核心力量的发展；体侧运动的重、难点是武术基础步型弓步和马步的转换结合以及身体侧腰的伸展；体转运动的重、难点是核心部位的转动；全身运动的重、难点是武术小组和四种步型在这一节充分融合也是本套武术操最难掌握和充满挑战的一节，掌握了这节操，武术的基本步型也就能完全掌握；整理运动的重、难点是通过太极拳的动作完成呼吸的调整、肢体的放松达到恢复平静的作用。学生通过认真练习本操，展示武术的形体美，逐步完成对民族热情的自我激励作用。

2.以生为本、关注学生发展，从教学实践中找到创作灵感

自编武术操《英姿少年》从创编动作到音乐合成再到推广，无一不把

发展学生作为创作的动力，在动作形成过程中，创编者常常夜不能寐，经常从睡梦中爬起来记录下一闪而过的动作灵感，再经过课堂推敲反复磨炼一节节形成，在考虑音乐伴奏的过程中，编创者同样搜寻和积累了大量的素材，经过反复试听对比，最终确定模板。同样的在找寻读拍童声的过程中，老师们也历尽辛苦，从本校几百个学生资源中一个个去听、去找，通过初选、复选、最后定人再进行培训，都经过复杂的过程；学生教学挂图、教学录像的拍摄也历尽艰辛，有时为了一个镜头往往重复多次。在课题研究的过程中课题组成员都体现了创造性和吃苦耐劳精神，这都是为了能给学生交出一份满意的答卷。

3.融入阳光体育运动，在大课间活动中进行普及、推广

在完成武术操《英姿少年》创编之后，我们将本校全体学生教会并成为课间操、大课间活动的主要内容，定期开展评比促进提高。我们对本套操进行全方面多角度摄像，请同学们做示范，制作DVD光盘，制作镜面示范的挂图。供其他教师进行教学及用于推广和普及。滁州市教育局教研室举办一期武术自编操培训班，对来自全市40多位小学体育教师进行培训，让他们初步掌握了武术自编操的基本技术和教学技能。凤阳县、全椒县、琅琊区、南谯区教育局等地又进行了二级培训，一大批体育教师学会了武术自编操《英姿少年》的技术和教学技能。滁州二小、滁州三小、湖心路小学、会峰小学、腰铺中心小学、明光工小、全椒和凤阳几所小学先后进行了教学及推广工作，成为这些学校大课间一道靓丽的风景线。经过大半年的练习，2012年10月南谯区第三届中学生运动会暨首届小学生趣味运动会开幕式上，来自滁州市逸夫小学、湖心路小学、会峰小学、腰铺中心小学的六百名学生为全区表演了《英姿少年》武术操，2012年11月又在滁州市第十三届中学生田径运动会开幕式上做了精彩展示，受到与会领导和同学们一致好评。

4.打造文化气息，形成武术特色名片

在营造武术特色校园文化氛围过程中，我们首先落实在班级里，通过体育课堂教学，让同学们先学会武术操，掌握武术操的基本要领，逐步理解武术的精神及强身健体的习武目的。在教学和实验过程中，我们邀请到市体育局局长李勇林亲自来校观摩并给予指导，市教育局和体育局其他领导也多次到校给予指导。省体育局领导来滁考察时特意到我校进行了调研和指导。我

们收获很大，更有信心将此工作进行下去，做好做强。我们又通过校园文化背景墙、武术领操员选拔活动、武术队表演、创编武术特色文艺节目、参加各种文艺演出、全市、全区中小学生运动会开幕式的武术操表演等，通过力与美的展现，把中华传统文化之精华武术展现在同学们面前，完成了滁州市逸夫小学的武术文化辐射功能，在滁州市已经形成品牌特色，一支专业的武术团队，一个充满特色的现代化学校正冉冉升起。

六　研究的成果

（一）实践成果

1.学生方面

课题研究者由于提升的理论水平，树立了新的教学、锻炼理念，教学行为有了很大创新，学生的学习方式有了很大变化。

（1）学生学习兴趣增强，主动参与创新实践活动。课堂教学中，学生是学习的主体，我们为学生设计的充满创新的武术操，引导着学生主动参与看、听、想、练等感知活动，如课堂学习中的创编表演活动及创造性表现活动，通过切身体会与感受让学生兴趣增强，让学生学得主动、学得轻松，并在参与过程中得到实践的创新。通过调查得出：学生的爱好武术的兴趣由原来的60%提高到了85%，学习的主动性明显提高，思维能力、创新素质及对肢体语言的学习、掌握能力明显提高。

（2）学生学习心理和行为得到了改善，思维的成熟性得到提高。为了引起学生的关注，我们在活动中注重创设自主参与实践活动的环节，不断创新开拓学生能力的方法，激起学生的求知欲望，增强了学生的学习内驱力，学生的学习由被动接受到积极主动参与，学生的学习兴趣不断提高。学生探究和创新能力得到提高，整体素质得到提升。学生稳定的心理表现和思维的成熟性在各种表演与展示活动中充分体现出来，再不是一上台就紧张、常常出错的那些学生了。通过调查表明：学生在参加区运动会开幕式表演前表现过度紧张的学生数占总数的30%；到了市中学生田径运动会开幕式表演前的调查，过度紧张的学生数减少到总数的15%。

（3）学生身体素质的提高促进了文化课水平的普遍提高。通过国家学生体质健康标准测试，我校学生身体素质指标普遍高于同类学校，立定跳远、仰卧起坐、50米跑等。学习武术自编操不仅学生喜爱，就连家长也全力支持，200名学生参加区、市运动会开幕式表演，得到广大家长的积极支持，没有一位家长因为怕耽误学生学习而不让学生参加演出的。

（4）校武术队张玉蕊同学获得南谯区首届小学生趣味运动会60米项目第一名的成绩，在南谯区经典诵读活动中融入武术表演的《峨眉山月歌》获得第二名的好成绩，学校武术队成立多年，在市级文艺汇演中多次获奖，学生在滁州市二运会武术比赛上多人获得前六名的好成绩，校武术队多次参加市级文艺展演，目前有两名队员在省武术训练基地训练，2013年周冉同学一人获得安徽省武术套路锦标赛女子丙组剑术冠军、枪术第四名、拳术第七名的好成绩，并在全国少年宫武术套路比赛中获得剑术第二名、长拳第三名的好成绩，她将为我市在安徽省第十三届运动会上争得荣誉。

2.教师方面

（1）研究者创新能力增强。教师在研究过程中转变了观念，转变了角色。两年的研究和实践，我觉得最大的收获是开放性思维的自我转变。能对自身工作和任务重新认识与定位，从过去单纯传授知识到和学生一起分享理解，关注学生的全面发展；对师生关系有了重新认识，平等的新型师生关系，让教师由教学中的主角转向"平等中的首席"，从传统的知识传授者转向现代的学生发展的促进者以及创造性成果的研究者。

（2）研究者教学水平得到了提高。认真研究反馈得来的学生、家长、各校老师的意见和建议，不断实践和创新，逐渐完善武术操体系，形成了以下风格。第一，综合性特点，武术操非哪一类套路特点的体现，包容了武术项目发展创新的"高、难、美、新"特色，动作舒展大方、易于学练、便于展示；第二，充满现代气息，武术是中华民族的传统运动形式，同样只有历经发展创新，才能不断适应时代，本课题旨在研究在武术基础阶段如何适应时代发展的锻炼、推广形式，所以在本套操的开发形成过程中与时俱进，新颖别致的武术操便是激发学生兴趣的最好手段，时尚的音乐，优美、飒爽的动作形成了现代风格。

（3）课题研究者提高了科研能力。教科研是提高教师业务素质的捷径。在课题研究之初，我们对"科研"充满了神秘、神圣感，觉得遥不可及，可亲密接触之后，才发现科研就在我们身边，科研是为了解决存在的实际问题，才知道课题研究的步骤和方法。为了更好地研究，我们利用业余时间学习，拓宽和加深自己的知识领域，提高分析处理信息能力；做调查研究，去获取与课题相关的种种信息。课题研究让自己正逐步由"教育型教师"向"研究型教师"转变。吴伟峰的论文获省级二等奖，高波的论文《通过小学生武术操的创编培养小学生对武术运动的兴趣》获得省二等奖；李拥军论文获省一等奖，陈艳的论文获得市级一等奖，王杨、储德刚的论文获市、区奖项……

（二）理论成果

（1）创编设计了武术操《英姿少年》。

（2）制作了武术操《英姿少年》教学挂图。

（3）摄制了武术操《英姿少年》教学视频。

（4）编写了武术操《英姿少年》教师参考书。

（5）完成课题组教师论文汇编、教学案例等汇编。

（三）其他成果

"一花引来百花开"。武术操项目的教学、推广推动了学校教育教学的全面发展，激发了全体师生的学习和工作热情，两年来学校先后获得各级表彰：2011年滁州市市级文明单位，同年9月我校被南谯区政府评为南谯区"教育系统先进集体"；2012年3月被南谯区教育局授予"优秀学校"，2012年9月26日，在南谯区文明委主办、区教育局承办的"喜迎党的十八大，中秋国庆家国情"中小学经典诵读活动中，我校选送的节目荣获二等奖，在9月28日由滁州市文明委主办的"'联通杯'我们的节日——中秋节·国庆节中华经典诵读"比赛中，我校的《峨眉山月歌》再获三等奖。2012年10月，在南谯区教育局举办的首届小学生趣味运动会上，我校小运动员发扬顽强拼搏的精神，勇夺三个单项冠军和团体总分第一名的骄人成绩，党的"十八大"召开前夕，我校师生组成的合唱团在区教育局主办的"颂歌献给党，喜迎党的十八大"大合唱比赛中，我校荣获了最高奖项——特等奖；2011年暑期举行的航模和电脑绘画比赛中，我校学生在代表南谯区获得市级一等奖的佳绩后，又代表滁州市参加全省比赛，也取得了较好的成绩；全区教育系统"颂歌献给党 喜迎十八大"文艺会演特等奖。

另外，随着武术操项目的开展，教师情绪得到良好拉动，教学业务逐步提升：2011年4月，戴松堂、高波两位教师一路过关斩将，均被评为南谯区教坛新星；戴松堂同志获得了滁州市思想品德说课一等奖，南谯区小学语文教学大赛一等奖；高波同志获得了滁州市体育优质课一等奖；郑晓玲同志获得南谯区小学语文课堂教学大赛一等奖，并代表南谯区参加市级比赛获得二等奖；周艳同志也迅速成长起来，2010年获市教学设计二等奖，2011年获得南谯区"创先争优在行动"演讲比赛三等奖，12月中旬在城区片教研活动中做了一节精彩的观摩课；汪洋、方祖文、储德刚、高波、王杨、陈艳等同志的教学论文在市区论文评比中成绩显著。郑晓玲、王爱华两位老师在南谯区班主任工作论文评比中表现突出。方祖文、高波两位老师力压群雄，双双荣获"滁州市骨干教师"称号，在刚刚结束的南谯区教坛新星评选中，我校周艳、郑晓玲双双折桂被评为南谯区教坛新星。

七　问题与思考

经过两年来的探索，对"小学生武术操的创编、教学及推广"的课题研究已经形成了一定的认识，并采取了一系列有效、有力的措施推动了课题研究的进行，取得了一定的成果。但由于学生学习本身的复杂性，创新教育理论的开创性以及自身认识的局限性，课题的研究还存在着许多问题和不足之处，主要有以下几个方面。

（一）"小学生武术操推广评价体系"需要完善

"武术操"是一个新鲜的事物，尽管我们从学习习惯、学习方法、学习能力和学习效果等方面作了探讨，但就一些问题还需作进一步研究，如对于学生的创新意识、创新能力的衡量、测查等，我们还需要得到领导、专家、学者的大力支持，使其评价体系日臻完善。

（二）继续坚持，发扬光大

武术是中华民族的瑰宝，将这一运动发扬光大是我们义不容辞的责任，只有坚持创新，坚持为项目特点群策群力，我们的国粹才会永葆青春。

（三）如何进行下一步的研究

小学生武术操的创编、教学及推广课题虽然告一段落，但我们的思考还没有停止，武术进入奥运会这一远大目标尚未实现，作为我们体育人如何能为这一目标的实现贡献自己的热血和力量？

　　本课题的研究即将结束，但对我来说科研才刚刚起步，课题组还准备创编第二套武术自编操，把大课间的内容更加丰富起来，在滁州市中小学开展大课间活动中独树一帜，我们会在今后的教育、教学工作中，不断探索，不断创新，促使自己成为科研型的教师，为提高自身教育科研水平再上新台阶而不懈努力。

《学校标准化建设后发展策略探索》开题报告

滁州市第六中学省级课题（JG12127）

滁州市第六中学* 柴树云

开题形式：专家论证

开题日期：2013年1月5日

一 课题提出的背景

美国学者罗尔斯认为，"一个合理的正义社会应该是为了弱者的最大福利"。教育公平是社会公平的起点和核心[②]，但中国的教育公平现状并不乐观，具体表现在：(1)社会仍有学龄人员丧失受教育的机会；(2)不同学校的教育质量存在很大差距；(3)义务教育的均衡发展中，仍存在"择校"和"就近

---

* 滁州市第六中学简介

滁州六中创建于2010年9月，校园占地面积48000平方米，现有教职工94人，具备36个教学班的办学规模。建有标准化教学楼、实验楼、艺术楼、行政楼、图书楼、学生食堂和标准400米跑道运动场。校园布局合理，办学功能齐全。

学校依托科学的管理模式、精良的师资队伍、一流的教学设施，坚持"依法治校、以德立校、质量强校、科研兴校、特色办校"的办学思想，依托"办规范加特色学校，育全面加特长学生"的办学理念，全面贯彻党的教育方针，以教促研，以研促教，全面推进素质教育，不断提高教育教学质量，着力打造学生向往的学习乐园。

① 教育部基础教育一司:《2010—2012义务教育均衡发展—县域实施》，教育科学出版社2012年版。

入学"原则的冲突，重点校(班)和薄弱校(班)的冲突；(4)教育特权、教育腐败和教育乱收费问题；(5)贫困学生与弱势群体问题等方面。义务教育均衡发展是实现教育公平最直接、最现实的举措，是促进社会和谐的基石。而学校标准化建设是实现教育均衡化发展的重要基础。学校标准化建设后如何发挥其教育效益和社会效益，是我们必须思考的问题。

《国家中长期教育改革和发展规划纲要》（2010—2020）与《安徽省中长期教育改革和发展规划纲要》（2010—2020）共同强调指出，教育改革和发展要遵循"优先发展、育人为本、改革创新、促进公平、提高质量"的工作方针。公平、均衡、优质是国家中长期教育改革与发展的主题[①]。这就要求我们更新教育观念，以学生为主体，发展学生的个性作为学校教育工作的出发点和落脚点；把学生的全面发展、适应社会需求作为衡量教育质量的根本标准。学校标准化建设后的重要任务应是改革创新办学理念和管理理念，坚持以人为本，优化学校管理，提高教育教学质量，丰富学校内涵，培植学校特色，促进学生全面发展，提升学校品位。

安徽省在2008年启动义务教育阶段学校标准化建设项目。《安徽省义务教育阶段学校标准化建设实施办法》（2012年4月16日）中明确指出：至2015年全省将建成标准化学校12800所，义务教育学校标准化率为94.4%。至2015年将有82个县（市、区）实现县域义务教育基本均衡，2020年全省105个县（市、区）实现县域义务教育基本均衡。

2007年南谯区被安徽省教育厅表彰为"全省义务教育均衡发展先进县（区）"（全省12个）。滁州市第六中学是由滁州市市政府批准筹建、整体划归南谯区教育局管辖的一所全日制公办初级中学，是一所按现行办学标准兴建的标准化学校，2010年秋季建成招生。学校硬件设施居全区前列，但与之配套的办学管理机制还处于完善阶段，鉴于此，我们有必要开展《学校标准化建设后发展策略探索》的课题研究，明确学校发展的方向、探索学校发展的策略，促进学校教学质量的整体提高。

---

① 王定华：《全面推进义务教育均衡发展》，人民教育出版社2012年版。

二 国内外同一研究领域的现状与趋势分析

各国在教育现代化过程中，实现教育公平的途径是大致相同的：在物质层面上主要在于优质教育资源相对均衡配置，使受教育者有相对平等的受教育机会与条件，能得到同等的对待与支持；在制度层面上主要在于保障受教育权利平等的实现；在意识层面上主要在于关注每个学生潜能的最大限度的发展，并为之提供最适宜的发展环境和条件。

西方发达国家以及邻近的日本、韩国都有许多成功的经验和模式，国内台湾地区也有比较好的做法。省内外对义务教育学校标准化建设的研究，重点在初中标准化建设的意义与标准化建设的策略方面，涉及初中标准化建设完成后学校发展的策略研究很少，目前武汉市钢城十三中2009年启动该项研究。

三 课题的界定

本课题基于滁州六中标准化建设后，学校教育教学工作、教育教学质量和教育教学管理等问题进行探索研究，力求整合学校各项硬件设施、学校各部门、各位教职工，以及社会等多方面教育教学资源，创新教育教学新途径，探索建立一套行之有效的教育教学管理策略。本课题研究的开展基于对以下几个概念的界定。

1.策略

根据我们日常对"策略"的理解，就是为了实现某一个目标，预先根据可能出现的问题制订的若干对应的方案，并且，在实现目标的过程中，根据形势的发展和变化来制订出新的方案，或者根据形势的发展和变化来选择相应的方案，最终实现目标。

2.标准化学校

所谓标准化学校建设，就是使学校在师资、用地、校舍、现代信息技术教育设施、教学仪器设备、图书室、音体美器材、学生生活服务设施和学校管理、教育教学等方面，达到国家和省规定的基本标准的学校。

3.课题研究的目标

①全面发挥标准化建设的作用，提高教育教学效率，提升学校品位。

②以"改善教育教学品质、提高教育教学质量"为目标，探索标准化建设后学校教师业务能力发展的途径和方法，增强教师主动发展意识，加强教师队伍建设。

③坚持以人为本，丰富学校内涵，培植学校特色，促进学生全面发展，提升学校品位。

④完善学校管理制度，形成学校精细化管理机制。

四 课题研究的目的、实践意义

1.课题研究的目的

我校是一所按现行办学标准兴建的标准化学校，所有教师都是通过公开招聘和择优选调而来。但学校的办学能力、办学水平并没有得到实际检验和社会、家长以及学生的认可。目前学校发展面临巨大压力。学校标准化建设后，怎样破解困扰学校发展的难题？本课题针对到初中标准化建设后的发展策略研究，有利于全面发挥标准化建设的作用，有利于促进标准化建设学校的内涵发展，力求把我校打造成为安徽省示范初中，在全市初中学校中起到引领和示范作用。

2.课题研究的意义

本课题研究对践行科学发展观的理念，促进和谐社会的构建，从而真正办成"让人民满意的教育"，从合格的标准化教育发展为优质教育，具有比较突出的应用价值和现实意义。探索标准化建设后学校发展的途径和方法，实践以人为本，主动发展的办学理念，为其他兄弟学校标准化建设的发展提供借鉴。

五 课题研究的主要内容

本课题于2012年11月被安徽省教育厅教育科学规划领导小组选定为教育科研立项课题。2013年1月5日，在专家的指导下，对课题实施方案进行了修订，最终确定四个专题，具体内容如下：

（1）第一专题：初中标准化建设后教学设备高效利用策略研究

①教学设备高效利用对提升学生素质影响的探索研究；

②教学设备高效利用对提升学校声誉影响的探索研究。

（2）第二专题：初中标准化建设后教师业务能力素质提高的策略研究

①新课标背景下班主任管理方式的探索研究；

②教师参与教研活动实效性的探索研究；

③新课标背景下教师创建"满意课堂"教学活动的探索研究。

（3）第三专题：初中标准化建设后学校特色发展的策略研究

①新课标背景下英语高效课堂的探索研究；

②校园文化中音乐课外活动的探索研究；

③留守儿童教育的探索研究。

（4）第四专题：初中标准化建设后高效的教学质量评估机制的策略研究

①健全教学管理评估制度的探索研究；

②教师业务素质评价策略的探索研究；

③学生成长评价策略的探索研究。

六　课题研究的方法

（1）对比研究法：对滁州市城区部分初中标准化建设后的学校发展情况进行比较分析得出一些基本的结论。

（2）行动研究法：强调教学行为与科学研究相结合，在研究过程中改进实际工作、解决实践问题为首要目标。我们采用行动法主要目的是针对教育活动和实践中的问题，在行动研究中不断地探索、改进和解决标准化建设后教育教学上的实际问题。

（3）抽样研究法：指从研究对象的全部单位中抽取一部分单位进行考察和分析的方法，我们所进行的课题研究，将选取一些典型的案例进行分析和研究。比如课堂教学的案例、学生成长案例、教师的叙事案例等。

（4）调查研究法：用问卷、座谈等形式，获取第一手资料。在前期工作中需要用调查研究法调查标准化建设的现状和相关数据，作为后期研究的依据。

（5）文献研究法：充分利用网络、报刊、杂志等资源，收集国内外有关义务教育均衡发展的典型案例和成功做法，学习借鉴有益的经验。

七　完成课题的可行性

（一）南谯区教育概况

南谯区现有1所普通高中、15所初中、27所小学，1所区直市级示范幼儿园，1所省级示范职业高中，1所教师进修学校，2所民办中学，1所民办小学。

南谯区素有尊师重教的优良传统。区委、区政府历来把教育放在优先发展的战略位置，不断加大投入，推进教育事业又好又快发展。

当前，南谯教育在区委区政府正确领导下，在上级教育部门业务指导下，整合教育资源、优化师资水平、规范教育管理，不断推进全区教育事业科学发展，走均衡、优质、特色、规范的南谯教育改革发展之路。

南谯区先后被安徽省教育厅表彰为"全省义务教育管理体制改革样本县（区）"（全省15个）；"全省基础教育先进县（区）"（全省10个）；"全省义务教育均衡发展先进县（区）"（全省12个）。全区正在推进义务教育均衡发展。

（二）学校基本概况

1.切实落实义务教育学校标准化建设工程

我校整体面积4.8万平方米，校舍建筑面积2.2万平方米。建有高标准的教学楼3栋，图书馆、艺术楼、实验楼、行政办公楼及食堂各1栋，另建有10720平方米的标准400米跑道运动场。

2.强化保障教师队伍建设工程

我校现有教职工94人，所有教师都是通过公开招聘和择优调入而来，其中专职教师90人；中学高级教师17人，中学一级教师29人；全国优秀教师1名；省模范教师1名；市名师1名；市级优秀教师、模范教师、骨干教师、教坛新星、师德之星共18名。思想素质高，教学能力强，教学成绩突出。建校两年来在各项竞赛活动中，教师个人取得了一百多项奖励，辅导学生参赛获得数十项荣誉，有两项省级课题被立项。

3.学校在教育发展过程中的主要做法

①严格执行上级文件精神，制定了科学合理的发展规划和办学章程。保

障了各项工作的有序、合理、高效的开展。学校自建校至今短短的两年时间内先后获得了滁州市文明单位、滁州市绿色学校、滁州市南谯区校本教研先进集体等多项荣誉。

②高度重视提高教育质量，办人民满意学校，本学期我校共有在校生1222人，学生数逐年提升。我校注重德育教育，建校初期我校就制定了学生和教师的德育规划，开展了各种德育教育活动（如师德学习活动、学雷锋活动、经典天天读活动等），师生的个人修养均获得了极大提升，整个校园洋溢着温馨和谐的气氛。教学管理方面，我校制定了相关工作制度。强化师生管理，保障教学工作正常开展，教学质量稳步提升。定期开展学生评教和家长问卷调查活动。并以活动反馈信息为指导，修正我校工作思路和方法，努力办成一所让人民满意的学校。

③落实义务教育关爱工程。我校成立了以校长为组长的留守儿童工作领导小组，建立各种相关制度，强化留守儿童之家建设。除教育局安排的工作外，结合我校实际，开展多种多样的留守儿童活动，保障留守儿童学习、成长等各方面得到发展。这项工作取得了良好的成效，学生及家长满意度极高。

④将义务教育均衡发展经费投入保障机制落到实处，我校建立了财务管理制度，成立了各种财务管理、监督小组，使各项经费使用公开、透明、有序。经费使用保障机制的认真落实，为我校各项工作能够顺利开展奠定了扎实基础。

（三）课题研究的支撑性理论

1.义务教育理论

《国家中长期教育改革和发展规划纲要》（2010—2020）与《安徽省中长期教育改革和发展规划纲要》（2010—2020）共同强调指出，教育改革和发展要遵循"优先发展、育人为本、改革创新、促进公平、提高质量"的工作方针。这就要求我们坚持以人为本，优化学校管理，改革创新办学策略，发展学校特色教育，促进学生全面发展。

2.建构主义理论

学习是个体主动建构内部心理表征的过程。建构主义学习观认为，学习不是由教师把知识简单地传递给学生，而是由学生自己建构知识过程，学习过程包括两方面的建构：一是对新信息的意义建构，另一方面是对原有经验结构的改造和重组。不同的学习者基于原有的经验，可能以不同的方式来建构对事物的理解，产生不同的建构结果。建构主义学生观认为，学生角色是教学活动的积极参与者和积极建构者。建构主义教师观认为，教师是学生建构知识的忠实支持者，是学生建构知识的帮助者和引导者。建构主义学习环境观认为，学习者的知识是在一定情境下，用探索法和发现法去建构知识的意义，同时借助于他人帮助进行意义的建构而获得。理想的学习环境包括情境、协作、交流和意义建构。

3.主体教育理论

主体教育理论认为，受教育者是教育活动的主体，教育就是唤起受教育者的主体意识，激发受教育者的自主性、能动性和创造性，使教育成为主体的内在需要，成为主体自主建构的实践活动。

4.多元智能理论

多元智能理论智力观认为，人的智力由多种智能构成，真正有效的教育必须认识到智力的广泛性和多样性，培养和发展学生各方面的能力有同等重要地位。多元智能理论教学观认为，每个人都不同程度地拥有相对独立的八种智力，因此教学方法和手段应根据教学对象和教学内容的不同而灵活多样，因材施教。多元智能理论学生观认为每个人都有独特的智力结构和学习方法，教师应该采取符合不同学生特点的教学方法进行有效施教，发挥其特长。多元智能理论评价观认为人的智力不是单一能力，学校的评价指标、评价方式也应多元化。

（四）课题组成员的研究能力较强

课题小组的研究成员都是本科以上学历，学习能力、研究能力和研究经验都很强，其中唐宜峰承担的市级体育科研课题《高中体育特长生道德品质教育初探》已结题，柴树云与滁州学院杨慧卿承担的2008年省级课题《中学数学理解性教学的研究与实践》（JG08127）已结题，陈宝喜科长作为南谯区中小学标准化学校建设工作的领导，对标准化学校建设理论和实际操作情况都非常熟悉，且具有扎实的理论研究基础。其他的研究成员都来自教学第一线，教育教学教研能力都很强，为课题的研究提供了有力的保障，我们有信心、有能力去完成此课题任务。

八 具体分工

唐宜峰负责研究活动的安排、整体设计以及第一专题、第四专题组的课题研究指导。

柴树云负责课题的整体设计、指导策划工作以及第二专题、第三专组的课题研究指导。

第一专题组组长：陈宝喜；第二专题组组长：许培舜；第三专题组组长：贾芳梅；第四专题组组长：张斯琼。

具体分工见表1。

表1　　　　　　　　　　　　课题组成员分工表

课题组	姓名	具体分工任务
第一专题组	杨宜俊 彭书春	教学设备高效利用对提升学生素质影响的探索研究
	陈宝喜 刘尚章	教学设备高效利用对提升学校声誉影响的探索研究
第二专题组	许培舜	教师参与教研活动实效性的探索研究
	惠保成	新课标背景下班主任管理方式的探索研究
	王道文	新课标背景下教师创建"满意课堂"教学活动的探索研究
第三专题组	贾芳梅	留守儿童教育的探索研究
	张立菊	新课标背景下英语高效课堂的探索研究
	朱　敏	校园文化中音乐课外活动的探索研究
第四专题组	张斯琼	健全教学管理评估制度的探索研究
	刘文齐	教师业务素质评价策略的探索研究
	储　江	学生成长评价策略的探索研究

九 研究过程、步骤

(一)研究过程

第一阶段：准备阶段（2012年4月—2012年11月）

课题研究的可行性考察、论证，制订课题研究方案。

第二阶段：制订计划阶段（2012年11月—2013年1月）

收集资料、针对课题研究内容制订研究步骤与计划，进行开题论证。

第三阶段：实施研究阶段（2013年2月—2013年12月）

（1）各专题全面开展研究。

（2）专题研讨，总结各专题出现的问题，探讨学校标准化建设后发展策略和实践探索。

（3）系统总结与反思，形成研究成果提升为理论，完成中期报告和研究论文。

第四阶段：检查、总结、验收阶段（2014年1月—2014年10月）

（1）资料检查分析处理，推广实施学校标准化建设后发展策略并进行反馈，完善成果。

（2）完成课题研究报告。

（3）整理材料，做好验收前的准备工作，申请结题验收。

（二）具体研究步骤及时间安排

1.第一专题组实施方案

（1）2012年11—12月，由陈宝喜组织全组成员学习相关的业务知识和理论，了解本课题国内外研究现状，研讨本课题研究的目标、方案和步骤。

（2）2013年1月，确定专题组实施方案，全组人员按各自负责研究的专题内容进行考察调研，摸清家底，掌握我校标准化建设成果，收集图片资料，撰写调查报告。

（3）2013年2—9月，①由杨宜俊、彭书春负责，对我校现代化教学设备管理、使用全方位的跟踪调查，包括校舍、场地、器材、图书等方方面面，重点调查设备的利用率和使用效果，并组织一系列公开课、观摩课，做好信息采集、图片汇总、影像记录工作，检验在标准化条件下，设备使用与否对学生素质的影响，调研现代化教学设备的使用对学生全面素质提高的促进作用，撰写结论性报告。②由陈宝喜、刘尚章负责，调研我校在社会、家长、学生以及教育主管部门心目中声誉情况，以及我校承担的各类教研活动、学科竞赛、音体美比赛、科技创新竞赛等相关信息，汇总我校在标准化条件下教科研取得的各类优异成绩、学生竞赛成绩、期中期末总体成绩，总结标准化建设对学校发展的积极影响。

（4）2013年10月，本专题组成员总结前期科研成果，撰写中期报告。

（5）2013年11—12月，总结探索出适合我校发展中长期标准化策略。

（6）2014年1—6月，在教学中开展标准化建设后教学设备高效利用策略的实践和推广活动。

（7）2014年7—9月，成果展示汇报，撰写结题报告。

2.第二专题组实施方案

（1）2012年11—12月，第二专题组学习教师参与教研活动实效性、新课标背景下班主任管理方式以及新课标背景下教师创建"满意课堂"教学活动的相关理论，了解国内外研究现状，研讨研究计划和方案。

（2）2013年1月，确定专题组研究计划和实施方案。

（3）2013年1—3月，专题组成员收集相关资料，以图片、影像、文字等方式呈现。

（4）2013年4—9月，对前期的资料进行整合、分析，结合我校的实际状况，寻找问题存在的原因，提炼优势做法，形成具体研究方案。具体安排如下：

① 许培舜深入各教研组，与教研组组长及科任教师研讨关于集体备课、公开课、评课议课等问题，探索出有利于提高教师教育教学水平的高效教研形式的策略。

② 惠保成利用问卷调查形式深入各班级，与班主任探讨关于班委会成员合理配置、学生个性教育培养以及学生全面发展等问题，探索出班主任管理方式的有效策略。

③ 王道文利用问卷调查形式深入各学科，与学科教师研讨关于课堂组织管理、教学实施环节以及教学反思等问题，通过校内公开课、各级优质课活动评比、各级基本功大赛评比等实践活动，分析探索出创建"满意课堂"教学活动、促进教师业务能力提高的有效策略。

（5）2013年8—9月，第二专题组成员收集、整理资料，总结前期科研成果。2013年10月，撰写中期报告。

（6）2013年11—12月，提炼初中标准化建设后教师业务能力素质提高的策略。

（7）2014年1—6月，开展标准化建设后对教师业务能力素质提高的策略的实践活动并进行第二次实践问卷调查。

（8）2014年7—9月，成果展示汇报，撰写结题报告。

3.第三专题组实施方案

（1）2012年11—12月，第三专题组学习新课标背景下英语高效课堂的探索研究、校园文化中音乐课外活动的探索研究及留守儿童教育的相关理论，研讨研究计划和实施方案。

（2）2013年1月，确定专题组研究计划和实施方案。

（3）2013年1—3月，专题组成员收集相关资料，以图片、影像、文字等方式呈现。

（4）2013年4—9月，对前期的资料进行整合、分析，结合我校的实际状况，形成具体研究方案，具体安排如下：

① 张立菊通过抽样调查和问卷调查，了解新课标背景下英语高效课堂的探索研究的实施情况，利用个案研究，分析学生个体在知识能力、思维能力、动手操作能力、师生关系等方面的发展变化，探究新课标背景下英语高效课堂教学的有效策略。

② 朱敏通过问卷调查和个案的分析，总结音乐的特色教育对中学生全面发展的促进作用。具体有：音乐课堂的均衡与协作教学，校园文化中音乐课外活动的开展，探究音乐课外活动特色教学的有效策略。

③ 贾芳梅以问卷调查、家访以及和留守儿童父母电话联系等方式，调查研究本校内留守儿童家庭教育以及学校教育的现状。探究留守儿童特色教育的有效策略。

④ 2013年8—9月，全组成员，整理收集相关资料，总结本课题中出现的问题。

（5）2013年10月，撰写中期报告。2013年11—12月，形成学校特色教育发展的策略。

（6）2014年1—6月，进一步分析处理有关数据，提炼有效的特色教育发展策略，进行教育实践活动。

（7）2014年7—9月，成果展示汇报，撰写结题报告。

4.第四专题组实施方案

（1）2012年12月，张斯琼组织本组成员学习有关国内外学校先进教育教学理念，研讨本专题的研究方向、步骤和方案。

（2）2013年1月，确定专题研究计划和实施方案。

（3）2013年2—9月

① 张斯琼通过收集关于教学管理评估制度的文献资料，进行研究，并根据学校现行各项教学管理制度存在的不足，对教学的促进作用进行调查，并以问卷调查方式，在教师、学生及学生家长中展开全方位的调研，提出对学校教学、学生学习有促进作用的建议，收集调研的结果，撰写中期研究性报告，提出整改方案，报经校领导班子研究，制定新的教学管理评估制度，在学校实施检验。通过前后比较，形成结论，写出总结性报告。

② 刘文齐收集关于教师业务素质评价的学术论断（文献资料）和各类学校行之有效的方法，以及促进教师业务素质水平提升和发展的措施，结合本校原有的做法进行对照研究，如教师业务档案管理、教师业务素质评价具体指标、教师业务能力衡量及评价方法、考评方法、激励方法，并以问卷调查方式在学生、教师中调研，集思广益，重点通过对教师和学生反馈信息的研究，探索出适合教师业务素质发展，提高我校教育教学整体水平的教育教学效果评价机制，写出整改报告，上报学校研究。

③ 储江通过收集关于学生成长评价策略的文献资料和各类学校行之有效的方法，结合学习国内外先进的学生评价方法，制定出学生全面发展评价的数据标准，选用不同的学生评价方式在学校各班级实施对照，通过数据比较、研究，找出差异及产生的原因，进行选优、整合，提炼出更适合我校学生成长的评价策略，写出研究报告。再把总结出来的学生成长策略运用于学生评价中，进行检测，考察论证。

（4）2013年10月，整理收集相关资料，总结研究成果，撰写中期报告。

（5）2013年11月—2014年6月，进行教育实践活动，展示教育教学成果，提炼出初中标准化建设后高效教学质量评估机制的策略。

（6）2014年7—9月，专题成果展示汇报，撰写结题报告。

十　课题研究的保障措施

为了课题研究的顺利实施，我们主要开展了以下工作：

1. 组织保证

健全研究机构，成立了以唐校长为组长的科研课题组，加强课题组的领导、协调。按照实施方案，对课题组成员分工进行了进一步细化，明确各自的职责，做到研究任务、时间、人员三落实。

2. 制度保证

制定课题管理条例，规范学习、研究制度，定期召开专题会议。

3. 经费保证

滁州六中设立课题研究专项经费，保证研究过程中相关书籍、必要设备的添置及外出学习、开展活动等经费来源。

4. 技术保证

采取"请进来、走出去"的方式，学校开展了一系列专题学习和专项培训，提高课题组成员的理论水平，掌握教科研的基本理论知识和方法，提升课题组成员的教科研能力。

5. 课题组做到教学科研化

教学科研化，使学校教育教学与教育科研同步发展、共同提高。要求课题组成员根据自己承担的课题内容，采用问卷、座谈和资料收集等方式展开调研，掌握了大量的第一手资料；并且在教育教学实践的基础上，每学期至少撰写一篇相关的教学总结、论文、案例，并上一节校级以上的研讨或展示课。

6. 及时总结，合理调整

课题组在专题会议上，集思广益，对研究中的一些好的做法，较完善的成果及时予以总结推广。在专家的指导下，对研究中出现的偏差和问题，根据实际情况及时做出合理的调整、修正。

十一　预期成果形式

1. 成果形式

结题研究报告、论文、展示汇报课、教学及活动案例集锦、电子简报、录像光盘等。

2. 预期设想

打造和谐魅力校园，教师乐业敬业，学生乐学好学。

《学校标准化建设后发展策略探索》课题结题报告

滁州市第六中学省级课题（JG12127）

滁州六中　柴树云

　　社会发展、民族振兴、国家富强，关键在于教育的发展、人才的培养。在知识经济日新月异、教育现代化一日千里的背景下，学校也应该与时俱进，配置现代化的教学设备，完成标准化建设并探索现代化的教育管理和教学方法。教师要转变思想，更新观念，有效利用现代化的教学资源，全面培养学生综合素质，全面提高教育教学质量。我们研究的课题就从这里出发！

一　课题提出的背景

　　滁州市第六中学是由滁州市政府批准筹建、整体划归南谯区教育局管辖的一所全日制公办初级中学，是一所按现行办学标准兴建的标准化学校。我校整体面积4.8万平方米，校舍建筑面积2.2万平方米。建有高标准的教学楼3栋，图书馆、艺术楼、实验楼、行政办公楼及食堂各1栋，另建有10720平方米的标准400米跑道运动场。我校现有教职工94人，专职教师90人。所有教师都是通过公开招聘和择优调入而来，其中中学高级教师17人，中学一级教师29人；全国优秀教师1名；省模范教师1名；市名师1名；市级优秀教师、模范教师、骨干教师、教坛新星、师德之星共18名。现在，学校标准化建设业已完成，学校硬件设施居全区前列。为了进一步明确学校发展的方向、探索学校发展的策略，促进学校教育教学质量的提高，我校开展省级课题《学校标准化建设后发展策略探索》研究。

图1　滁州市第六中学校门

二　课题研究的意义

第一，本课题针对初中标准化建设后发展策略的研究，有利于全面发挥标准化建设的作用，践行科学发展观的理念，促进和谐社会的构建，办"人民满意的教育"，从合格的标准化教育发展为优质教育，具有比较突出的应用价值和现实意义。

第二，本课题探索标准化建设后学校发展的途径和方法，实践以人为本，主动发展的办学理念，促进我校内涵发展，力求把我校打造成为安徽省示范初中，并为其他兄弟学校标准化建设的发展提供借鉴。

三　课题研究的理论依据

1.素质教育理论

素质教育是为实现教育方针规定的目标，着眼于受教育者群体和社会长远发展的要求，以面向全体学生、全面提高学生的基本素质为根本目的，以注重开发受教育者的潜能、促进受教育者德智体诸方面生动活泼地发展为基本特征的教育。

2.协同理论

协同理论认为，千差万别的系统，尽管其属性不同，但在整个环境中，各个系统间存在着相互影响而又相互合作的关系。其中也包括通常的社会现象，如不同单位间的相互配合与协作，部门间关系的协调，企业间相互竞争的作用，以及系统中的相互干扰和制约等。

3.成功教育理论

成功教育是追求学生潜能发现、发展的教育，是学生自我教育能力提高的教育。成功教育是为每个学生创造成功机会的教育，它以学生获得学习上的成功为途径，以表扬、鼓励为手段，以全面提高学生素质为目的的素质教育模式。

4.主体教育理论

主体教育理论认为，受教育者是教育活动的主体，教育就是唤起受教育者的主体意识，激发受教育者的自主性、能动性和创造性，使教育成为主体的内在需要，成为主体自主建构的实践活动。

5.多元智能理论

多元智能理论认为，不同的智能领域都有自己独特的发展过程。因此，教师的教学方法和手段应根据不同的教学内容有所不同。同时，同样的教学内容，又应该根据不同学生的智能特点进行教学，创造适合不同学生接受能力的教育方法和手段，并能够促进每个学生全面的多元智能发展，应尽可能鼓励学生建立自己的学习目标，大胆创造；教师应尊重学生对自己认知风格的意识，并给予机会去管理自己的学习，帮助学生发挥自己创造潜能与发展自己的创造潜力。

四　课题研究的目标

第一，全面发挥标准化建设的作用，提高教育教学效率，提升学校品位。

第二，以"改善教育教学品质、提高教育教学质量"为目标，探索标准化建设后教师业务能力发展的途径和方法，增强教师主动发展意识，加强教师队伍建设。

第三，坚持以人为本，丰富学校内涵，培植学校特色，促进学生全面发展。

第四，完善学校管理制度，形成学校精细化管理机制。

五　课题研究的主要内容

第一专题：初中标准化建设后教学设备高效利用策略研究

（1）教学设备高效利用对提升学生素质影响的探索研究；

（2）教学设备高效利用对提升学校声誉影响的探索研究。

第二专题：初中标准化建设后教师业务能力素质提高的策略研究

（1）新课标背景下班主任管理方式的探索研究；

（2）教师参与教研活动实效性的探索研究；

（3）新课标背景下教师创建"满意课堂"教学活动的探索研究。

第三专题：初中标准化建设后学校特色发展的策略研究

（1）新课标背景下英语高效课堂的探索研究；

（2）校园文化中音乐课外活动的探索研究；

（3）留守儿童教育的探索研究。

第四专题：初中标准化建设后高效的教学质量评估机制的策略研究

（1）健全教学管理评估制度的探索研究；

（2）教师业务素质评价策略的探索研究；

（3）学生成长评价策略的探索研究。

六　课题研究的方法

1.对比研究法

对初中学校标准化建设前后情况进行比较，对若干所初中标准化建设后的学校发展情况进行比较分析，得出一些基本的结论。

2.个案研究法

包括对一个或几个个案材料的收集、记录，并写出个案报告。通常采用观察、面谈、收集文件证据、描述统计、问卷、图片、录像资料等方法。我们将选取一些典型的案例进行分析和研究。

3.调查研究法

采用问卷、座谈等形式，获取第一手资料。在前期工作中需要用调查研究法调查标准化建设的现状和相关数据，作为后期研究的依据。

4.文献研究法

充分利用网络、报刊、杂志等资源，收集国内外有关文献，学习借鉴有益的经验。

5.行动研究法

强调教学行为与科学研究相结合，强调行动过程与研究相结合，以提高行动质量、改进实际工作、解决实践问题为首要目标。我们采用行动法主要目的是针对教育活动和实践中的问题，在行动研究中不断地探索、改进和解决标准化建设后教育教学上的实际问题。

6.抽样研究法

指从研究对象的全部单位中抽取一部分单位进行考察和分析，并用这部分单位的数量特征去推断总体的数量特征的一种调查方法。

七　课题研究的步骤

（1）理论学习：学习相关理论,明确任务和方向。

（2）调查研究：开展一系列调查，掌握第一手资料。

（3）理论探索：分析资料，得出结论，写出论文。

（4）中期成果：阶段性总结，写出中期报告。

（5）案例研究：研究相关案例，得出结论。

（6）理论创新：写出论文。

（7）结题报告：总结，写出结题报告。

八　课题研究的主要过程

（1）开题后，各专题组成员按照课题组总体计划和安排，组织学习相关理论，制订各项计划，明确研究方向和各自阶段性任务。

（2）课题组成员从平时教育教学、教研活动、课外活动、社会实践活动、报纸杂志及文献资料等各环节入手，着手调查研究，收集大量的第一手资料。

（3）各专题组成员对收集的资料进行讨论、整理、分析，从中得出相应的结论，并据此写出相关的论文。

（4）各专题组依据各自研究需要，进行几次问卷调查，写出分析报告，得出相应的结论，尽量做到客观、科学、有说服力。

（5）各专题组对以上工作进行细致的梳理和总结，得出一般性结论，据此写出中期报告。

（6）各专题组成员从各自的研究领域，针对各自的研究专题，收集相关案例，做出细致的分析，得到了比较科学的结论，写出案例调查报告。

（7）各专题组成员在此前所有工作的基础上，进一步探讨分析，与其他专题组成员密切交流，并依照以上问卷调查、文献调查、案例调查、中期报告等研究成果，认真讨论分析，形成各自策略，写出相应的论文。

（8）各专题组梳理总结整个研究工作过程，归纳专题组的调查成果、实践探索成果、理论成果和探索策略成果，写出结题报告。

（9）课题组归纳总结各专题组的结题报告，形成课题组的结题报告。

（10）在整个课题研究期间，课题组不断针对各成员进行指导和督促，先后举行12次专题组研讨会，了解各阶段性任务的完成情况，总结经验，布置下阶段任务，使整个研究工作得以高效和顺利开展。

九　课题研究的成果

（一）活动调查成果

（1）课题组在探索研究中收集相关文献资料53篇，图片资料191张。

（2）课题组在探索研究中完成问卷调查12份并写出调查分析，进行活动调查1次并写出了调查报告。

（3）课题组在研究相关文献资料及活动调查中撰写心得体会1篇，相关文章3篇。

（二）实践探索成果

课题组在实践探索研究中，完成案例调查62份，并写出案例分析及案例反思。收集优秀实践案例8篇。

（三）理论探索成果

（1）课题组在理论探索研究中，完成论文29篇。

（2）制订评价表2份，撰写建议稿5篇。

（3）完成中期报告和结题报告各5份。

我们将研究成果编写了《调查研究》、《案例研究》、《论文集锦》、《课题主件》四本书籍，并把课题研究的过程材料制成6期简报等。

（四）形成策略成果

1.第一专题：初中标准化建设后教学设备高效利用策略研究

（1）"教学设备高效利用对提升学生素质影响的探索研究"中策略成果

图2 滁州第六中学承办区中学生运动会

1）充分、高效利用各种标准化硬件设备，提高学生能力素质的策略[1]。

①利用标准化体育教学设备培养学生良好的行为习惯，提高学生的综合素质[2]。充分使用各项体育器材，让学生们享受运动的快乐，同时培养学生的良好行为习惯。在体育教学中，通过运用标准化教学设备，培养学生思想品德素质、文化科学素质、身体心理素质、审美艺术素质和劳动素质。

②利用班班通开展多媒体辅助教学，优化课堂环节，激发学生的学习兴趣，提高学生语文能力。利用多媒体教学手段，优化课堂教学环节，用直观新颖的方式激发学生的学习兴趣。

③开放学校图书馆，培养学生的课外阅读兴趣。充分利用学校的图书资源，鼓励学生参与课外阅读，定期开展读书竞赛活动，拓宽了学生的视野，

---

① 杨宜俊:《运用多媒体辅助教学对培养学生能力的作用》，待发表。

② 彭书春：《多媒体技术在体育教学中的应用探究》，待发表。

培养了学生的阅读兴趣。

④敞开音乐教室，让学生们接受美妙音乐的熏陶。利用音乐的熏陶，提升学生对美的感悟能力，提升对美的鉴赏能力。

⑤利用理化生实验设备培养学生动手能力和实验精神。利用实验设备，在教师的指导下动手操作，让科学知识的获取途径由抽象间接变得直观直接。学生的动手能力和理化生的实验成绩得到了提高，也培养了他们的科学实验精神。

2）利用设备打造校园环境，提升教育的软实力策略[①]。

①利用校园景点、文化墙、宣传长廊、标准化体育设施等，千方百计营造"书香校园"、"艺术校园"和"活力校园"。充分发挥环境的优势，让环境成为学生素质提高的积极因素。

②利用先进的教学设备，不断激发一线教师的教学科研热情，成为学生整体素质提高的引路人。

（2）"教学设备高效利用对提升学校声誉影响的探索研究"中策略成果

图3　滁州市第六中学

1）高效利用标准化硬件建设促进学校声誉提高的策略[②]。

①　杨宜俊：《高效利用教学设备　全面提升学生素质》，南谯区专题获奖论文2013年7月。

②　刘尚章：《学校标准化建设与学校声誉相互促进的策略探究》，待发表。

①教育教学质量是学校声誉的核心价值要素，这是当今社会的共识。高效利用多媒体等现代化教学设备，可以激发学生学习兴趣，提高课堂教学效率，有利于教育教学成绩全面提升，从而促进学校声誉的提高。

②高效利用现代化教学设施有利于学生全面素质的提高。学校声誉评价的价值导向要从"学业至上"向"社会满意"转变，使学生的发展真正切合社会期望。学校不仅重视文化课教学，提高学生的文化课成绩，也应重视开展各项文体活动，全面提高学生素质，有利于促进学校声誉的提升。

③高效利用现代化教学设备可促进教育教学方法的创新，有利于影响学校声誉的提升。有了现代化教学设备，我们可以通过flash动画再现场景，让学生充分享受到他们在现实中几乎享受不到的美景，然后展开想象，发表自己的感悟，让学生大有收获。这是传统的教学方法无法企及的。

④高效利用现代化教学设备可促进学校教科研开展，利于提高教育教学成绩，影响学校声誉的提升。在具备现代化教学设备背景下，学校教科研的开展更方便快捷，新的教学手段得到充分展示，新的教学方法得到更多的开发。

2）高效利用标准化软件建设促进学校声誉提高的策略[①]。

①标准化的师资队伍可以有效提高学校的教育教学成绩，从而为学校赢得更高的声誉。

②标准化的教育教学管理可以使学校各项工作井井有条，充满活力，从而提高学校声誉。

③标准化、现代化的办学理念，可以打造特色学校，为学校赢得良好声誉。

④标准化的评估机制可以有效地评价教师的业务能力和教育教学水平，以及学生的学业水平和能力发展水平，从而培养出优秀的名师和优秀的学生，从而提高学校的声誉。

⑤学校标准化促进校园风气建设，从而提高学校声誉。

⑥学校标准化建设促进校园文化底蕴的积累，打造书香校园、文化校园，从而提高学校声誉。

3）学校良好声誉进一步促进学校标准化建设和学校可持续发展策略[②]。

①对学校规模建设和可持续发展的积极影响。学校声誉直接影响生源的质

①　刘尚章：《学校标准化建设与学校声誉相互促进的策略探究》，待发表。

②　刘尚章：《学校标准化建设与学校声誉相互促进的策略探究》，待发表。

量。在保证生源数量的前提下，追求生源质量，将会使学校走得更高更远。

②使学校整体水平处于高层次，促进全体教职员工的自豪感、使命感，积极向上。同时，也使在校生有一种自豪感，激励他们更努力地学习。

③促进校校联合，使学校能够不断学习其他先进学校的经验，促进学校向更高发展。

④吸引政府、教育主管部门和社会各界监督，把自己置身于舆论监管之下，鞭策自己走向更高。

⑤有利于社会协同。提高教育教学质量，打造满意教育，离不开社会协同。一般情况下，社会力量更愿意关注有良好声誉的学校[①]。

2.第二专题：初中标准化建设后教师业务能力素质提高的策略研究

（1）"新课标背景下班主任管理方式探索研究"中策略成果[②]

图4　杜宝忠老师上主题班会

1）班级管理观念上的创新：倡导"一切为了学生，为了一切学生，为了学生的一切"的班级管理理念；树立"人人都是好学生"的观念；发展个性班级。

2）班级管理模式的创新：从管理对象上看，"以学生发展为本"应当是

①　刘尚章：《学校标准化建设与社会协同》，南谯区专题获奖论文2013年7月。

②　惠保成：《新课标背景下班主任管理方式的探索研究》，南谯区专题获奖论文2013年7月。

"全员发展"，每一位学生都是生动活泼的人、发展的人、有尊严的人，在班级管理理念中，包括每一位学生在内的全班所有学生都是教师应该关注的对象；从管理操作上看，"以学生为本"应当是全体学生的"全程发展"。

3）班级管理方法创新：民主管理；小组管理；班主任班务管理中要让爱充溢全班；目标激励；开展活动。

4）班级管理评价体系的创新：评价内容要全面，对一个学生的评价不仅要看考了多少分，还要注意德、智、体、美、劳等各方面；评价的方式要多样，班主任对学生要有自己的评价，还要兼顾其他科任教师的评价。

5）关于组和班级的量化暂行管理办法：班级中人人都是管理者，人人都是被管理者。组织起来去自主管理，在组织中成长和发展。

（2）"教师参与教研活动实效性探索研究"中策略成果。[1]

图5　学校领导与教研组长研讨开展教研活动

1）建立了较完善的校本教研制度体系：加强领导，发挥校长室在教研中的领导作用；健全制度，发挥教导处在教研中的中枢作用；凸显骨干，推动教研组在教研中的带动作用。

2）多种举措，实施有效教研：有效开展教研组活动，促进教师的教学实践和反思；开展师徒结对子活动，促进青年教师成长；确立与同行"对话"

①　许培舜：《教师参与教研活动时效性的探索研究》，南谯区专题获奖论文2013年7月。

机制，促进共同发展。

3）制定学校名师工程发展战略：新招聘的大学生和刚调入的新教师（无论教龄多长），必须接受新教师校本培训会培训；教龄在5年内的教师，必须接受校级骨干教师、教研组长的"师带徒"指导工作；教龄在6—10年的中青年教师，需要接受更高层次的校本培训，需要市级骨干教师的专业指导；教龄在11—15年的中年教师，应该尽可能参加市导师团学习，接受市级教学专家的专业指导和拔高；16年教龄以上的教学骨干，应该基本确立自己的教育教学风格，注意发挥自己在本学科组中的领头作用。

4）注重校本培训，全面开展案例研究工作，普及教科研知识和研究方法：高度重视先期课题研究者在各备课组、课题组示范作用；学校开展以案例研究、课题研究研讨为重要方式的校本教师培训工作。

5）建立健全教研组长、备课组长、课题组长的管理监督制度：学校在抓常规教学工作时，把握住最基本的教研单位——备课组或课题组，应该制定相应管理制度。这其中集体备课制度最为重要。教研组长、备课组长在学期初参加学校教研组长、备课组长工作会议之后，应根据学校教科处、教导处提出的教育教学学期计划和目标，制订本教研组、备课组学期教研计划，并将全学期教材提前备课任务分解到备课组每个人。

（3）新课标背景下教师创建"满意课堂"教学活动探索研究中策略成果

图6 市区领导与市区教师观摩数学满意课堂教学活动

1）探索出"满意课堂"教学活动中教师应具备素质[①]

①树立教师个人形象：以良好的个人形象影响学生，促进学生心灵的健康成长。②健全教师人格魅力：以自己高尚的人格和良好的品德去教育和感染学生，以自身的人格魅力和卓有成效的工作赢得全社会的尊重。③提高教师育人的素养：性格良好，乐观平和；热爱学生，宽容善待；严格要求，善于赞美。④提升教师的教学水平和能力：注重教学设计；教师要根据当前学生的实际、时代的变化来备好每一节课，潜心钻研业务。规范教学行为：教师要在课堂中做到，作为组织者，能够有效地组织学生进行学习；作为指导者，对学生的学习指导得法、到位；作为引导者，能成为学生和课本之间的桥梁纽带；作为合作者，能和学生一起探究、交流。教学有特色：教师在教学方式方法上、知识生成点上，有一定的教学智慧，具有教师个人特色之处。⑤教学的效果应该符合家长的期望：现代的学校教育，需要家长和全社会的积极参与，让家长满意，才能获得社会全方位的支持和理解。尊重每一位家长；多报喜，少抱怨；教育家长严格要求孩子；让家长认可老师的努力。

2）新课程中实施"满意课堂"教学的策略[②]

①要提升育人素养，让学生愿学乐学；②强化教学设计，使课堂活动更有效；③呈现创设问题情境，能调动学生的学习情感；④合理组织教学活动，有效启发学生思考；⑤针对性引导学生，让学生求知求真；⑥鼓励学生合作，感悟文本思想；⑦重视学习的反馈与评价，促进学生情感态度的发展；⑧选择合理的教学手段，提高课堂实效性[③]；合理利用现代化电教设备；小组探究，团队合作；开展比赛活动，提高学生学习积极性。

3）教师创建"满意课堂"教学活动还应注重策略

①"满意课堂"教学活动中，教师应具备教学诊断能力和相应实施教学机智的能力[④]：运用教学机智建构有效交流；运用教学机智激发学生的求异思

---

① 柴树云、唐宜峰：《新课程背景下"满意课堂"教学实践探索》，《素质教育》2013年第6期。

② 柴树云：《中学数学教学中"满意课堂"活动的实践探索》，滁州市数学论文评比一等奖。

③ 王道文：《标准化建设后美术高效教学实施研究》，课题终期论文。

④ 柴树云：《数学满意课堂教学活动中教学机智的实施》，待发表。

维；运用教学机智给学生一种榜样力量；运用教学机智转化师生矛盾；运用教学机智培养学生的创新精神。重视教学情境中出现的每次意外并能合理、有效地运用，给课堂教学带来一次次精彩。②课堂教学与课外活动齐发展策略①：我们在探索实践的基础上总结出一套以课堂教学与课外活动双线发展的方针，以课堂教学带活课外活动，以课外活动促进课堂教学效率的提升。通过这些举措，加强学校的文化艺术建设，提高学生的综合素质，为文化强校奠定坚实的基础。

教师在工作中应培养情感，增强事业心和责任感，以乐观的心态，坚持在实践中不断探索、思考和创新，牢固树立质量意识、管理意识和服务意识。

4）教师创建"满意课堂"教学活动教学评价标准

表1

评价内容		评价指标	标准	评分
教学目标		1.目标明确，符合学生实际，达到新课标要求。	5	
		2."三维目标"全面、具体、适度，有可操作性，并能使之有机相融。	5	
教学内容		1.能准确把握所教内容的重点、难点，教授内容把握恰当。	4	
		2.教学内容紧密联系学生的学习基础和生活实际，激发学生积极思维。	4	
		3.能从教学实际出发，对教材进行科学有效的整合，创造性使用教材。突出知识的应用性。	2	
教师行为	教学实施	1.能够有效地组织学生进行学习，对学生的学习指导得法、到位，在教学活动中能和学生一起探究、倾听、交流。对学生学习的评价恰当、有激励性。	8	
		2.根据教学内容和学生实际，恰当地选择教学手段，合理运用现代化教学设备。板书合理规范，且有一定的风格。实验课上教师能进行操作示范。	5	
		3.能以学生为主体，重视知识的形成过程，重视学生学习方法的培养，重视学生的自学能力、实践能力、创新能力的发展。	2	
	思维品质	4.能够根据教材的重点、难点，精心设计问题，所提出的问题能针对不同层次的学生。能启发学生思考，促进学生知识的构建，并能给学生留有充分思考的时间，引导学生主动提出问题。	4	
	心理素质	5.课堂上能营造宽松、民主、平等的学习氛围，教态自然亲切。	3	
	言语表达	6.教师能够运用普通话进行授课，语言准确精练。	3	

---

① 王道文：《标准化建设后美术高效教学实施研究》，课题终期论文。

续表

评价内容		评价指标	标准	评分
学生行为	学习兴趣	1.能积极以多种感官参与到学习活动之中，精神振奋，有强烈的求知欲望。	8	
	学习状态	2.观察学生的学习参与状态。学生参与学习活动中数量、广度和深度比较理想，学生要全员参与，有效参与。围绕某一问题彼此间能交流、提出有效建议。	3	
	学习方式	3.观察学生在自主、合作、探究学习上的表现。	6	
	学习效率	4.学生在学习过程中，是否全身心地投入；是否发现问题，提出问题，积极解决问题；是否敢于质疑，善于主动探究并有实效。	10	
	情感发展	5.观察学生学习的体验与收获。学生在学习过程中，大部分能够相互交流知识和体会，积极主动地实现情感交流，在获取丰富知识面的同时形成了一定的学习能力。	8	
教学评价		1.观察教学目标达成度如何，教师是否高度关注学生的知识与过程与方法、情感态度价值观的全面发展。	4	
		2.观察教学效果的满意度，学生在教师的指导下，积极主动参与，大部分学生掌握了有效的学习方法，获得了知识，发展了能力，有积极的情感体验。	7	
		3.观察课堂训练题设计，检测效果好。	4	
教学特色		教师在教学方式方法上、知识生成点上，有一定的教学智慧，具有教师个人特色之处。	5	
专家签名：		时间：	得分	100

3.第三专题：初中标准化建设后学校特色发展的策略研究

（1）"新课标背景下英语高效课堂的探索研究"中策略成果①。

图7　英语教师观研讨英语课堂高效教学活动

① 张立菊:《新课标下构建高效英语课堂的策略探索》，待发表。

1）加强学习，转变观念，确立有效教学的理念，促进教师教学行为的转变。要想打造高效英语课堂，就需要夯实教师的自身专业素质，才能自如地驾驭课堂，提高课堂的有效性。教师素质是教学改革的关键，只有高素质教师的辛勤工作，才能为学生提供一个宽松、和谐、快乐的学习环境，才能提高学生的创新精神和实践能力，从而最终提高整个民族的素质。

2）开展培训活动，专家引领指明方向，自开题以来，校领导小组为课题组提供了许多形式多样的课题培训和研讨活动，使得研究人员开阔了视野，吸取了经验，为课题研究工作的顺利开展提供了非常有利的条件，以使课题的计划不断地变为课题的实践并取得成效。

3）理论结合实践，追求有效课堂，推动了全体教师的进步。

4）不断反思，探讨课堂探究实践中遇到的问题，并确立新的研究重点。

（2）"标准化建设后我校音乐课外活动发展策略"中策略成果[①]

图8 学生参加音乐课外活动

---

① 朱敏:《标准化建设后校园文化中音乐课外活动发展策略》，待发表。

1）需制定课外音乐活动的目标和任务；

2）应建立我校课外音乐活动实施的基本原则；

3）确立具体的课外音乐活动的内容与形式；

4）注重不断反思，探讨实践中出现的问题及对策。

（3）"留守儿童教育的探索研究"中策略成果①

图9 校领导与留守儿童共度中秋

1）架设心桥，加强亲子间的沟通和交流。

2）举办留守儿童家长学校，提高监护人的家庭教育素质。举办家长学校；建立家校联系卡，进一步加强了家校联系。学校的教育必须和家庭教育联系起来，才能真正达到教育孩子的目的。

3）大力开展关爱留守儿童活动。

4）设置"亲情电话"，让留守儿童多与父母联系，多组织留守儿童参加各种集体活动，给这些儿童以生活、心理及学习上更多的关爱。

① 贾芳梅:《对留守儿童的亲情缺失和道德教育缺失的分析 》，待发表。

4.第四专题：初中标准化建设后高效的教学质量评估机制的策略研究

（1）"健全教学管理评估制度探索研究"中策略成果

图10　校委会成员研究教育教学管理方案

1）师德建设评价对学校建设的促进作用

标准化建设后，注重教职工的思想道德素质的提高，成立师德建设领导小组，定期组织教师学习《教师法》、《教育法》、《教师职业道德法》、等法律法规，学习优秀教师爱岗敬业的事迹。制定了《滁州六中师德考评制度》和《滁州六中教师职业十不准》，逐步形成了师德评价策略，规范办学，使广大教师爱岗敬业，为人师表，以优秀的教师形象感染学生，赢得社会的尊重和家长的好评，逐步形成学校、社会、家庭联动办学机制[1]。

2）科学的管理评价制度为教育教学质量的提高提供支撑和平台

标准化建设后，在教育教学方面，逐步形成了制度加情感的管理模式[2]。立足提升教学质量，以特色办学为杠杆，通过丰富的特色校园文化，调动了广大师生的积极性。先后制定实施了《滁州六中绩效评比制度》、《滁州六中教研考评机制》等，规范教师行为，更好地树立全体教师爱岗敬业、教书

---

[1]　张斯琼:《师德无价，师爱无声》，待发表。

[2]　张斯琼:《强化管理评价 促进学校发展》，《都市家教》2014年第6期。

育人、为人师表的崇高理想，增强了教师主动发展意识。学校的管理和评估逐步形成了良性循环。全面提升了学校的声誉和教学质量，受到了社会的广泛好评。

（2）"教师业务素质评价探索研究"中策略成果

图11　市区领导与市区教师点评教学活动

1）制订学校教师业务素质评价方案，明确考核细则和考核办法。

①标准化建设后，对教学设计、课件制作、教学过程、教学方法、作业批改、教研活动、差生转化、论文发表、班级管理等方面进行多元化评价[①]。

②标准化建设后，实施教师相互评价，开展听课、评课，集体备课，写教学反思、教师互评[②]。

③标准化建设后，学生评教每学期进行一次，设置明细的评价项目和评价等次，对教师教学过程中有没有体现学生主体，作业设置是否做到有的放矢，适量、适度（分层设计作业）等方面进行评价[③]。

2）建立教师个人成长档案，评价常态化。

①以教师自我评价为核心，结合学校领导和其他教师以及学生等的他人

---

① 刘文齐:《以评促教，提升教学质量》，待发表。

② 刘朋:《美国教师教学档案袋评定的基本理念及实施策略》。

③ 刘朋:《美国教师教学档案袋评定的基本理念及实施策略》。

评价。综合评价后，记入教师档案，作为常态评价的依据①。

　　②标准化建设后，公平、公正、公开评价过程和结果，学校领导和教师代表组成的评价小组，制定评价细则，量化评分标准，并在教师会议上公开讨论，或张贴宣传②。

　　3）滁州市第六中学教师业务素质评价量化评分统计表。

表2

项目\姓名	师德表现 10分	工作量 满工作量	工作量 超工作量	教学工作 备课教案	教学工作 听课	教学工作 公开课	教学工作 作业	教学工作 集体备课	教学工作 授课情况	教学成绩 一等	教学成绩 二等	教学成绩 三等	学生获奖 省级二等以上	学生获奖 市级二等以上	差生转化	教科研 论文 省二等以上	教科研 论文 市二等以上	教科研 论文 区二等以上	教科研 优质课(件) 省二等以上	教科研 优质课(件) 市二等以上	教科研 优质课(件) 区二等以上	获得荣誉 省级任期内	获得荣誉 市级任期内	课外活动辅导	教师互评 评价等次 优秀	教师互评 评价等次 良好	教师互评 评价等次 合格	学生评教 评价等次 优秀	学生评教 评价等次 良好	学生评教 评价等次 合格	合计总分
（分值）	10分	10分	12分	5分	5分	5分	5分	5分	10分	10分	8分	6分	5分	4分	4分	3分	2分	1分	3分	2分	1分	5分	4分	3分	5分	4分	3分	5分	4分	3分	

---

①　刘文齐：《以评促教，提升教学质量》，待发表。

②　刘朋：《美国教师教学档案袋评定的基本理念及实施策略》。

（3）"学生成长评价探索研究"中策略成果。

图12　学生获奖展示

1）标准化建设后，更新评价观念[①]。

策略一：用"比值评价"方法评价学生在各学期"综合能力测试"中的稳定性，为全面评价学生的发展留下足够的空间。策略二：采用形成性评价评价（质性评价）和终结性评价（综合素质测试中的定量评价）相结合的方式呈现。策略三：提倡积极性评价，慎用消极性评价，调动学生自我发展的积极性和主动性。策略四：对学生智力因素和非智力因素评价并重。策略五：将思想品行的评价放在首位，淡化分数。

2）标准化建设后，扩展评价主体[②]。

学校评价以下列五方面为依据，即：①我心目中的我；②同学心目中的我；③父母心目中的我；④科任老师心目中的我；⑤班主任日常观察记录。

3）标准化建设后，革新评价手段[③]。

策略一：建立学生的电子化成长手册。策略二：管理和记录学生的综合

① 储江：《标准化建设后学生评价机制的研究》，获南谯区论文评比三等奖。

② 同上。

③ 同上。

素质评价档案，包括道德品质、公民素养、学习能力、交流与合作、运动与健康、审美与情趣、责任感、意志力、自立意识等方面。

4）标准化建设后，扩展评价内容、量化评价标准[①]。

策略一：扩展内容，包括思想品德素质、学科学习能力、自我调节能力、合作能力创新精神。策略二：量化标准。以上评价内容中每项再分细则，例如：思想品德素质。A.具有诚实、公正的品格；B.尊重他人、尊重社会、尊重自然；C.在道德和伦理上对个人的行为负责；D.有责任感，对自己、他人、社会负责；　E.自尊自信，自立自强；F.关爱生命，乐于助人。

十　课题研究存在的主要问题及今后设想

（一）课题研究过程中存在的问题

（1）我们的理论基础还很薄弱，积累的资料还不够丰富，整理得还不够有条理，分析得还不够透彻，得到的结论还很肤浅。

（2）研究的内容离我们的目标实现仍有一定距离，形成的策略还有待于完善，还没有得到实践的检验。

（3）我们研究人员还没有完全掌握课题研究的方法，随意性大，走了不少弯路。

（4）我们研究人员都是一线老师，平时教学任务很重，用于课题研究的时间紧迫，粗陋之处在所难免。

（5）我校影响的范围不大，缺少与洋思中学、杜郎口中学等先进学校的交流机会。我们的教师与学生参与的各级各类比赛中，市区两级获奖较多，而省级获奖较少，国家级获奖则更少。这在一定程度上显现出我们与先进学校存在的差距。

（6）策略形成后，存在如何在学校具体实施以及如何在同类学校推广的问题。

（二）今后设想

（1）本课题结题后，课题组成员要利用课题成果指导今后的教育教学工

---

① 储江：《标准化建设后学生成长评价机制的研究》，待发表。

作和教育教学管理，并且积极将之推广到全校，推广到其他兄弟学校，使理论成果转化为实际的教育教学成绩，使我校的教育教学管理更加科学化、规范化。

（2）在利用课题成果指导今后教育教学实践的过程中，要注意联系实际，检验课题成果的得失，进一步丰富、发展相关理论，使理论成果不断完善。

经过两年时间的艰苦努力，我们课题组在该课题研究中取得了丰硕的成果。按照预先的计划安排，我们的研究工作即将告一段落了。可是，随着时代对教育的不断要求和国家对教育的不断重视，教育的发展不会告一段落，学校的标准化建设不会告一段落，社会赋予学校的历史使命不会告一段落，因此，我们的探索也不会告一段落。我们明白，我们的路还有很长很长！今天的结题，正是下一个研究的"开题"！